熊十力 传

宋志明 著

中国大百科全书出版社

图书在版编目（CIP）数据

熊十力传 / 宋志明著. -- 北京：中国大百科全书
出版社, 2025. -- ISBN 978-7-5202-1638-8

I.B261

中国国家版本馆CIP数据核字第2024PV6691号

出 版 人　刘祚臣
策 划 人　曾　辉
责任编辑　常　川　程　园
责任校对　齐　芳
责任印制　李宝丰
封面设计　王非凡
出版发行　中国大百科全书出版社
地　　址　北京市西城区阜成门北大街 17 号
邮政编码　100037
电　　话　010-88390635
网　　址　www.ecph.com.cn
印　　刷　北京汇瑞嘉合文化发展有限公司
开　　本　710 毫米 ×1000 毫米　1/16
印　　张　20.25
字　　数　220 千字
版　　次　2025 年 2 月第 1 版
印　　次　2025 年 2 月第 1 次印刷
书　　号　ISBN 978-7-5202-1638-8
定　　价　79.00 元

熊十力像

1917年摄于武昌。右为熊十力，中为熊氏岳父傅晓榛，左为熊夫人及长女幼光。

熊十力（中）与汤用彤（右）、柳诒徵（左）合影。时间在
1928年至1930年间，地点在南京。

序

　　熊十力先生，湖北黄冈人，早年投笔从戎，1911年参加武昌起义，以后脱离政界，受著名教育家、北京大学校长蔡元培之聘执教于北京大学哲学系，专心培育人才，研究理论学术。他刻苦自励，著作等身，是名扬海内外的哲人。

　　他早年曾经跟欧阳竟无大师在南京支那内学院研究过佛学，而且深有体会。但他并不一贯地相信佛教。用他自己的话说，只不过是作为"参考"而已。后来他对佛学，特别是大乘有宗法相唯识一派做了系统的批判。自然，他所批判的是否完全符合原意，那是可以商量的。过去也有人说熊先生是正统儒家。细想起来，这话似乎也不全对，因为他不是在一切理论问题上都遵奉过去儒家的学说。总之，他无论是对于佛家还是对于儒家，都可说是既有继承，又有批判；既有所肯定，又有所否定。

　　如众所周知，孙中山先生领导的、具有重大意义的辛亥革命建立了中华民国。辛亥革命成功的方面是推翻了我国两千多年的封建君主专制政体，从而使民主共和思想深入人心；其失败的方面则是没有改变中国社会的性质，人民大众依然过着水深火热的生活。此中更有一点，值得我们特别注意并加以认真研究，这就是辛亥革命之后，不少原来的革命党人热衷于争权夺利，生活也转而腐化堕落了，道德败坏得简直不成样子。

这个历史教训，对一向富有正义感和进取心的熊先生产生了极大的刺激。他慨然脱离政界，想专门从研究学术思想入手来解决这个问题，力图改变当时那种世风日下的社会状况。在"五四"新文化运动以后，他之所以要研究佛学，虽然有偶然的人事原因，但主要的动机是想通过改造人心来达到提高社会道德水平的目的。这本是过去戊戌变法时期激进派思想家谭嗣同乃至后来资产阶级革命派著名学者章太炎等人曾探索和走过的道路，熊先生也不自觉地跟着走下去，尽管他们对于某些问题的理解并不一致。熊十力后来研究佛学久了，认识不断加深，终于感到此路不通。于是，他开始下定决心，要从佛学中走出来，在思想上酝酿着如何有所转变的问题。后来便大胆地创立"新唯识论"学说。这就是他的思想体系形成的社会时代背景。

熊先生的学术思想道路，断然与近现代的"中体西用说""国粹论"与"全盘西化论"都不相同。我们真可以说他是"独辟蹊径"。他博采各家之长，重新全面地加以改造，构造出一种具有中国特色的新哲学思想体系。即使对于儒家正统思想，该否定的东西，他也主张必须加以否定，决不盲目地跟古人一个鼻孔出气。所以，把熊先生简单地称为"醇儒"或所谓"儒家正宗"，看来也不妥当。

总之，熊先生是一位富有独创精神、不喜好依傍门户的哲学家、思想家，并非株守任何一部古典著作的专门家或某一学派的"经师"，更不是那种只会咬文嚼字的所谓"学究"。他很有抱负，很有气魄，非常自信，但并不是通常所说的"骄傲"，他做学问的态度非常严肃认真。

熊先生学无常师，涉猎甚广。他一贯认为，有关宇宙、人生的智慧，不同于一般的知识，绝不是单靠书本就可以从字面上寻得的。所以，他特别注意区分语言文字上表面的了解和那种对思想精神实质的体会。照他看来，一部书是真是伪，是中国人写的还是印度人写的，都不能成为衡量是非与有无价值的标准。他曾一再讲过，目前像某些外国学者，虽然懂得梵文、巴利文，但并不等于说他们真的懂得佛学。简言之，字面上的了解，绝不等于哲理上的深通。他这种特别强调"得意"的读书方法，是值得我们深思的。熊先生虽一向主张青年们要博览群书，但他又再三强调精读有恒，并且提倡用现代的、活的语言来讲明中国古代的哲学。看来这也是上述指导思想的具体应用。

熊先生虽极力提倡做学问应当放眼世界，但特别注意着眼于古代中国哲学的独到之处和优良传统，始终不忘中华民族在世界历史上的地位。他真不愧是一位爱国学者。

熊先生的学术思想同中国古代哲学有继承关系，绝不是"从天而降"的。关于这方面的情况比较复杂，这里不能详说。仅以宋明理学中程朱学派与陆王学派之争而论，熊先生比较接近陆象山"先立乎其大者"的思想，乃至王阳明以"良知为本体"并主张"知行合一"的思想。此外，明末清初的伟大哲学家王船山的道器论、体用论、动静论等，对熊先生思想发展的影响更是十分明显。至于熊先生借用《易经》(包括《易传》)上一个"生"字来代替一个"灭"字，引证"生生之谓易"和"天行健，君子以自强不息"一类的入世思想来改造印度佛教宣扬的涅槃寂静的出世思想，则应当看作他思想的核心。称实而论，他的所谓本体论证明的目的在于提高道德修养境界。

最后，可以肯定地说，熊先生是一位不断要求进步的爱国学者。当然，他的思想也有历史局限，即注意改造主观思想意识居多，而注意改造客观世界偏少。他经常有"知我者希"之叹，这大概就是他思想局限性的具体表现。对此，我们不能片面地苛求前人，而应当认真地总结近现代中国理论战线上的思维教训。

本书作者——中国人民大学哲学系副教授宋志明同志长期从事中国现代哲学思想史教学与研究工作，著有博士论文《现代新儒家研究》(中国人民大学出版社1991年出版)，对于熊先生的学术思想，早有一系列专题论文发表。现在，他在总结自己多年研究成果的基础上完成了本书，不仅资料充实，论点亦属公允。其中有贡献于中国现代学术思想史者，当无疑义。是为序。

石　峻

1993年元月于北京

目录

第 1 章

无悔的人生

1.1　初涉人世

　　1885年春季，熊十力出生在湖北省黄冈县（今黄冈市）上巴河张家湾一个贫苦的乡村私塾先生的家里。这个小生命来到世间，并没有给他的双亲带来多少欢愉，反倒添了几分忧愁：家里又多了一张吃饭的嘴。也许是这个缘故吧，父亲和母亲竟没有记住他出生的日子。熊十力成了有名的学者后，朋友和弟子为他祝寿，他只好选定正月初四（即春节后的第三天）作为自己的生日，取其"一春占先"之意，讨个吉祥。

　　熊十力原名继智，又名升恒、定中。中年学佛以后，改成"十力"这个带有佛教色彩的名字。"十力"本是梵文Dasabala的意译，指佛或菩萨具有十种非凡的智力。熊十力字子真（亦作子贞），晚年自号漆园老人、逸翁。

　　熊家曾经是耕读传家的书香门第。熊十力的几代先祖都是读书人。他在介绍自己的家世时说"我家几世学守礼"，"余先世士族，中衰"。熊家自何时中衰不得而知，但到他祖父这一代确实已一贫如洗了。祖父熊敏容已失去"四民之首"的荣耀，成了一位木匠。他靠着自己的手艺，在乡间走门串户，挣几个血汗钱勉强维持一家三口人的生计。熊十力在《先世述要》中这样形容祖辈的窘境："余家世贫困……三世单丁，都无立锥地。"熊敏容把光宗耀祖的希望寄托在唯一的儿子身上。尽管囊中羞涩，生活艰难，他仍省吃俭用，存下钱来供儿子读书。熊十力的父亲熊其相读书倒是很努力，却未能实现光复门第的梦想。他好学上进，用功甚勤，却厌恶科举。他没有走"学而优则仕"的道路，仅成了一位乡塾先生。"讲程朱学于举世陷溺八股之代，以作绅士、行敲诈为子弟及生徒戒。"他为人正直，同情贫苦乡亲，憎恨以强凌弱、以富欺贫的丑恶现象，赢得了村民们的敬重。他对子女和学生要求很严，这对他们的成长无疑具有良好的影响。他是一位好教师，一位好父亲。熊其相未能使家庭摆脱贫困，他唯一做到的是改变了"三世单丁"的境况。他有六个儿子和四个女儿。熊十力排行老三。这么多的嘴都要他供养，真够他受的，沉重的负担压得他几乎透不过气来。

"纺织娘，没衣裳，泥瓦匠，住破房。"熊其相的命运何尝不是如此！这位教书先生的子女竟上不起学堂！大儿子熊仲甫勉强读了几年书，到十五岁便辍学务农，分担父亲肩上的负担。他只能在耕作之余读一点书。三子熊十力到了读书的年龄再也进不起学堂，八九岁便操起小鞭子，为邻居放牛，赚几斗米贴补家用。熊其相常年在外地设馆授徒，偶尔回家一次，教这个放牛娃识几个字，有时讲个历史小故事，算是对他进行启蒙教育。

熊十力天资聪慧，记忆力、理解力特别强，接受这么一点点"启蒙教育"竟能很快地粗通文字。父亲发现他是个读书的材料，便在他十岁那年把他带到自己执教的乡塾中，让他旁听五经章句及对各种史籍的讲解。熊十力很喜欢听课，虽然他不是正式的学生，可是比正式学生还认真，全神贯注地听父亲讲课。

幼年时代的熊十力在读书听讲时特别喜欢动脑筋、提问题，从不满足于字面上的了解。有一次，父亲给他讲了秦始皇"焚书坑儒"的故事，他听后突然问道："是不是儒生们要造反？"父亲笑而不答，不过那神情已告诉熊十力，造反未必是坏事。也许就是这次谈话在熊十力幼小的心灵深处埋下了反叛意识的种子。

熊十力读书时感情十分投入，常常进入与书中人物共命运的境界。有一次，他在家夜读《岳飞传》，当读到岳飞被奸相秦桧以"莫须有"的罪名陷害，惨死在风波亭时，他再也控制不住感情，竟号啕大哭起来，并愤怒地连声高喊："杀死秦桧，还我岳飞！"全家人都从睡梦中惊醒，不知发生了什么事。父亲跑到熊十力的房间一看，才明白了。他费了许多口舌，劝了好大一阵子，才把熊十力从书中"拉"出来。熊十力对文史怀有特殊的感情，很喜欢读历史上的那些悲壮故事，读后常常感动不已。他从这些历史故事中吸取中国传统文化的精华，培养拳拳爱国之心，立下坚贞救国之志。岳飞等一大批民族英雄、仁人志士成为他心中效仿的楷模。

在父亲身边读书的一年是熊十力童年最快乐的日子。可惜好景不长，父亲积劳成疾，患上了肺病。为了一家人的生计，他不能躺下来养病，也无钱买药治病，只得硬撑着继续给学生上课。开始还挺得住，后来病情越来越严重，常常咯血，虚弱的身体迫使他不得不辞去从事多年的教职。1896年夏季，他拖着病躯离开塾馆回家养病，企盼着病情好转。可是他万万没有想到，躺下之后再也无力爬起来了。他病情日益恶化，终于在秋冬之交撇下妻儿老小，撒手人寰。

在弥留之际，父亲把年仅十二岁的熊十力唤到病榻旁边，望着儿子那瘦小的身躯和那双深邃的大眼睛，蓦然从心里升起一股不可言状的遗憾。他喃喃地说："看来你书是读不成了，这么瘦弱的体格也干不动农活、重活，还是学个裁缝手艺，混碗饭吃吧！"熊十力好像一下子长大了许多，他当即向敬爱的父亲立下誓言，将来无论做什么，都不放弃读书，"当敬承大人志事，不敢废学"。父亲临终留下的遗言是："穷于财，可以死吾之身，不能挫吾之精神与意志。"这句意味深长的话深深地刻在熊十力的心田，成为他终生不忘的座右铭。

父亲去世不久，母亲陈氏也离开了人世。父母双亡，大哥熊仲甫担负起一家之长的责任，照顾熊十力的生活起居。熊十力离开心爱的学堂，又一次拿起鞭子为人家放牛。他没有忘记父亲临终时自己立下的誓言，虽失学但不"废学"，学着哥哥的样子，一边放牛，一边读书，常常学习到深夜。熊仲甫夫妇为弟弟的好学精神所感动，想方设法让弟弟复学。熊仲甫带着弟弟找到父亲生前好友何圣木先生的家，恳请何先生收留熊十力在他的塾馆读书。何先生答应了他的请求，并很快喜欢上这个天资聪慧的学生，还破例免收他的学费。可是熊十力在田野中自由自在惯了，不耐塾馆规矩的约束，他读了半年就离开了塾馆，仍过着一边劳动一边自学的生活，有不懂的地方便到塾馆中向先生请教。这半年塾馆是熊十力在少年时代唯一的正式学历，而何先生则是他拜的唯一的老师。熊仲甫在农闲的时候，常常同一些读书人来往，有时他也带着熊十力到朋友家聚会。通过哥哥的关系，熊十力结识了邻县具有改良思想的孝廉何焜阁先生，还结识了何自新、熊岳如、张海涛、王汉等具有革命思想的青年。这些人后来在辛亥革命期间都成了熊十力的战友。

熊十力十几岁就丧失双亲，哥哥对他管束亦不严格。这样的环境使他养成敢作敢为、狂放不羁的性格。他曾闹庙打破菩萨的泥像，还曾脱光衣服赤条条地躺在庙中香案上睡觉，来人也不回避，坦然自若，颇有晋人刘伶"以天地为房屋，以房屋为衣裤"的狂士风度。他是乡间有名的"熊大胆"。有一次，谣传熊家堰回龙庙夜间闹鬼，同乡熊岳如和李圣贞想试一下熊十力的胆量，便对他说："我们白天在庙中五圣菩萨神龛前放五串铜钱，你敢不敢在半夜里取回来？""那有什么不敢！"天不怕地不怕、不信鬼不信邪的熊十力大胆应允。半夜里，他一个人摸黑闯入回龙庙，取回五串铜钱，顺手还扭断泥菩萨的一只手带了回来。

经过多年坚持不懈的努力，熊十力的学问大有长进。对于经史子集、诸子百家均有所通晓，诗词歌赋也背了不少，文章写得也颇像样。他是自学成才的，没有受旧私塾陈规陋习的束缚，思想放得开，善于独立思考，颇有"六经皆我注脚"的气度，不是那种只会读死书的书呆子。到十六七岁时，他开始形成最初的哲学信仰。他特别喜欢读明代学者陈白沙的书。熊十力晚年在回顾自己少时读书的心情时说："忽起无限兴奋，恍如身跃虚空，神游八极，其惊喜若狂，无可言拟。当时顿悟血气之躯非我也，只此心此理方是真我。"[1]这大概就是理学家常说的"自识本心"的

---

[1] 熊十力：《十力语要初续》，香港东升印务局，1949，第202—203页。以下此书仅注页码。

境界吧。陈白沙是中国明代著名哲学家，名献章，字公甫，号石斋。早年学宗朱熹，后来服膺陆学，以心为其哲学出发点，突破朱学的藩篱，建立明代第一个较为系统的心学体系。他认为心"无内外，无终始，无一处不到，无一息不运。会此则天地我立，万化我出，而宇宙在我矣"①。陈白沙哲学前承陆九渊，后启王阳明，是陆王学派的中间环节。熊十力对陈白沙的欣赏态度对于他后来成为新陆王型儒家学者无疑具有导向作用。

熊十力在少年时代虽未受过正规的、系统的教育，但由于他多年来持之以恒、孜孜不倦地自学，基础打得也不错。对他影响最大的当属儒家的入世精神。他曾把范仲淹的名句"先天下之忧而忧，后天下之乐而乐"写在自己的书桌旁，时时以为警策。通过多年的自学实践，他养成了良好的学习习惯和勤于思索的治学作风，这是他日后成为成就卓著的国学大师所必不可少的条件。总之，少年时代的自学生涯为熊十力一生的为人治学奠定了坚实的基础。在儒家传统思想的熏陶下，他发扬爱国爱民的仁心，为挽救民族危亡，敢于投身辛亥革命；出于对传统文化的眷恋，他融通中国、印度与西方之学，创立了独具一格的现代新儒家思想体系。

1.2 戎马青春

熊十力在少年时代所接触的学问大抵没有超出儒家正统思想的范围。步入青年时代之后，他开始接触新学，眼界大开，诚心服膺，一度成为儒家正统思想的叛逆者。他不满足于从书本上得

---

① 陈献章：《陈献章集》，孙通海点校，中华书局，1987，第217页。

来的学问，开始投身于反清革命的洪流，他要在社会大课堂中探索救国救民的真理。

邻县孝廉何焜阁是帮助熊十力打开眼界的人。何焜阁去过北京，他听到康有为"公车上书"之事，非常高兴，以为找到了一条救国之路。受维新思想的影响，何焜阁开始接受西学。每逢到省城办事或会考，他都要买回一些《格致启蒙》一类的新书。他不但自己读，还向朋友们推荐，他的寓所成了当时传播新学的小图书馆。熊十力经常到何家去借书、读书，贪婪地汲取他所能接触到的新知识、新思想。他的思想平生第一次受到强烈震动，开始用新的眼光审视儒家正统思想，并且萌发了反叛意识。他这样描述自己当时的思想变化："得一格致启蒙，读之狂喜，后更启革命思潮。六经诸子，视之皆土苴也；睹前儒疏记，且掷地而詈。"[1]中西两种文化在他的心中发生激烈的撞击与冲突。同当时的激进青年一样，他断然采取以新学否定旧学的立场。

不过，他并没有同传统文化一刀两断。他在批评儒学正统思想的同时，也注意从前人那里汲取思想营养。他特别喜欢读顾炎武、王夫之等明末清初启蒙思想家的著作。顾炎武在清兵入关后毁家纾难，曾在苏州、昆山等地组织武装力量抗清。事败后他奔走于大江南北，旅居齐、燕，游历西北，联络有志之士，著书立说，始终不向清廷屈服，他写的《日知录》《天下郡国利病书》等著作，总结明亡的历史教训，矫正宋明理学空疏之弊，开清代朴学实学之风。王夫之也是明清之际的抗清志士，明亡后隐伏深

---

① 熊十力：《十力语要》卷一，铅印本，1947，第53页。以下此书仅注页码。

山，在极其艰苦的条件下著书奋笔，写出《周易外传》《尚书引义》《读四书大全说》《张子正蒙注》《思问录》《黄书》《噩梦》《老子衍》《庄子通》等大量著作，成为中国古代哲学的集大成者。熊十力服膺顾炎武、王夫之的学问，更敬佩他们的为人。他决心以他们为榜样，投身革命，推翻清廷，使中华重振雄风。如果说新学是推动熊十力走上旧民主主义革命道路的第一个思想动力的话，那么顾、王等人的学说则是另一个思想动力。

当然，促使熊十力走上革命道路的最主要原因并不是书本知识，而是当时的社会现实。19世纪末20世纪初，在帝国主义列强的蹂躏和封建王朝的统治下，中国国势日益衰微，中华民族已陷入岌岌可危的境地："俄罗斯，自北方，包我三面；英吉利，假通商，毒计中藏；法兰西，占广州，窥伺黔桂；德意志，胶州领，虎视东方；新日本，取台湾，再图福建；美利坚，也想要，割土分疆。"①在帝国主义的淫威面前，腐败的清政府卑颜奴膝，抱定"宁赠友邦，勿与家奴"的宗旨，甘心做列强的"守土官长"，早已堕落成了"洋人的朝廷"。戊戌变法失败后，越来越多先进的中国人认识到：维新之路在中国是行不通的，除非革命，别无选择！这股革命思潮强烈地撞击着青年熊十力的心扉。

1900年，年仅十六岁的熊十力便与同县的何自新、圻水的王汉等热血青年结伴同行，离开养育自己的家乡，来到省城武汉闯荡。他们联络四面八方的志士同仁，共图革命大业。为了生存，熊十力不得不去做苦工。有一次，大哥熊仲甫到武汉看望

---

① 陈天华：《陈天华集》，刘晴波、彭国兴编校，湖南人民出版社，1982，第36页。

他，看到弟弟那瘦小的身体和憔悴的面容，禁不住流下心疼的泪水。熊十力倒是满不在乎，反倒劝哥哥说："吃点苦算什么，大丈夫只流血不流泪！"反清革命应当从何处下手？何自新认为宣传主义、建立团体、鼓动群众最重要，于是他进入文华书院，拿起笔杆子，以教学为掩护，物色四方豪俊，从事革命的宣传和组织工作。熊十力则认为，只有枪杆子才能解决问题。1901年，他毅然决定从军，入武昌新军第三十一标（又称凯字营）当兵，打算从新军内部拉起一支革命队伍。熊十力拿起枪杆子，也没有放下笔杆子。他白天参加操练，夜间读书学习。他经常向士兵们宣传革命思想，介绍国内外形势动态，揭露清政府的腐败堕落，鼓动大家调过枪口投身于革命事业。有一次，熊十力写了一篇短文，痛斥清鄂军统制张彪，并大胆地署上自己的名字，公开张贴在军营的揭示板上供大家观看。张彪得知后暴跳如雷，马上派人抄录下来呈报湖广总督张之洞，要求严惩。文人出身的张之洞读后觉得此文文笔通顺，文章组织得不错，一个十六七岁的娃娃能达到这样程度也不简单。他居然没有生气，对张彪说："这不过是小孩子胡闹罢了，何必计较！"他不予追究，张彪讨了个没趣。1903年，熊十力考入湖北陆军小学堂仁字斋，成为一名既学文又习武的学生兵。这为熊十力从事革命活动提供了便利。他经常来往于学堂与军营之间，秘密串联，暗中积蓄革命力量。

熊十力的好友何自新在"宣传主义、建立团体、鼓动群众"方面也很有成绩。1904年，何自新联络在武汉的革命志士，经过秘密协调酝酿，在武昌多宝寺建立了一个革命团体——科学补习所。吕大森任所长，何自新任文牍，胡瑛任招待兼庶务。1906

年3月，又在科学补习所的基础上成立日知会，并同孙中山领导的同盟会建立联系，负责领导全省各地的革命运动。熊十力经何自新介绍，加入刚刚成立不久的日知会，并成为其中的骨干之一。为了扩大日知会的影响，熊十力与熊飞宇、邱介甫、童愚等人商议，决定在黄冈籍的士兵和学生中建立一个革命组织，这个组织叫作"黄冈军学界讲习社"。讲习社采取传统的兰谱作为组织形式：社员互相交换帖子——上面写着自己家族的谱系，结拜为盟兄弟。每十人为一谱。平时以谱为单位开展活动，每逢周日全社人员集中起来，开展大型的宣传讲演活动，传播革命思想，交流活动信息，商议行动对策。熊十力是讲习社的主要领导者。为了搞好讲习社的工作，他全力以赴，转发通知，策划行动方案，主持社务甚为得力，赢得了全体社员的拥戴。在他的领导下，讲习社发展很快，参加者已超出黄冈籍的范围，其他县的同道者也纷纷加入。讲习社的人员最多时达到百余人，成为日知会一个很强的外围组织。其中有许多人都是辛亥革命的参加者，有些人还为革命献出了年轻的生命。

革命形势有如星火燎原，发展很快。革命党人越来越强烈地意识到：要想夺取胜利，非采用暴力不可。1906年春，日知会的同志得到清廷户部侍郎铁良南下催逼田赋将至湖北的消息，决定采取行动，暗杀铁良，以打击清廷的反动气焰。熊十力的好友王汉奋勇当先，争取到这项任务。他身藏手枪，跟踪铁良，待机行事。铁良乘坐的火车停在河南彰德站，他走下车来，王汉利用这个机会，迅速拔枪连发三弹。虽命中铁良，可惜未击中要害。大批军警立刻向王汉围了过来。王汉无法冲出重围，也不愿落入敌人之手，便愤然投井自杀。战友英勇牺牲的噩耗传来，熊十力悲痛万分。他为战友的果敢行为感到骄傲，也更加坚定了革命必胜的信念。他奔走革命，呼号更疾。

鉴于革命形势日趋高涨，1906年夏季，熊十力打算策动兵变，举行武装起义。他的设想是：第一步，秘密联络荆襄、巴、粤、豫等地的革命会党以及洪门哥老会，首先发难；第二步，趁清廷派兵围剿之机，在武昌发动更大规模的起义，占领中心城市，并且尽快扩大战果，争取割据一方，建立巩固的根据地；第三步，会合各路义军，共同北伐，直捣北京，一举推翻清政府。为了实施这一宏大的计划，他在军队中积极活动，联络同道，传递消息。不料走漏了风声，被清军军监刘邦骥侦知。刘邦骥急报鄂军统制张彪。张彪立即下令混成协协统黎元洪马上逮捕熊十力。幸亏在黎部任督队官的日知会成员季雨霖事先知道消息并通知了熊十力，才使熊十力得以逃脱。熊十力在何自新一家的掩护下，藏在何家的天棚中十余日。避开风头之后，他化装成一位来省城看病的乡下妇女，由战友们抬到武胜门江边，租一条小船，顺长江而下，秘密返回故乡黄冈。为了躲避军警的追捕，他化名周定中，住在百福寺白石书院孔庙，以教书为掩护，仍旧从事革命活动。张彪没有捉到熊十力，十分恼怒，他竟悬赏五百金求购熊十力的项上人头，还下令查封熊十力创办的黄冈军学界讲习社，以泄心中之恨。

1911年，武昌起义终于爆发了。熊十力得到消息急欲奔赴武昌，无奈交通已中断。他随着家乡起义军的队伍参加了光复黄州的战役，随军回师阔别已久的武汉，并立即参与湖北都督府的组建工作。都督府成立以后，他担任参议。辛亥首义告捷，熊十力多年来的愿望终于实现了，一种踌躇满志的感觉油然而生。1911年12月的一天，他与好友吴崑、刘子通、李四光等黄冈同乡在武昌雄楚楼聚会，共庆胜利。他们乘兴取出文房四宝，展开宣纸，依次挥毫泼墨，表明心志。吴崑写了一首李白的诗："问余何事栖碧山，笑而不答心自闲。桃花流水杳然去，别有天地非人间。"刘子通写道："生而不有，为而不恃，功成而弗居，若有心若无心，飘飘然飞过数十寒暑。"他发挥老子功成身退的古训，似有急流勇退之意。李四光写的是"雄视三楚"。熊十力写下八个苍劲有力的大字："天上地下，唯我独尊。"一股豪气贯透纸背！这句话出自佛经，是佛教徒们用来恭维佛祖释迦牟尼的。生性豪爽、狂放不羁的熊十力并不把佛祖放在眼里，只相信自己的主观战斗精神，他借用这句话表达自己的凌云之志和"与万物同体"的胸怀。他经常吟诵陆王心学派的开山鼻祖陆九渊的诗句："仰首攀南斗，翻身倚北辰。举头天外望，无我这般人。"这都表现出他的自信甚至自负的性格。

1912年1月，中华民国临时政府在南京成立，孙中山就任临时大总统。为纪念武昌首义，季雨霖等人受命在武汉组建日知会调查记录所，负责记录革命史实，编纂《日知会志》。他们延聘既熟悉情况，文笔又好的熊十力担任编辑。熊十力曾上书新政府，请求纪念他的两位为革命捐躯的挚友——王汉和何自新。他的请求得到批准，使这两位辛亥英烈得以从祀武昌烈士祠。他亲自为二位烈士作传，沉痛悼念为革命洒下热血的王汉烈士，沉痛悼念日知会的创立者之一、因积劳成疾英年早逝的何自新烈士。

封建军阀袁世凯篡夺革命成果，窃取总统之职，革命形势发生逆转，封建势力卷土重来。轰动一时的辛亥革命除了赶走清朝皇帝外，并未改变中国半殖民地半封建社会的状况。熊十力没有被袁世凯的伪装所迷惑，很快识破了他的反动嘴脸。有人邀熊十力北上投袁，他坚决拒绝，并劝自己的朋友也不要去。他以笔作枪，撰写讨袁檄文，投入反对封建军阀的战斗。1913年孙中山继辛亥革命之后又领导反对袁世凯封建独裁的战争，史称"二次革命"。二次革命失败后，孙中山逃亡日本，熊十力感到在军队里已无必要，便要求退伍。获准后他离开武汉，到江西德安乌石门芦塘畈定居。不久前，他的长兄熊仲甫已率全家迁此垦荒。熊十力用遣散费为兄弟们购置田产，自己则集中精力读书。他先后住在九仙岭阳居寺和敷阳山的积庆寺读书，下了很大的功夫，用一年多时间读完先秦诸子的著作及能找到的、已译成中文的西方哲学书籍。这为他后来整理国学、研究哲学打下了基础。有时他也到村里的塾馆执教，一面教书授徒，一面博览群书，丰富自己的学识。他读书很用功，决心把自己因忙于从事革命活动而耽误的时间全部补回来。

1914年，已届而立之年的熊十力在武昌同傅既光结婚成家。傅既光是老秀才傅晓榛先生的幼女，父亲行医为业，家境较富裕，世代书香门第，她受过良好的教育。熊十力常年不在家，家庭的重担几乎要靠她一人担起。她同熊十力生了一男二女。长女名幼光，长子名世菩，幼女名再光。

在离开军队的两年多的时间里，熊十力虽然身居穷乡僻壤，可是从未忘怀国事。他密切地关注着时局的变化，等待着革命形势的转机。1917年，孙中山在广州建立护法军政府，率粤、桂、湘、川等军抗击段祺瑞执政府，发起护法运动。熊十力闻讯后再次从军，随湖南民军参加桂军抗击皖系军阀的战斗。后来又同友人白逾恒一道，奔赴革命根据地广东，入护法军政府辅佐孙中山。可是不到半年，孙中山由于受到军阀的排挤，被迫辞去大元帅之职，护法运动遂告失败。熊十力见到这种情况，只得离开广州，返回德安。

青年时代投身革命的戎马生涯是熊十力一生中闪光的一页，令他终生难以忘怀。他多次挥笔撰文，纪念辛亥盛事。他为居正著《辛亥札记》作序，热情讴歌武昌首义之壮举：

逊清末叶，革命之发动，多主由边省着手，以为腹地进攻，或难操胜算，黄克强入粤，宋教仁、吴崑等走东北，皆持此主张。其后遁初（宋教仁）诸公虽有长江中部同盟会之议，而实则徒有名义，诸公亦未肯驻鄂……武汉为南北关键，一旦动摇，则四方瓦解。昔者何烈士尝持此说，不期与其预测合也。自昔史家之论，凡领导群伦而为万民所托命者，必用天下之智以为智，而非特一己之智也；用天下之力以为力，而非特一己之力也。孙公宏愿毅力，以革命呼号海内外，领导群伦而任同志各尽其智与力，皆使自由活跃，无所牵制，无所顾忌。故鄂垣一呼而万方响应，共戴孙公无异志。后之论者，于此不容忽也。楚人自昔有抵抗强暴之特性……元人入关，有天下者九十年，而徐寿辉、陈友谅、明玉珍诸辈，皆以鄂籍而发大难，驱暴元，还大统于朱明，育华种以自由；今之覆清，又由鄂始，此非论史者可注意之事乎？清末革命思潮，虽已澎湃于全国，然使无充实有力之根据地，则亦难遽睹其成，同盟会所以收功实于武昌，则以鄂中无数志士，早从军队着手。当时纯为民族、民权二大思想而忘身……民生主义，似不甚注意……鄂人不计死生，哀号于军队中，使全军皆革命党，人人置死生于度外，此股雄壮之气，如何可当？辛亥暴发，而瑞澂、张彪不得不逃，亦大势之必然也。惜乎袁氏凶狯，摧残三楚新兴之气殆尽，而国事乃不可问矣……

1.3　中年转轨

　　辛亥革命是熊十力青年时代经历的最伟大的事件，也是他学术思想形成的实践基础。经过革命大潮的洗礼，他的思想染上强烈的反帝反封建色彩，而辛亥革命失败的历史教训也曾在他思想上投下难以抹去的阴影。正是因为辛亥以后革命斗争屡屡失败，才促使他彷徨、焦虑、反省和沉思。他终于告别青年时代的戎马生涯，放下枪杆子，拿起笔杆子，告别政坛，转向学界，由一位激进的旧民主主义战士变成一位有原创力的现代新儒家学者、一位卓有成就的国学大师。

　　无数革命先烈抛头颅、洒鲜血换来的辛亥革命果实，为什么迅速被袁世凯之流轻而易举地窃取？"无量头颅无量血，可怜购得假共和"，教训究竟在哪里？这些问题经常环萦在熊十力的脑海。他找不到能够使自己满意的答案，内心十分痛苦。辛亥革命后封建军阀假借革命的名义你争我夺，尔虞我诈，"乱哄哄你方唱罢我登场"，搅得偌大的中国一日也不得安生！辛亥革命推翻了一个清朝皇帝，却冒出来数十个大大小小的土皇帝，这到底是怎么一回事？严酷的政治现实终于使熊十力对旧民主主义革命的前途产生了怀疑。"念党人竞权争利，革命终无善果。又目击万里朱殷，时或独自登高，苍茫望天，泪盈盈雨下，以为祸乱起于众昏无知，欲专力于学术，导人群以正见。"[①]在熊十力看来，辛亥革命之所以失败，原因在于"破坏"有余，而"建设"不足，没有人肯在学术上下功夫，没有帮助人们树立健康的人生观和世界观。他总结辛亥革命失败的教训，以为中国的出路不在于政治革命，而系于学术革命。"于是始悟我生来一大事，实在政治革命之外者，痛悔以往随俗浮沉无真志，誓绝世缘，而为求己之学。"[②]他抱定"学术救国"的宗旨，打算通过整理研究国学的途径影响世界，改变人们的思想观念和价值取向，从而建设理想的新社会，使灾难深重的中华民族走出困境。

熊十力拿定了主意。做学问从哪里下手？想来想去，他觉得有必要先将自己的思想整理一下。于是，他便从1916年以来积累的读书札记中选出二十五则，编成《熊子贞心书》，自印行世。不意此书竟得到学界泰斗、北京大学校长蔡元培先生的赏识。蔡先生拨冗为此书作序，他写道："今观熊子之学，贯通百家，融

① 《十力语要》卷一，第81页。
② 同上。

会儒佛。其究也，乃欲以老氏清净寡欲之旨，养其至大至刚之气。富哉言乎！遵斯道也以行，本淡泊明志之操，收宁静致远之效，庶几横流可挽，而大道亦无事乎他求矣。"蔡元培先生的序使熊十力受到极大的鼓舞，更使他增强了自信心，他感到自己可以在学术园地里有所作为。他深深感谢蔡先生奖掖后学。《熊子贞心书》是熊十力的处女作，是他开始跻身学术界的标志，也是他研究国学的起点。这本书虽然没多少新意，却也预示着熊十力将以融会佛儒、贯通中西作为今后治学的大方向。

熊十力寻求"为己之学"，显然寄希望于传统的学术思想。对于儒、释、道三家，熊十力起初并没有表现出明显的倾向性，后来很快把注意力转向佛学。他在学术思想上之所以出现如此变化，原因很复杂。

应当说，儒、释、道都是中国传统文化的组成部分。在这三家中，儒家无疑居主导地位。自从近代东西文化发生撞击以后，儒家开始衰微，逐渐失掉在思想界的主导地位。在新学与旧学的论争中，儒学被归入旧学营垒，学者们一时还不能把儒学同封建礼教区别开来。一些进步的思想家如谭嗣同、章太炎等人，为了找到足以同西方哲学相抗的思想武器，也为了找到批判封建礼教的思想武器，都特别看重思辨性很强的佛学。章太炎在他主编的《民报》上发表多篇佛学方面的文章，甚至被他的论敌讥为"不作民声作佛声"。谭嗣同在他的代表作《仁学》自序中竟署上"华相众生"这一具有佛教色彩的笔名。他们十分欣赏佛教中"众生平等"等词句，认为这同现代的民主、民权观念相契合；他们认为佛教的精意就是所谓"威力""奋迅""勇敢""大无畏""大雄""普度众生"等，企图借助佛教信仰鼓舞自己的斗志，发扬主观战斗精神。参加过辛亥革命的熊十力曾把谭嗣同、章太炎奉为精神导师，他沿着他们的思想轨迹而转向佛教，这是顺理成章的事情。

熊十力转向佛教也同他当时的精神状态有关。熊十力回到德安不久，他的几个兄弟相继染病去世，这对他的打击很大。国事和家事两方面的煎熬使他心灰意懒，萌发"人生是苦"之念。他希望从佛教中找到精神慰藉，使自己能够从痛苦中解脱出来。

熊十力转向佛教的直接原因是他结识了梁漱溟。梁漱溟曾经是一位虔诚的佛教信徒，屡次表示素食不婚，两次自杀（未遂）舍身求法，一心皈依佛门。他多次撰文赞扬佛教博大精深。熊十力早年在梁启超主编的《庸言》杂志上发表过批判佛教思想的读书札记，梁漱溟读后大为不满，撰文反驳。1916年，他在《东方杂志》十三卷第五至七期上连载长文《究元决疑论》，指名道姓地批评熊十力愚昧无知，不解佛教真谛。熊十力读了梁文后并没有生气，这件事反倒促使他认真地读了一些佛教方面的书籍。读后他觉得佛教并非都是虚言，似乎也有一定的道理。可究竟道理在哪儿，还不十分清楚。1918年至1920年间，熊十力在天津南卅中学任教。他给当时在北京大学担任特约讲师的梁漱溟写了一封信，信中说："您在《东方杂志》上发表的《究元决疑论》，我已经拜读。其中那些骂我的话，我觉得还有些在理。希望能够有机会同您面谈一次。"梁漱溟很快回信答复，欣然表示同意，并且约定了会面的时间和地点。1919年暑假期间，熊十力专程从天津到北京会见借居在广济寺的梁漱溟。梁漱溟当时仅26岁，熊十力已34岁了，年龄的差距并没有成为他们之间沟通思想的障碍。熊十力和梁漱溟都是辛亥革命的参加者。熊十力是日知会的成员，梁漱溟是京津同盟会的成员。二人对辛亥革命失败后政界的腐败和混乱情形都有切身体会，都有寻求"为己之学"的共同志趣。二人会面，自然会有说不完的话。他们从各自的经历谈到时局，谈到学问，最后把话题集中到佛学方面，不禁有相见恨晚之感。他们在感情上甚为相契，遂结为莫逆之交。他们从这次会面建立起来的友谊保持了半个多世纪之久。他们之间的交情之深，延续时间之久，在学术界传为佳话。二人后来都出佛入儒，成为现代新儒家阵营中的主将。

1920年暑假，梁漱溟到南京支那内学院①拜访唯识学大师欧阳竟无。他此行有两个目的：一是向欧阳竟无大师请教，二是介绍自己的好朋友熊十力入南京支那内学院学习。这两个目的都达到了，欧阳竟无答应收熊十力为自己的学生。从这年的秋季开始，年已36岁的熊十力开始了三年艰苦的读佛经的学习生活。这是他一生中集中学习时间最长的一次。

南京支那内学院的前身是金陵刻经处研究部。1866年，佛教居士杨文会（字仁山）先生创办金陵刻经处，附设"祇洹精舍"，经营刻印佛教经典，招生教习佛典和梵文、英文，培养出一批近代佛教学者。他的高足欧阳竟无继承乃师的事业，于1918年在南京设立金陵刻经处研究部，培养佛学人才。1920年又在研究部的基础上正式建立支那内学院，学制三年。熊十力是该院的第

---

① 南京支那内学院是研究佛教思想的学院和机构，由欧阳竟无创办。因古印度称中国为"支那"，佛教自称"内学"，故名。

一批学员之一。

在南京支那内学院的三年，熊十力终日沉潜于唯识宗的浩瀚经卷之中，探求佛教的真谛。"追寻玄奘、窥基宣扬之业，从护法诸师上索无著、世亲，悉其渊源，通其脉络。"[1]因用功过度，他患了神经衰弱症。他经常忍着头痛苦读不止，写下数十万字的读书笔记。他是学院中最用功的学生，也是最穷的学生。他只有一条中装长裤，晚间洗了，等第二天早上干了才有穿的。若阴天干不了，只好光着腿穿长衫，同学们戏称他是"空空道人"。

佛教唯识学向称难读，熊十力硬着头皮终于啃下了这枚酸果。唯识宗的思辨哲学使他惊叹不已，也使他得到良好的理论思维训练，然而佛教的出世观念却时常同他早年形成的潜在的儒家入世意识发生冲突。这种冲突的发展使他对唯识学由信而疑，由爱而厌，终于出佛入儒。他独辟蹊径，平章华梵，融会佛儒，兼采中西，走上了现代新儒学的治学之路。他的老师欧阳竟无本来对他期望甚高，万万没有想到他的思想变化会如此之快。欧阳竟无怒斥熊十力"离经叛道，别出心裁"，发动弟子们"鸣鼓而击之"，甚至在弥留之际也不肯宽恕他，不承认他是自己的弟子。可是熊十力却很能理解老师的心情，并不因此而抱怨。他由衷地感谢欧阳竟无大师把自己领入唯识宗的堂奥，对老师终身执弟子礼甚恭。

1.4　执教北京大学

1922年，梁漱溟向北京大学递交辞呈，打算按照自己的新孔学思想创办一所大学。校长蔡元培批准了他的辞呈，委托他帮助

---

[1] 熊十力：《新唯识论·序》，勉仁书院，1942。

遴选一位合适的老师接替他的教职，讲授唯识学。梁漱溟受命前往南京支那内学院，他本想请欧阳竟无的高足吕澂到北京大学任教，可是欧阳大师视吕澂为自己的得力助手，指望他承继自己的事业，说什么也不肯放行，只得作罢。梁漱溟又马上想到自己的好友熊十力。在征得熊十力的同意之后，他马上向蔡元培推荐。蔡元培早就同熊十力有文字之交，对熊十力的学问和人品是了解的，便慨然应允，很快签发给熊十力"特约讲师"的聘书，并催促他尽快到学校上课。熊十力接到聘书，立即打点行装，辞别欧阳竟无老师，赶赴北京。从此，他便开始了在北京大学长达三十多年的教学生涯，直到1956年因年迈才离开北京大学到上海定居。蔡元培慧眼识人，引导熊十力真正走上学者的道路。在北京大学，熊十力展示才志，融会中国、印度、西方哲学，创立了"新唯识论"思想体系，成为中国现代著名的国学大师和有成就的新儒家学者。

在北京大学，熊十力只给哲学系本科生开"唯识学概论"这门选修课。这门课原来是梁漱溟讲的，在交接工作时，梁漱溟叮嘱熊十力，请他多讲一些基本概念和基本知识，帮助同学们摸到进入唯识学堂奥的门径。熊十力在接课的初期，是按梁漱溟说的那样做的，老老实实遵循南京支那内学院的路子写唯识学讲义，给同学们上课。可是他本人对唯识学的教义已发生怀疑，越讲越别扭。他实在无法把自己都不能接受的东西硬塞给学生，遂决意另立门户，自创新唯识论，这是梁漱溟始料不及的。

熊十力不惮辛劳，毁弃已准备好的9万多字的讲义，重新备课。在课堂上，他无拘无束，挥洒自如，滔滔不绝，主要不是介绍唯识学的基本知识，而是讲述自己的研究心得。他讲课的方式也与众不同。他对大学的上课形式很有意见，觉得上下课时间都听铃声指挥，卡得死死的，好像一道紧箍咒。他认为这种从西方引进的上课方式远不如书院式的讲授自由随便，听者也得不到实际的好处。于是，他便给选课的同学写了一封信，贴在办公室外的揭示板上。信中称："师生蚁聚一堂，究竟有何受益？"他要求选课的同学到他家中上课，不再采用在教室上课的形式。他讲的"唯识学概论"课程只是一门仅有两学分的选修课，按规定每周只讲两节课即可。熊十力却不这样做。他一开讲就一发不可收拾，三四个小时也打不住，中间也不休息。讲课时他从不坐着，而是在房中间走来走去。讲到高兴处或吃紧处，他时常给听者来个禅宗式的"当头棒喝"，随手在听者的头上或者肩头拍一巴掌，然后开怀大笑，声若洪钟。同学们都知道他有这种习惯，听课时便尽量坐得离老师远一点，免得挨拍。他还有个怪毛病，冬天不能在室内生火取暖，一生火，他就犯病。所以每逢冬季，同学们到他家中上课只好穿上全副冬装。

熊十力常对人说，他到北京大学来，主要不是为了教书，而是为了读书。他并不计较教职的高低、收入的多少，只要够他生活就行了。为了多读些书，他每周只讲一次课，不肯多兼课。他也不同家眷生活在一起，常常住在友人家，甚至情愿和同学们挤在一起。

熊十力恪守孔夫子"诲人不倦"的古训，对待前来问学的学生十分热情，一聊就是大半天。他很希望年轻人发扬光大自己创立的学说，继承自己的事业。他经常告诫自己的学生"千万不能当六朝名士，无益于家，无益于国"。在给学生朱宝昌的信中，他对其寄予殷切的希望："吾老矣，如此病躯，未知何日，生平学术，从未得人，吾子笃志，颇属望焉。"[1]他与学生的关系很融洽。他的学生不多，却有一批崇拜者，这些人终身奉他为老师和精神领袖，执弟子礼甚恭，经常与他通信，有时间就去看望他。一些境况好的学生知道熊十力喜欢吃全鸡，在看望老师时总忘不了带上一只鸡。

一些校外的青年仰慕熊十力的大名，前来求教，他也都热情地接待，鼓励他们上进。吴林伯先生在《忆十力师》一文中深情地回顾了他拜师的经过和师生相处的情形：

> 一九四五年六月一日，我去先生家执贽称弟子。当我到达时，先生在后山中的书房撰写《读经示要》，我只好耐心恭候。不久，先生回家午餐，看了钟泰师的推荐信说："听说你是某某的学生，那我们说不成呀！"经我解释以后，先生欣然改容道："那就好啊！孔融《荐祢衡书》里的两句话你还记得吧？'今之少年，喜谤前辈。'可是你这个新学校的青年教师，却还想从我读书，很好！"先生又拉我吃饭，边吃边讲，问我结婚否？我说没有。先生说："治学必须专心致志，你们青年人最怕有室家之累。从现在起，你就跟我学好了。教不严，师之惰，教师对学生就是要严，有时，我的话说得很重，你

---

① 萧萐父等:《玄圃论学集:熊十力生平与学术》,生活·读书·新知三联书店,1990,第81页。以下引此书仅注页码。

受得住就来。我的学生高赞非，就是我打出来的嘛！"

……

先生见我求师之诚，教导也就不断。他以为从师，读其书，不如亲承音旨，因此，先生告诉我一个消息，梁先生（漱溟）筹办勉仁书院，由我主讲，院方供给膳宿，"你辞去教职，一心来学吧！"当我拜别，踏上归途，先生倚门而望，又招手叫我转来。原来先生另有教导："为学当及时，在书院成立前，你来我家学，不要你出饭钱，住宅狭窄，你就与我同住。……"先生诱掖后进的热忱，使我感激得说不出话来。①

由于蔡元培校长采取"循思想自由原则，取兼容并包主义"的治校方针，北大成为现代中国"小百家争鸣"的中心。中外古今各思想流派都有人研究，学术气氛十分活跃。这里是学问家、思想家的摇篮。熊十力来到北大，结识了很多教授、哲学家、知名学者和社会名流。他当时的职称仅是讲师，可是在这些人面前毫无自卑感，因为他的学问并不比他们差。他经常同时贤在一起切磋学问，砥砺思想，这使他受益匪浅。熊十力襟怀坦荡，待人真诚，思想深刻，一点也不矫揉造作，有啥说啥，敢怒敢笑也敢骂，眉宇间总是透出一股"真气"，大家也都愿意同他来往交游。

已故的著名史学家钱穆在晚年曾愉快地回顾他同熊十力、汤用彤、蒙文通等人当年在北大相处的情景：

① 《玄圃论学集：熊十力生平与学术》，第87—88页。

自后锡予（汤用彤）、十力、文通及余四人，乃时时相聚。时十力方为《新唯识论》，驳其师欧阳竟无之说。文通不谓然，每见必加驳难。论佛学，锡予正在哲学系教中国佛教史，应最为专家，顾独默不语。惟余时为十力、文通缓冲。又自佛学转入宋明理学，文通、十力又必争，又惟余为之作缓冲。

　　除十力、锡予、文通与余四人常相聚外，又有林宰平、梁漱溟两人，时亦加入。惟两人皆居前门外，而又东西远隔。漱溟又不常在北平，故或加宰平，或加漱溟，仅得五人相聚。宰平与漱溟则不易相值。

　　……

　　余其时又识张孟劬及东荪兄弟，两人皆在燕大任教，而其家则住马大人胡同西口第一宅，时余亦住马大人胡同，相距五宅之遥。十力常偕余与彼兄弟相晤，或在公园中，或在其家。十力与东荪相聚谈哲理时事，余则与孟劬谈经史旧学。在公园茶桌旁，则四人各移椅分坐两处。在其家，则余坐孟劬书斋，而东荪则邀十力更进至别院东荪书斋中，如是以为常。①

　　熊十力是自学成才的，没有系统地学习外语，使他的知识结构有欠缺，而年纪已大，补也来不及。他常常为此感到遗憾，曾感叹地说："如果我能通一门外语，可以减少许多错误。"同张东

①《玄圃论学集：熊十力生平与学术》，第28页。

苏交往使他在一定程度上减少了这种遗憾。张东荪是留学生出身，外文水平相当高，翻译过许多西方哲学著作，收藏的外文哲学书籍很多。他对熊十力的帮助很大，熊十力对西方哲学的了解大都经过张东荪的介绍。熊十力虽不懂外文，但他的悟性特别强，对西方哲学的理解很透彻。汤用彤曾佩服地说："熊先生虽不通西文，但对西方哲学的理解，比一般留学生还强百倍。"熊十力与张东荪谈论起西方哲学来，引经据典，滔滔不绝，妙语迭出。有一次他谈到兴头上，竟然给张东荪也来了个"当头棒喝"，一巴掌向张东荪的肩头拍去，张东荪连忙侧身后退，避其锋芒。

北大教授林宰平也是经常与熊十力在一起聚谈的讲友。熊十力同林宰平很交心，无所不谈。他在学术研究中每逢遇到重大的理论问题，总喜欢找林宰平磋商，"常由友人闽侯林宰平志钧相攻诘，使余不得轻忽放过"[1]。熊十力十分感谢林宰平对自己的帮助，视他为自己的知己。他在《十力语要初续》中深情地写道："余与宰平交最笃。知宰平者，宜无过于余；知余者，宜无过于宰平……世或疑余《新论》外释而内儒，唯宰平知《新论》自成体系，入乎众家，出乎众家，圆融无碍也。"

到1937年北大南迁以前，熊十力一直任讲师。同教授相比，他的收入比较少，但他并不介意。他在北京没有房产，租房居住。他的藏书也较少，做学问要靠借书。他嗜书如命，读书很多，博闻强记，许多重要的篇章都能背诵出来。别人把书收藏在书橱里，而他则把书"藏"在头脑里。他在写作时，从来不翻书，

---

[1] 熊十力：《新唯识论》，中华书局，1985，第42页。以下此书仅注页码。

一字一句都从肺腑中"抠"出来，都充满着真挚和激情。

　　1937年抗日战争全面爆发，北大南迁昆明，同清华、南开合并成立西南联合大学。熊十力没有随北大一起走。他化装成商人，搭乘一列煤车，历尽千辛万苦，好不容易才逃出沦陷的北平，回到故乡黄冈。然而没住多久，又避难四川。他历尽周折，终于同西南联合大学中的北大校部联系上了。校长蒋梦麟仍聘熊十力为特约讲师，并特许他可以不到学校上课，工资照发。按照北大的规定，教授应开三门以上课程并且有大学正式学历。熊十力只开过"唯识学概论"一门课程，并且是自学成才的，没上过正式的大学，只能聘为讲师。1943年，熊十力已是国内著名的学者，讲师的职称已很不相称。鉴于此，学校才打破惯例，特聘熊十力为教授。

　　熊十力曾对自己最得意的弟子韩裕文说过，做学问不能甘居下游。要做学问就要立志，争当第一流的学者。没有这个志向，就不要做学问。做学问要像上战场拼杀一样，勇猛向前，义无反顾，富贵利禄不能动心，妻子儿女也不能兼顾。他自己就是这样走过来的。他常年不同家人在一起，专心致志，一心向学。他把治学看得比什么都重要。"千淘万漉虽辛苦，吹尽黄沙始到金"，辛勤的耕耘终于换来丰硕的成果。经过多年的努力，熊十力成功了，他当之无愧地跻身北京大学乃至现代中国学界第一流学者的行列。

1.5　自创新唯识论

　　熊十力在学术上最大的成就是创立了"新唯识论"思想体系。为了创立这一体系，他深入佛学的营垒，进入儒学的堂奥，采撷西方哲学的精华，取乎众家又超乎众家，付出毕生的心血与精力。他的大部分著作，都是为了阐发这一思想体系而写的。

熊十力的"新唯识论"思想体系是边讲、边写、边改逐渐形成的。

1923年，熊十力接北大教职后，便写出《唯识学概论》讲义9万多字，分为唯识、诸识、能变、四分、功能、四缘、境识、转识等章，由北京大学印制。此书是按照旧唯识学的体系写的，尚未阐述熊十力本人的观点，但它毕竟是熊十力从事"新唯识论"理论创造的起点。此书写成后，由于对唯识宗的教义发生怀疑，熊十力遂尽弃全稿，着手创立"新唯识论"。1926年，他写出第二种《唯识学概论》讲义，只分为唯识、转变、功能、境色四章，砍掉第一稿中大量关于唯识学名相的解释，增加批评唯识学的内容，阐述他本人的观点，"新唯识论"体系初具雏形。此后，熊十力为完善体系，又屡屡修改。据汤用彤先生介绍："熊十力先生昔著《新唯识论》，初稿主众生多元，至最近四稿，易为同源。"可见他的观点前后有较大的变化。1930年，公孚印刷所将熊十力的修订稿《唯识论》印出，熊十力在导言中写道："此书前卷，初稿、次稿以壬戌（1922年）、丙寅（1926年）先后授于北京大学，今此视初稿，则主张根本变异，视次稿亦易十之三四云。"这一稿虽不是定稿，但已比较成熟了。

由于多年劳累，生活又没有规律且年纪也大了，熊十力的神经衰弱症越发严重了，经常头痛欲裂，夜不能寐。此外，他还患了胃下垂等病。1927年，熊十力不得不离开学校，放下工作到杭州西湖畔的法相寺养病。他早就听说西湖畔住着一位赫赫有名的大儒，那就是马一浮先生。马一浮名浮，一浮是他的字。他通晓多种外语，国学根基深厚，诗词书画亦佳，贺麟先生称他为"代表传统中国文化的仅存的硕果"[1]。北大校长蔡元培曾邀请马一浮到北大任教，马一浮因不喜欢师生蚁聚一堂的现代教学方式，便回信表示"古有来学，未闻往教"，竟坚辞不就。熊十力很想结识这位满腹经纶、有传奇色彩的当代大儒，便请单朴庵先生为介绍人。单先生原是熊十力在北大的同事，当时已调浙江省立图书馆工作，同马一浮也比较熟悉。熊十力原以为问题不大，没想到单先生竟面有难色。单先生解释说，马先生是有名的清高之士，是不肯轻易见客的，好多求见的人都吃了闭门羹，他也没有办法。听单朴庵这么一说，熊十力愈发想见见这位奇人高士。

他打算采取以文会友的方式敲开马一浮家的大门，便把自己写的《新唯识论》稿本寄给马一浮，并附上一函，请马先生指教并希望有机会晤谈。书稿寄出数十日，如泥牛入海，看来马一浮的大门不是很容易敲开的。正当熊十力感到失望的时候，忽然有人来访。一通报姓名，方知来人正是未曾谋面但倾慕已久的马一浮先生。性格豪爽的熊十力非常高兴，竟像见到老朋友一样直率地抱怨起来："你怎么到今天才露面？"马一浮淡然一笑，答道："你若写封信，约个时间，也许我们早就见面了。可是你寄给我厚厚一本大作，我总得拜读一些时日吧？"这一南一北两位现代新儒家相对而坐，侃侃而谈，十分默契。二人都多年浸淫于儒

---

[1] 贺麟：《五十年来的中国哲学》，辽宁教育出版社，1989，第16页。

佛，潜心于国学，许多见解不谋而合。他们没有多说客套话，主要谈论《新唯识论》这本书稿。马一浮对《新唯识论》的总体构思表示欣赏，但也不客气地提出一些疑义与熊十力辨析。他们交谈甚为投机，结下莫逆之交，马一浮认为《新唯识论》可以公开出版，熊十力请马一浮题签作序，马一浮爽快地答应了。

1932年，熊十力花了6年工夫写成的《新唯识论》文言文本由浙江省立图书馆出版发行。他终于在学术界打起了"新唯识论"这面旗帜。马一浮在序言中对该书评价很高，他写道：

> 唯有以见夫至赜而皆如，至动而贞夫一，故能资万物之始而不遗，冒天下之道而不过，浩浩焉与大化同流，而泊然为万象之主，斯谓尽物知天，如示诸掌矣。此吾友熊子十力之书所为作也。十力精察识，善名理，澄鉴冥会，语皆造微。早宗护法，搜玄唯识，已而悟其乖真。精思十年，始出《境论》，将以昭宣本迹，统贯天人，囊括古今，平章华梵。其为书也，证智体之非外，故示之以《明宗》；辨识幻之从缘，故析之以《唯识》；抉大法之本始，故摄之以《转变》；显神用之不测，故寄之以《功能》；征器界之无实，故彰之以《成色》；审有情之能反，故约之以《明心》。其称名则杂而不越，其属辞则曲而能达，盖确然有见于本体之流行，故一皆出自胸襟，沛然莫之能御。尔乃尽廓枝辞，独标悬解，破集聚名心之说，立翕辟成变之义，足使生、肇敛手

而咨嗟，奘、基挢舌而不下。拟诸往哲，其犹辅嗣之幽赞《易》道，龙树之弘阐中观。自吾所遇，世之谈者，未能或之先也。可谓深于知化，长于语变者矣！

马一浮以优雅的文笔概述了《新唯识论》的基本思想，认为熊十力的学识超过了道生、僧肇、玄奘、窥基等过去的名家大师，真可谓推崇备至！

"马一浮"与"熊十力"这两个名字恰成一副对联。二人性格也不同。马一浮儒雅，熊十力简狂；马一浮家境殷实，熊十力出身贫寒；马一浮深居简出，熊十力喜欢交游；马一浮主张读书要择精深研，熊十力主张读书要博览泛观……他们之间的这些差异并不妨碍他们的交往，并且正因为有差异才会收到"和而不同"、互相裨益的效果。熊十力从马一浮身上学到不少东西。他在《新唯识论》文言文本的绪言中说，本书的《明心》章吸收了马一浮先生的研究成果。

即使最要好的朋友之间，有时也难免发生一些不愉快的事情，熊十力和马一浮之间就曾有过这种情形。抗日战争时期，为弘扬中国传统文化，提高民族自信心，马一浮在四川乐山乌尤寺创办了复性书院，聘请熊十力主讲宋明理学。熊十力愉快应聘。1939年9月17日，他在复性书院写作了《开讲词》，并准备好了讲义。没有想到，熊十力同马一浮在一些问题上发生了分歧，无法共事下去，只得不欢而散。事后二人都冷静下来，仍和好如初。1953年，马一浮为祝贺熊十力七十寿辰写下一首律诗，回顾他们几十年的交情：

> 孤山萧寺忆谈玄，云卧林栖各暮年。
>
> 悬解终期千岁后，生朝长占一春先。
>
> 天机自发高文在，权教还依世谛传。
>
> 刹海风光应似旧，可能重泛圣湖船。

熊十力很珍视马一浮的这首诗，背得很熟。有一次他在政协会议上同杨玉清谈话，特地介绍马一浮的这首诗，还展开一纸，对诗中的典故加了注解。

熊十力的《新唯识论》文言文本出版后，在哲学家中间反响不算太大，而在佛学界却引起轩然大波。南京支那内学院的反应尤为强烈。学院的师生都是唯识宗的信仰者，当然不愿意有人批判唯识宗的学说，特别不愿看到曾经是他们之中一员的熊十力杀回马枪。他们把《新唯识论》视为离经叛道之作，大有"鸣鼓而攻之"之势。刘衡如一马当先，在支那内学院的院刊《内学》第六辑上发表《破新唯识论》，激烈批评熊十力的观点。欧阳竟无大师以主帅的身份亲自为刘文作序，他写道：

> 三年之丧，不肖者仰而及，贤者俯而就，此圣言量之所以须要也，方便之所以为究竟也。心精飚举，驰骋风云，岂不逞快一时。而堤决垣逾，滔天靡极，遂使乳臭牖窥，惟非尧舜、薄汤武是事，大道绝径，谁之咎欤？六十年来阅人多矣，愈聪明者逞才智，愈弃道远，

过犹不及，贤者昧之。而过之至于灭弃圣言量者，惟子真为尤。衡如驳之甚是，应降心猛省以相从。割舌之诚证明得定，执见之舍皆大涅槃，呜呼子真，其犹在古人后哉！

欧阳竟无大师直斥熊十力"乳臭膧窥""逞才智""灭弃圣言量"，恼怒之情充满字里行间。

面对来自师门的汹涌攻势，熊十力不能不做出回应。他赶写出《破〈破新唯识论〉》，1933年由北京大学出版。在此书中，他对各种批评做出答辩，进一步申述自己的观点，对《新唯识论》做了重要的补充论证。

《新唯识论》文言文本和《破〈破新唯识论〉》是熊十力在初创新唯识论时期主要的学术成果。除此之外，他还写了一些介绍佛教基本知识的专著，其中有1926年在上海商务印书馆出版的《因明大疏删注》和1937年在北京大学出版部出版的《佛家名相通释》。从《新唯识论》文言文本和《破〈破新唯识论〉》这两部书来看，熊十力的"新唯识论"思想体系的框架基本上已树立起来，但尚未最后完工。例如，熊十力尚未明确"归宗儒家大易"的理论取向，也没有使用"矛盾"概念，旧唯识学的胎迹还相当明显。难怪孙道升在20世纪30年代写《现代中国哲学界之解剖》时将熊十力看成"新法相宗"的代表人物，而不把他看作现代新儒家代表人物。到抗日战争时期，熊十力又写出《新唯识论》语体文本，才最后完成由佛到儒的转折，使"新唯识论"思想体系臻于完善。

抗日战争时期，中华民族到了最危险的时刻。熊十力出于爱国心，深感有必要强化民族意识，让中华民族团结起来，枪口一致对外，共同抗击日寇。因此，他特别重视对儒家思想的研究和阐发。他希望用自己的学术研究服务于抗战救国的大业。这应当是他出佛入儒，走上新儒家道路的最主要的理论动机。九一八事变不久，他就表示："今外侮日迫，吾族类益危，吾人必须激发民族思想，念兹在兹。"①1937年他离开北平，辗转于湖北、四川等地，走到哪里就把儒家思想宣传到哪里。他撰写了一本通俗的小册子——《中国历史讲话》，大讲汉、满、蒙古、回、藏五族同源，号召各民族团结起来，一致对外，挽救中华民族。从人类学的角度看，这本书的说法当然是不科学的，但他在此书中表达的是爱国主义激情，是能够起到砥砺民族斗志的积极作用的。中央陆军军官学校印发了这本小册子，把它当作军人的必读教材。熊十力还写了《读经示要》等儒学方面的论著，根据中国社会的需要对儒家思想做了现代阐释。

抗日战争时期，国民党政府出于维护其统治地位的目的，也努力扶植儒学。应当指出的是，熊十力宣扬儒学绝不是有意迎合官方的政治需要，而是根据自己的理解阐扬儒学的。他对当时的国民党政府始终没有好感，历来抱着不合作的态度。他屡屡表示"不为报章杂志写文章，不应讲演之邀"，多次拒绝当局的赠款。他的《读经示要》作为《中国哲学丛书》甲集之三由重庆商务印书馆出版后，他的弟子徐复观事先未征得熊十力的同

---

① 《十力语要》卷一，第11页。

意，便将此书呈送蒋介石一册。蒋介石很欣赏该书中"经为常道不可不读"的观点，特意赠给熊十力法币200万元。熊十力认为徐复观不该这样做，狠狠地训斥了他一顿。他拒收蒋介石的赠款，徐复观说这会使蒋介石下不了台，力劝他收下。后来熊十力想出一个变通的办法，把此款转赠给已迁于四川江津的支那内学院。

国民党当局打着"训政"的幌子，大肆宣扬"一个主义，一个政党，一个领袖"，熊十力对此十分反感。他愤怒地揭露说："今言训政，似亦张官师合一之帜。顾其实，则国败官邪，强贪巨污，剥削百姓，以成乎官僚资本主义，而族类危矣！世道至斯而惨极，不忍言矣。"[1]他是一位关心国事民瘼的正直学者，在他的身上充分体现出刚直不阿、不事权贵的高风亮节。熊十力把振兴中华民族的希望寄托在中国共产党的身上，多次鼓励或资助自己的学生或其他进步青年参加共产党的队伍。

熊十力写作《新唯识论》语体文本时，对他帮助最大的要算是梁漱溟了。抗日战争时期熊十力虽应聘为北大哲学教授，可是并没有到北大上课。他住在梁漱溟在北碚办的勉仁书院，潜心研究"新唯识论"。梁漱溟揭橥直觉，推崇陆王，重视柏格森的生命哲学，这些对熊十力都有直接影响。梁漱溟在抗战时期忙于奔走国事，没有在学术方面投入更多的精力，而熊十力却甘于寂寞，一心搞学问。如果说梁漱溟比熊十力更敏锐的话，那么应当说熊十力比梁漱溟更深沉。这两位现代新儒家代

---

[1]《十力语要》卷一，第74页。

表人物各有自己的特点：梁漱溟较为拘谨，办事认真，似《论语》中所说的"狷"；熊十力不拘小节，为人坦诚，似《论语》中所说的"狂"。这一"狷"一"狂"相得益彰。他们相处多年，虽有龃龉但仍不失融洽。梁漱溟晚年在回顾他与熊十力的交情时说：

> 计从1922年熊先生北来后，与从游于我的黄艮庸、王平叔等多人朝夕同处者历有多年。1924年夏我辞北大，应邀去山东曹州讲学，先生亦辞北大同往；翌年，我偕诸友回京，先生也是同回的。居处每有转移，先生与我等均相从不离，其事例不必悉数。然而踪迹上四十年间虽少有别离，但由于先生与我彼此性格不同，虽同一倾心东方古人之学，而在治学谈学上却难契合无间。先生著作甚富，每出一书我必先睹。我读之，曾深深叹服，摘录为《熊著选粹》一册以示后学。但读后，心里不谓然者复甚多，感受殊不同。于是写出《读熊著各书书后》一文，甚长，缕缕陈其所见。[1]

从1938年开始，熊十力开始在《新唯识论》文言文本的基础上改写语体文本，进一步完善"新唯识论"思想体系。他所说的语体文是一种介乎文言文与白话文之间的文体，既有白话文的通俗，又有文言文的典雅，与宋明语录类似。他还打算请人根据

---

[1]《玄圃论学集：熊十力生平与学术》，第25—26页。

语体文将《新唯识论》译成西文，使它传向世界哲学论坛。

熊十力在开始写作《新唯识论》语体文本时，尚有弟子钱学熙、韩裕文等帮助，后来二人因故离开，只好由他一人独立完成。为了早日脱稿，他每天清晨四时就早早起床，中午稍事休息后，继续工作，直到深夜。因处战争年代，条件十分艰苦。"孤羁穷乡破寺中，老来颠沛，加复贫困，乃强自援笔。"日寇的飞机时常还来骚扰、轰炸，很难过一天安生的日子。1939年8月19日，敌机轰炸乐山，熊十力的寓所不幸中弹起火，他的左膝受伤，多年的积稿也毁于一旦。他没有因此灰心丧气，而是凭着一股锲而不舍的韧劲，伤好之后又从头干起。1940年，《新唯识论》语体文本上卷终于脱稿，由弟子吕汉才资助印了200本。1942年，中卷定稿，老友居正出面募集到一笔资金，以勉仁书院哲学组的名义出版了《新唯识论》语体文本上、中两卷合订本。直到1944年，全书才完稿，被中国哲学会纳入《中国哲学丛书》甲集，由商务印书馆正式出版。此书是熊十力思想成熟时期的代表作。

熊十力在思想成熟时期的著作除了《新唯识论》语体文本之外，还有《十力语要》和《十力语要初续》。这两部书是熊十力的言论、信函、札记的总汇，经多年积累，陆续编纂成书。

1930年，熊十力的弟子张立民根据高赞非记录的熊十力自1924年至1928年的论学语录及信札，整理删削，编成《尊闻录》并写了一篇序。同年11月，印行150册，分赠友人。这是编纂《十力语要》的开始。1935年，弟子云颂天、谢石麟将熊十力自1932年至1935年写的短札数十篇整理成书，名为《十力论学语辑略》，由北京出版社出版。后来在此书基础上编成《十力语要》

卷一。1940年，弟子邓子琴、潘从理将熊十力从1936年至1940年写的笔记、发表的言论编为《十力语要》卷二，由周封歧资助印行400册。1946年，弟子王星贤整理熊十力从1942年至1946年撰写的短札、信函，汇编为《十力语要》卷三；以《尊闻录》为基础汇入熊十力在抗日战争期间发表的言论、短札，编为《十力语要》卷四。至此，四卷本《十力语要》全部编成，共33万字。1948年，湖北省主席万耀煌拨款资助印行"十力丛书"，《十力语要》方才正式问世，印了1000套。

熊十力很看重这部著作。他在《增订十力语要缘起》中写道："此四卷之书，虽信手写来，信口道出，而其中自有关于哲学思想上许多问题及做人与为学精神之砥砺者，似未容抛弃。"《十力语要》是从熊十力心中自然流出的，特别能反映他的真实思想。

1948年，熊十力收养安陆池师周遗孤际安为嗣女，改名熊池生，字仲光。仲光是一位很文静好学的姑娘，文笔亦佳。她常随侍在熊十力的左右，照顾老人的生活起居，帮助老人整理文稿。熊十力很喜欢仲光，常对人说："伏女传经，班女受史，庞女传道。今得仲光，老熊也有了可以传道的后人了，幸甚！幸甚！"他把仲光比作西汉帮助父亲伏胜传授今文《尚书》的伏生女，比作东汉秉承父志完成并传授《汉书》的班固之女班昭，比作东汉末庞德公之女，希冀她来继承发扬自己的学术思想。他委托仲光将自己从1947年至1949年写的论著、笔札编为《十力语要初续》。书编成后，熊仲光还写了一篇《困学记》，也收录其中。1949年香港东升印务局出版了这部书。儒家的创始人孔夫子的弟子及再传弟子曾给后人留下一部《论语》，《十力语要》及

《十力语要初续》则是现代新儒家熊十力留下的一部新"论语"。

《新唯识论》语体文本、《十力语要》和《十力语要初续》这三部书可以说是熊十力表达"新唯识论"思想体系的力作。在这三部书中，他最终完成由佛到儒的转折。他扬弃佛学，参证西方哲学，归宗儒家，建立了一个新陆王型的现代新儒学思想体系。在1949年以后，熊十力陆续写出一些新书，这些书大体上可以看作是"新唯识论"的发挥和拓展。

1.6 由顺转逆

1949年，广州解放在即。此时，年已65岁的熊十力，暂住在广州弟子黄艮庸家中。他听到两种声音。一种声音来自在香港的从学弟子，劝他赶紧到香港去；一种声音来自董必武、叶剑英等中国共产党人，以及老朋友郭沫若，劝他留下来，参加中华人民共和国的建设事业。两种截然不同的声音，都冲击着他的心扉。经过一番思想斗争，在历史紧要关头，他终于做出正确抉择：留下来，与中国共产党人共事。

1950年，他到北京后，表示不愿意做官，喜欢讲学，希望能够回到北京大学。政府答应了他的要求，还在后海附近的鸦儿胡同为他安排了宽敞、舒适的宅院，并配备了家具。北京大学特聘熊十力为一级哲学教授。哲学系为了使他能安心写作，答应他可以不到教室里授课，也没有给他安排任何具体的教学任务。时常有老师带领学生，到熊十力府上求教。

中华人民共和国成立初期，开展思想改造运动。大多数从旧社会过来的老知识分子，纷纷检讨过去的思想状况，熊十力也许是个例外。大概因为他曾经是辛亥首义参加者的缘故，人们不便对他提出非议，就连会议组织者也从未难为他。他积极参加会议，听别人检讨，自己却未做过任何检讨。思想改造运动似乎未对他造成任何影响，他依然按照自己的思路进行研究，从事写作，发表文章。

熊十力晚年在北京的生活是舒适的，学术创造也进入高峰期。他重新梳理了自己的哲学思想，写出了一系列著作。20世纪50年代初，《新唯识论》壬辰删定本脱稿，董必武、林伯渠帮助出版印行数百册。1956年，《原儒》脱稿，时任中国科学院院长的郭沫若为出版他的著作在上海专门设立龙门书局，印行《原儒》1000册。1958年，熊十力再次修改《新唯识论》后，撰写《体用论》，脱稿后由上海龙门书局影印200册。1959年，继《体用论》之后，《明心篇》脱稿，由龙门书局出版。1961年，《乾坤衍》脱稿，由中国科学印刷厂影印。在《熊十力全集》中，第5卷的部分篇章、第6卷、第7卷、第8卷都是他在1949年之后写出来的作品。

熊十力是中国共产党的诤友，1956年当选为第二届全国政协委员，连任第三届、第四届全国政协委员，并以第四届全国政协委员的身份列席第三届全国人民代表大会。1954年，他毕竟年事已高，已不能适应北方的生活，遂要求离开北京，到上海长子熊世菩家中定居。1956年，他被北京大学评为一级教授，每月工资345元，寄到他在上海的寓所。1958年，他辞去北大教授职务，工资不变，改由上海市政协发给。

中华人民共和国成立以来，熊十力的处境一向是顺利的，可以说诸事如意，顺风顺水，一路亨通。不料，在"文化大革命"期间，竟一下子从顺境掉到逆境之中，以至于付出生命的代价。1966年，"文化大革命"爆发，那时熊十力已是82岁的老人了，可他还是不能逃脱这场劫难。他被打成"反动学术权威"，多次被抄家，多次挨批斗，饱受折磨。1968年5月23日，多年的沉疴复发，他不得不住进上海虹口医院。他坐在病房卫生间的马桶上，悄然离世。终年84岁。

1978年后，熊十力获得平反，他的著作也得以整理出版。1985年，中华书局出版了熊十力论著之一《新唯识论》；1994年，出版了熊十力论著之二《体用论》；1996年，出版了熊十力论著之三《十力语要》。三书皆为繁体竖排精装本。2001年，武汉大学编纂《熊十力全集》8卷、附卷《熊十力哲学评论集粹》2卷，共计10卷，486万字，由湖北教育出版社出版，皆为繁体横排精装本。中国人民大学出版社出版《熊十力别集》5卷，包括《新唯识论》（壬辰删定本）、《体用论》、《读经示要》、《论六经·中国历史讲话》和《原儒》，皆为简装本，2019年出齐。

第 2 章

入佛与出佛

2.1　佛学的浸润

　　熊十力决定弃政向学之后，把探求"为己之学"作为努力的目标。为了达到这一目标，他曾徘徊于佛、儒两家之间。在一段时间里，他用功读儒家的经典，四书五经都涉猎过，程朱陆王的书，王船山、戴震的书也都读过。他觉得先儒的典籍和后儒的注疏似乎很有道理，但根本的"大道理"在什么地方，他还摸不准，也说不上来。佛教的典籍他也喜欢读，很欣赏其中"上下天地，唯我独尊"一类的警句。他在自己的处女作《熊子贞心书》中抄录了一大段《大乘佛教缘起考》，并加上了一段按语："佛说何以胜外道而为了义，谈此处亟须参透。"从这里反映出，他在认真思考佛教所含藏的真谛，但一时还没有"参透"。他很欣赏佛学的精湛深奥，认为"古今言哲理者，最精莫如佛，而教外别传之旨，尤为卓绝"[①]。他同佛教耽空出世的倾向却不能相契，写过批评文章，还惹来梁漱溟的一顿怒斥。熊十力开始专门研究学问的初期，有时偏向佛学，有时偏向儒学，究竟是皈依佛门还是服膺

———————

① 《新唯识论》，第19页。

儒家，他一时还拿不定主意。

1919年他结识了梁漱溟。由于受梁漱溟的影响，他终于下定决心钻研佛学，遂入南京支那内学院，投在欧阳竟无大师门下，成为首批正式学员。在支那内学院，他整整读了三年佛教经卷。《唯识二十论》《唯识三十论》《成唯识论》《成唯识论述记》《瑜伽师地论》《摄大乘论》《摄大乘论释》《因明入正理论》《肇论》《古尊宿语录》《坛经》等佛教有名的经论，他都精读过多遍，有些主要的章节、段落甚至都能一字不差地背诵出来。浩瀚的经卷与晦涩的经文没有把熊十力变成虔诚的佛教徒，却把他送入哲学的殿堂。经过多年的钻研，他成为一位佛教哲学专家。他在回顾自己学术思想的发展过程时说："我从前有一个时期，是很倾向于印度佛家思想的。我的研究佛家学问，决不是广见闻、矜博雅的动机，而确是为穷究真理，以作安心立命之地的一大愿望所驱使。我尝问无著和世亲一派之学于欧阳大师，也曾经服膺勿失的。其后，渐渐离开百家之说，佛家和其他（连孔家也在内），一概不管，只一意反己自求。"[1]熊十力后来出佛入儒，自创新唯识论，与同门师友发生分裂，但佛学毕竟是他治学的根底。他在介绍自己的治学经验时颇有感触地说："吾尝言，今日治哲学者，于中国、印度、西洋三方面，必不可偏废。此意容当别论。佛家于内心之照察，与人生之体验，宇宙之解析，真理之证会（此云真理，即谓实体），皆有其特殊独到处。即其注重逻辑之精神，于中土所偏，尤堪匡救。"[2]采撷佛学的理论思维成果，参证西方

---

[1]《新唯识论》，第348页。

[2] 熊十力：《佛家名相通释》，中国大百科全书出版社，1985，第4页。

哲学的思想材料和思想方法，回过头来整理国故、归宗儒家，然后推陈出新创立一家之言——这就是熊十力走过的学术道路。

经过佛学的浸润，熊十力确立了唯心主义的哲学信仰，甚至达到了终生不渝的程度。佛教认为，三界唯心，万法唯识，客观世界只不过是由主观意识变现出来的假象，并没有自性，因而反对人们执着于现实世界及同现实世界相对的自我意识。佛教唯识宗提出"三自性"理论论证这个佛家各派共同的观点。按照通常人的看法，一切事物各有自性差别，客观世界是实在的。唯识宗称这种世俗的世界观为"遍计所执自性"，并将其作为他们"破斥"的靶子。他们指出：世俗执有实我、实法的种种差别，已陷入不真实的谬误之中而不悟。按照唯识宗的看法，一切现象均"依他众缘而得起"，叫作"依他起自性"。在众缘中，阿赖耶识（又称藏识，含藏宇宙万有的种子）最为根本，因为只有它才能引起心识派生万事万物的活力。故说一切现象均为"众缘所行心，心所虚妄变现，万物万化而不实，非有而似有"。唯识宗主张，在树立"依他起性"观念的前提下，远离"遍计所执自性"，认识到一切现象既无"人我"，又无"法我"，这便是"圆成实自性"，也就是证得真如实性，树立起佛教的世界观。《成唯识论》卷八写道："三种自性，皆不远离心、心所法。谓心、心所及所变现，众缘生故，如幻事等非有似有，诳惑愚夫，一切皆名依他起性，愚夫于此横执我法、有无、一异、俱不俱等，如宝华等，性相都无：一切皆名遍计所执，依他起上彼所妄执我、法皆空，引空所显识等真性名圆成实。是故此三不要离心等。"这段话比较集中地概括了唯识宗"三自性"说的基本思想。

　　熊十力把他的哲学思想体系称为"新唯识论"，正表明它是由唯识宗嬗变而来的，表明"识"的观念乃是他的思想体系的第一块基石。尽管后来熊十力对唯识宗有过诸多批评，但诚如他自己所述："我的主张，大概和旧师相同。"在解释他的代表作为何题名为《新唯识论》时，他说："识者，心之异名。唯者，显其殊特。即万化之原而名以本心，是最殊特。言其胜用，则宰物而不为物役，亦足征殊特。《新论》究万殊而归一本，要在反之此心，是故以唯识彰名。"[①]在熊十力的"新唯识论"思想体系中，某些具体的说法与唯识宗不同，但仍旧把"识"或"心"视为宇宙的本体和万化的源头，其唯心主义哲学实质没有什么改变。

　　佛教哲学倡导虚无主义世界观。佛教认为，"诸法皆空"，一切事物与现象都可分解为因和缘，本身都不是独立存在的实体，都没有自性，故称之为"空"或"假有"。《大智度论》卷一称："观五蕴无我无我所，是名为空。"熊十力的哲学思想也深深打上这种虚无主义的烙印。他反复论证世界上一切事物都是"诈现"的假象，声称"一切物才生即灭。刹那刹那，故故灭尽，说一切物无有常；刹那刹那，新新突生，说一切物无有断。一刹那顷，大地平沉，即此刹那，山河尽异，这并不是稀奇事"[②]。熊十力从佛教那里接受了"刹那生灭"的观念，把它变成自己思想体系的重要组成部分。他明确表示："我是赞同印度佛家的见解，主张一切法都是刹那灭。怎样叫作刹那灭呢？即凡法于此一刹那顷才生，即于此一刹那顷便灭，所以说，生时即是灭时。他一切法决不

① 《新唯识论》，第239页。
② 同上书，第345页。

会有一忽儿的时间留住的。世间见有常存的物，却是一种倒见。"①

　　熊十力也很欣赏佛教的某些思想方法。为了明确信仰与常识的对立，佛教采取"二谛义"的方法论证其基本教义。佛教认为，就现象而言，一切事物都是"有"，这是顺着世俗的道理说的，叫作"俗谛"；就本质而言，一切事物都无自性，本来是"空"，这是顺着所谓"真理"说的，叫作"真谛"。熊十力在本体论方面区别体用，认为从"体"来说，本来无物，而从"用"来说，却不妨"假说为物"。在认识论方面，他区别性智和量智，认为性智可以体悟真谛，量智仅局限于俗谛。在人生论方面，他区别净习与染习，认为净习是基于真谛而采取的行为，而染习则是基于俗谛所采取的行为。这些观点都运用了佛教"二谛义"的论证方式。除"二谛义"的方法外，熊十力在他的论著中还采取了佛教"因缘分析""遮诠破执"等方法。

　　熊十力很钦佩禅宗的顿悟学说。在中国发展起来的佛教宗派禅宗认为，无须长期修习，也不必读许多经卷，一旦把握了佛教的真谛，便可以突然觉悟，直抵佛地。禅宗的实际创立者慧能在《坛经·疑问品》中说："菩提只向心觅，何劳向外求玄？所说依此修行，西方只在目前。"熊十力也认为，对本体的把握，完全是内心体悟的结果，不是任何外因可以帮助奏效的。这种"本心实证"的状况难以向不知者说，只可向知者道。他在《新唯识论》语体文本中引述了禅宗的一桩公案：

---

① 《新唯识论》，第334—335页。

有一次，百丈和尚与马祖和尚同行，看见一群野鸭子从头顶上飞过去。马祖随口问道：

"你看见什么了？"

"野鸭子。"百丈不加思索地答道。

"到哪儿去了？"

"飞过去了。"

马祖听后猛地掐了一下百丈的鼻子，百丈负痛大叫失声，遂"豁然见自本性，乃深悔从前逐物生解而迷其真"。[1]

熊十力引述这桩公案借以说明："见体"的认识乃是对经验认识的超越。他从禅宗的顿悟中受到启发，形成了性智理论（关于这一点之后详述，此处不赘）。

熊十力体会到，读佛经是一种莫大的精神享受，可以使人产生超脱一切的感觉，暂时甩开人间的种种烦恼。他在给好友汤用彤教授的信中这样描述自己读佛经时的心境："看大智度论，镇日不起坐思维空义。豁然廓然，如有所失，如有所得。起坐，觉身轻如游仙，惜此境而不常有。"[2]佛经向称难读，熊十力却甘之如饴。他坐得住，读得进，乐此不疲。虽然他后来已出佛入儒，但终生保持着读佛经的习惯。为了帮助更多的读者找到进入佛学堂奥的门径，熊十力写了《因明大疏删注》《佛家名相通释》等通俗性读物。这些著作深入浅出，文字生动，对于初学者很有帮

---

[1]《新唯识论》，第555页。

[2]《十力语要》卷一，第12页。

助。他的这些著作的学术价值在学术界得到公认。

熊十力研习佛学时，常常喜欢把儒佛两家学说的异同加以对照比较，力图把两家之学融会贯通。他不赞成那种把儒佛两家截然对立起来的观点。他认为，儒、佛作为东方哲学的两朵奇葩，有许多共同之处。例如："佛家虽主灭度，要是从其大体言之耳，若如华严、涅槃等经，其思想亦接近此土儒家矣。"[1]佛学与儒学都是建立在"性智"的基础之上的，都是"见体"的学问，总的来看与西方哲学不属于同一类型。但是，在如何处理体用关系的问题上，佛学与儒学却是有区别的。佛家有体而无用，走向否定人生的歧路。"印度佛家，毕竟是出世的人生观，所以于性体无生而生的真机，不曾领会，乃但见为空寂而已。"[2]与佛家形成鲜明对照的是，儒家注重体用合一，避开了否定人生的歧路。他对儒、佛两家之学做了这样的比较：

> 如印度的佛家，便把生灭的世界，说为无常，而隐存呵毁，因有厌离或超脱的意思（小乘直是厌离，大乘别是一种超脱的观念）。他们印度佛家以为生灭的万法，是依着不生不灭的实体而有的。顺流，则惑苦纷纭（顺者随顺，流谓生灭）。证本，则一极寂静（本和一极并谓实体）。所以，有超越生灭，而安住不生灭的实际的蕲向（实际，即实体之别名）。我国儒家哲学的思想，则以为绝待的太易，举其全体而显现为分殊的大

---

① 《十力语要》卷一，第14页。
② 同上书，第14页。

用或生灭的万象（此中太易，即实体之异名。生灭，即谓翕和辟，都是生灭灭生而不已，故言生灭，则翕辟不须另举），即于生生不息，而见为至诚（生灭灭生，即是生生不息。至诚，亦实体之别名。此非超越生生不息的万象而独在，故于生生不息的万象，直作至诚观，便于相对中见绝对），于流行而识得主宰（准上可知）。因此，不言超脱，而自无不超脱；不起厌离，则以本无可厌离故。观法无常，而日新盛德，于是可见。（孔子《易传》说："日新之谓盛德。"大化流行，时时更新，故曰日新。）灭故所以生新，大化无有穷尽，森然万象，皆一真的显现也。[1]

在熊十力看来，佛家讲生灭，突出一个"灭"字，实则以灭否定了生；而儒家讲生灭，则突出一个"生"字，照顾到了体用一致性。两相比较，显然儒家略胜佛家一筹。基于这样的认识，熊十力虽然多年浸淫于佛学，却没有成为佛教徒，而是成为援佛入儒的现代新儒家。

2.2　评点大乘空宗

熊十力不是从信仰者的眼光研读佛经，而是以哲学家犀利的眼光解剖佛教的理论体系。因此，他既能入乎其中，又能出乎其外，独具慧眼地评点佛教大乘空、有两大派系的理论得失，并从

---

[1]《新唯识论》，第347—348页。

中拣择对自己有用的思想材料，筑造接近佛学而又有别于佛学、归宗儒家的"新唯识论"思想体系。

关于大乘空宗，熊十力认为其最突出的理论成就就是熟练地运用"遮诠"的手法，荡涤种种情见，为人们实证本体指点迷津。他说："古今讲玄学的人，善用遮诠的，宜莫过于佛家。佛家各派之中，尤以大乘空宗为善巧。"①区别于从正面做肯定的解释的"表诠"，所谓"遮诠"是指从事物的反面做否定的解释，以排除对象不具有的属性的思想方法。这是大乘空宗最常用的方法。大乘空宗又称"中观学派"，大约在3世纪由印度学者龙树、提婆创立，后来为佛护、清辩所继承和发展。在南北朝时期，空宗经后秦鸠摩罗什介绍传入中国，逐渐成为对中国影响最大的佛学思想。中国的三论宗、天台宗、华严宗、禅宗都以空宗的经典为立宗的重要根据。空宗的主要典籍——《中论》《十二门论》《大智度论》《百论》《般若灯论释》《大乘掌珍论》等都有中文传世。大乘空宗宣称"一切皆空"，认为由世俗的名言概念所获得的认识都属于戏论、情见、倒见，都被称为"俗谛"。大乘空宗强调，要证得"一切皆空"的真谛，就必须放弃世俗的思维方式，因为真谛是无法用世俗方式认识和表述的。这就叫作"第一义不可说"。熊十力很赞赏空宗的这种观点，他在《新唯识论》中写道："古今谈本体者，只有空宗能极力远离戏论。空宗把外道乃至一切哲学家，各各凭臆想或情见所组成的宇宙论，直用快刀斩乱丝的手段，断尽纠纷，而令人当下悟入一真法界。这是何等神睿、

①《新唯识论》，第300页。

何等稀奇的大业！"①熊十力把空宗的基本思想概括为"破相显性"四个字，并承认这是他同空宗特别契合的地方。

熊十力指出，"破相显性"既是空宗的成功之处，又是空宗的失败之处。空宗意识到，认识本体不能采用世俗的认识方式，必须另辟蹊径，这在熊十力看来无疑是对的；可惜的是，空宗在摸到认识本体的门径之后，竟在门口停住了脚步，并未登堂入室，真正发现本体。换句话说，空宗只是破了相，并未真正做到"显性"。据熊十力分析，空宗至少有两个问题未能解决：

第一，空宗未能从正面回答本体到底是什么，理论意图不够明确。从空宗"一切皆空"的宗旨反映出，空宗并没有领悟性德之全。空宗只看到本体"空寂"的一面，而始终没有看到本体"生化"的一面。"空宗于寂静的方面，领会得很深切，这是无疑义的。但如稍有滞寂溺静的意思，便把生生不息真机遏绝了。其结果，必至陷于恶取空，至少亦有此倾向。"②"恶取空"本来是空宗在批评那些过分执着于"空"而不悟者时的用语，在熊十力看来，由于空宗自身的理论缺陷，不管其在主观上如何努力，终究逃不出"恶取空"的误区。这乃是逻辑的必然。

第二，空宗只谈本体论而未谈宇宙论，未免有"有体而无用"之嫌。熊十力分析说："依据空宗的说法，是无所谓宇宙论的。"③空宗一味强调"本体是空"，可是空的本体如何体现到现实世界之中，便没有下文了。这样，便把体用打成两橛，只能在

① 《新唯识论》，第377—378页。

② 同上书，第380页。

③ 同上书，第373页。

用之外另觅本体了。熊十力对这种思想颇有微词，声称他只能在认识论的意义上认同空宗的部分观点，而在宇宙论方面必须超越空宗，另立新说。他在《新唯识论》中写道："在认识论的方面，空宗涤除知见，不得不破法相，唯破相，乃所以去知见，而得悟入法性。这点意思，我和空宗很有契合处。不过，我不妨假施设法相。在上卷里，依大用流行的一翕一辟，而假说为心和物。这是我与空宗不同的地方。"[①]熊十力感到，他的观点似乎比空宗更合理。

通过对空宗的批评检讨，熊十力在理论上明确了两个观点：第一，本体应该是空寂与生化两个方面的统一；第二，本体应该全部显现为现象，本体不在现象之外，体与用应该是统一的关系。这两点正是熊十力创立"新唯识论"的指导思想。

2.3 评点大乘有宗

熊十力在支那内学院主要是学习和研究大乘有宗即唯识宗的。他对有宗的理论很熟悉，对有宗的评述所花费的精力比空宗更多。

熊十力并不讳言，他的"新唯识论"是从大乘有宗嬗变出来的。他曾说："《新论》实从佛家演变出来，如谓吾为新的佛家，亦无所不可耳。"[②]"新唯识论"之"新"是相对于唯识宗的理论而言的，一则表示它同唯识学有继承关系，二则表明它是在批判唯识学的基础上产生的，亦即是对唯识学的扬弃。"新唯识论"这

---

① 《新唯识论》，第383页。
② 同上书，第404页。

一名称已告诉读者，熊十力已接受了唯识宗"万法唯识"的基本观念。不过，值得注意的是，他对"识"的界定与阐释与唯识宗并不完全相同。玄奘在他编译的《成唯识论》中提出，世界上的一切都是由"内识"变现出来的。"由假说我法，有种种相转，彼依识所变。"正是因为世界上一切事物都是由内识变现出来的，所以都没有自性，仅仅是"假有"，故说："实无外境，唯有内识似外境生。"唯识宗把这种观点概括为"唯识非境"，以区别于大乘空宗的基本论纲——"一切皆空"。唯识宗不主张"一切皆空"，而主张境空识有，以"唯识非境"为其根本宗旨。在熊十力看来，这条宗旨有加以修正的必要。他直截了当地宣称："唯识的说法，但斥破执有外境的妄见，并不谓境是无的，因为境非离心独在，故说唯识。"[1]他不赞成"唯识非境"的提法，而代之以"离心无境"。他认为，境和心是相对而言的，才说心，便有境；若无境，心也无从谈起。因此，只肯定识或心，而否定境或物，在逻辑上是说不通的。他声称："只是不承认有离心独在的外境，却非不承认有境。"[2]熊十力对唯识宗的修正无疑没有超出唯心主义范围，从唯物主义立场上看并不十分重要，但绝不等于说这种修正没有理论价值。熊十力正是从此处入手，推倒了唯识宗构筑的理论大厦，另起炉灶，以"离心无境"为宗旨建立起新唯识论思想体系。

熊十力对大乘有宗所取得的理论成就予以充分的肯定。他认为有空是"佛学发展至最后阶段之产物"[3]，理论水平最高，思辨

---

[1]《新唯识论》，第271页。

[2] 同上书，第270页。

[3] 熊十力：《佛家名相通释》，北京大学出版组，1937，第2页。

性最强。大乘有宗是在空宗充分发展之后出现的，对空宗只讲本体论而不谈宇宙论的偏向看得很清楚。为了避开"恶取空"这一误区，有宗既讲"空"，也讲"有"；既讲本体论，也讲宇宙论。其论域之开阔远远超过了空宗。唯识宗提出唯识说和种子说解释宇宙的由来及其构成。《成唯识论》认为，整个人类和世界都是由"识"变现出来的。"识"有八种，分为三类。眼识、耳识、鼻识、舌识、身识、意识这前六识为第一类"能变识"，叫作"了别境识"。第七识"末那识"为第二类"能变识"，叫作"思量识"。第八识"阿赖耶识"为第三类"能变识"，叫作"异熟识"。在这三类能变识中，阿赖耶识"最为根本"，前七识都是由它变现出来的，也就是说只有它才是宇宙万有的大本大源。那么，宇宙是怎样由八识变现出来的呢？为了解决这一问题，唯识宗提出"种子生现行，现行薰种子"的理论。唯识宗认为，在阿赖耶识里蕴藏有种子，种子具有能"亲生"同自己相应的"果报"的功能。种子分为两类：一类是本来就有的能派生出宇宙万有的各种各样的种子，叫作"本有种子"或"本性住种"；另一类是由"识"的各种"现行"活动薰习出来的种子，叫作"始起种子"或"习成种子"。这样一来，种子生现行（即通过前七识显现出来的现象），种子生种子，现行又薰习种子，如此循环往复以至无穷，遂变现出丰富多彩、千变万化的宇宙中万事万物。总之，宇宙间的物界和心界都是种子的产物。这就是唯识宗本体论和宇宙观的基本思想。

熊十力对唯识宗的本体论和宇宙观做了分析和批判，否定了唯识宗的理论核心——阿赖耶识。他认为，阿赖耶识不过是唯识宗所反对的外道中"神我"观念的变形。"佛家虽斥破外道之神我，但有宗所立赖耶，实有神我的意义。持说虽有不同，其以为吾人自有法尔固具的个体的生命，超脱形骸，无始无终者，则一也。或谓之神我，或谓之神识（赖耶一名神识）。奚有异哉？"阿赖耶识无非是神化和夸张了的个体意识，同"神我"一样，不可避免地堕入变相的灵魂不灭论。熊十力指出，唯识宗用"识"来"对治空宗末流之弊，用意未尝不是，而他们有宗自己所推演的一套理论却又堕于情见窠臼"[①]。

熊十力集中笔墨批判了唯识宗的种子说。他指出：第一，种子说的最大错误"就是划成种现二界"，"陷于巨谬而不悟也"。在唯识宗的学说中，"种子"相当于本体界，"现行"相当于现象界。唯识宗把种、现二界对立起来，割裂了二者的统一性，便会把本体描绘成隐藏在现象背后的抽象的精神实体。这样一来，本体和现象似乎成了父子关系，"判然两物"。所以，他认为唯识宗"把体和用，截成两片。则所谓体者，已不成为用之体，他只是超脱于用之外而独有空洞的东西"，"根本不了解体和用的意义"，"不知道用之外是没有所谓体的。因此之故，他们一方面肯定有心和物的现象，又进而求根本的因素，遂建立种子。他们所谓种子好像是隐在现象的背后，而为现象作根荄的本体"[②]。

第二，种子说同佛教共同信奉的真如说龃龉不合，"堕二重本体过"。他说："有宗即建立种子，为现行作因缘，其种子，即是现行界的本体。""然而，又要遵守佛家一贯相承的本体论，即

---

① 《新唯识论》，第 405 页。

② 同上书，第 304 页。

有所谓真如，是为万法实体。"那么真如与种子是什么关系？到底哪个是空体？唯识宗陷入两难境地。"他们既不说种子即是真如，又不说种子是真如的显现"，"种子自为种子，真如自为真如。此二重本体，即了无干涉。不独与真理不应，即在逻辑上也确说不通了"。①在熊十力看来，唯识宗无论怎样辩解也弥缝不了这个理论破绽。

第三，种子说实际是根据日常经验构画宇宙的本体，抽象思维水平不高。熊十力分析，唯识宗看到日常生活中每一种植物存在、生长、发育的最终原因可以追溯到种子，于是便把种子的观念搬到哲学中，认为种子是宇宙万物的本体。照他看来，这种思想方法还没有摆脱原始唯心主义的素朴性、简单性，"全由情计妄构"，没能从抽象思想的高度揭示本体的奥秘。

唯识宗为了证成"唯识非境"，在认识论方面提出"四分说"。唯识宗将认识过程划分为认识主体和认识对象，称认识主体为"能缘"，称认识对象为"所缘"。他们认为，八识中的每一识体既具有"能缘"一面，又具有"所缘"一面。前者称为"见分"，后者称为"相分"。人的认识活动就是识体自身的"见分"去缘虑自身的"相分"，或者由"相分"引起"见分"。在二分的基础上，陈那又提出"三分说"，把见分和相分所依据的"自体"称为"自证分"。护法在"三分说"的基础上再提出"四分说"，把"自证分"的再证知称为"证自证分"。唯识宗的"四分说"通过一系列的繁琐概念，试图论证认识对象是认识主体的派生物。

---

① 《新唯识论》，第304页。

熊十力在不违背唯心主义原则的前提下，对唯识宗的"四分说"做了剖析和批判。他指出，"四分说"只不过是一种剖解法。唯识宗把心剖作二分，进而剖作三分、四分，"析成多分，如将物质破作段段片片者然，终成过误。彼亦知其不妥，故又云以相摄入见，各为一识。然既已破之，又复拼合拢来，适见其辗转自陷也"[1]。熊十力虽然没有触动"四分说"的唯心主义实质，但确实揭露了唯识宗这套分析主义思想方法的局限性。

通过对大乘有宗的分析批判，熊十力从中得到这样的启发：（1）不能用常识的观点认识本体论问题，也就是要克服原始唯心主义的素朴性。（2）不能用对立的、抽象的眼光考察体用关系，必须摆脱旧的形而上学的思维方式。（3）不能过分依赖分析的方法，应当重视辩证的综合，避免支离破碎。（4）不能单从因缘角度静态地、机械地看待体用关系，而应当从主体与客观统一的角度动态地、辩证地看待体用关系。只有这样，才能建立"体用不二"的本体论。当他取得这样的认识时，也就意味着他找到了走出唯识宗迷宫的出口，摸到了新唯识论的入口。在体用关系问题上，他终于同大乘有宗分道扬镳了。

2.4 佛门的抗议

熊十力对佛学尤其是对唯识宗的批评，在佛学界引起强烈的反响。一些著名的佛学家如欧阳竟无、刘衡如、印顺、巨赞等纷纷撰文表示抗议。与熊十力同出欧阳竟无门下的刘衡如反应尤为

---

[1]《新唯识论》，第472页。

强烈。他在熊十力所著《新唯识论》文言文本问世不久，就在支那内学院院刊《内学》第六辑上发表长文《破新唯识论》，驳斥熊十力的观点，颇有代师"清理门户"的味道。

刘衡如写的《破新唯识论》分为三大部分。第一部分《征宗》相当于前言；第二部分《破计》是正文；第三部分《释难》驳斥熊十力的一些具体观点，是对正文的补充。《破计》是文章的主体部分，共分为一元之体、众生同源、宇宙一体、反求实证、真如为体、种子为体、一翕一辟、能习差违八个小节。

刘衡如认为，熊十力的"新唯识论"已乖离佛教的宗旨。"彼盖杂取中土儒道两家之义，又旁采印度外道之谈，悬揣佛法，臆当亦尔。"对于熊十力这种"背叛师门"的做法，他表示相当气愤。

首先，他批判了熊十力"众生为同源，宇宙为一体"的体用不二论。针对熊十力指斥唯识宗为"多元论"的说法，刘衡如反唇相讥，指斥熊十力"不自知早堕入一元论中而他人是哀也"，有违于佛家"一多相摄"之论。他认为，熊十力的体用不二论中的"本体"观念无非是"心"或"识"的同义语，完全没有设立的必要。在他看来，熊十力的体用不二论，实则步西方哲学史上贝克莱的"存在即被感知"的后尘，自陷于"唯心论"而不悟。熊十力的"本体"与贝克莱的"上帝"异名而同实，"虽一为神学，一为玄学，而其说不平等因为增益执则无以异"。

其次，刘衡如批评了熊十力"仅求实证"的修行方法。基于体用不二论，熊十力主张"反求自识"，实证本体，声称"真见体者，反诸内心，自他无间，征物我之同源"。刘衡如引经据典，指出熊十力此说与佛教的止观修行方法龃龉不合。他指责熊十力说："止观俱转。通达三摩地所行影像唯是其识，如何可言今一反求即见他心即我心耶？"

最后，刘衡如针对熊十力对唯识宗种子说做的批评，做出辩护和回击。他指出，熊十力并不了解唯识宗种子说的真义，所做的种种批评实则出于误解。第一，熊十力误解了唯识宗关于现界与种子之间关系的看法，把"现界以种子为体"的观点强加于唯识宗。他依据《成唯识论》说，唯识宗的看法是：种子与现行仅是因缘关系，并非体用关系。种子产生现行，现行熏习种子，二者互为因缘，也可以说互为体用。第二，熊十力误解了佛教关于真如与现行之间关系的看法。在佛教中，真如"是诸法实相，是无为法"，同现行之间没有派生与被派生的关系。第三，由于佛教没有把"本体"观念引入自己的思想体系之中，所以也就谈不上熊十力所指责的"真如"与"种子"并列的"二重本体过"。

刘衡如是站在卫道的立场上批评新唯识论的，难免偏激之论。在他的眼睛里，熊十力简直是大逆不道，故极尽口诛笔伐之能事。他在文章中用了"野狐之鸣呜乱鸣""失心痛言已童竖戏""造谣""诬谤""熊君于唯识学几乎全无知晓"等情绪性的词句。囿于门户之见，他无法理解《新唯识论》文言文本的学术价值。

2.5 答辩与申诉

读了刘衡如著《破新唯识论》，熊十力立即动笔著述，赶写出一本小册子——《破〈破新唯识论〉》，进行答辩与申诉。依照

《破新唯识论》的结构，《破〈破新唯识论〉》也相应地分为三部分。

第一部分是《破征宗》。熊十力明确表示，他不能接受刘衡如的批评，指责刘氏"于吾书纲领旨趣全无所触，遑论是非，而徒寻章摘句，拣取枝节。不深维义理得失，轻肆诋諆"[1]。他不承认《新唯识论》完全乖离佛教经义，并表示反对泥守经文。他申明，《新唯识论》的一些说法虽然与佛学界通行的观点有区别，但恰恰是对佛教精义的阐释。他质问刘衡如："吾斥破为有理否？另加诠解为有理否？佛说在当年原是随机，吾侪生于佛灭后数千年，由经文而会其妙义之存可也，若必字字曲与执着，则乃前喻所谓痴童观指不观月也。"[2]他鄙视那些皓首穷经、食古不化的书呆子，主张不受经文文字的局限，唯"真谛"是求。如果处处曲与执着，不仅得不到"真谛"，反而会陷入谬误。他引述佛经上的一段典故说明这个道理。有一个小和尚不知月亮在何处，他的师父指给他看，可是他竟凝视着师父的手指，仍不知月亮在何处。在熊十力看来，那些拘泥经文的书呆子同这个小和尚一样愚蠢。

针对刘衡如"杂取中土儒道两家"的指责，熊十力的答复是："自昔有三教融通之谈，吾亦唾之夙矣。"[3]他并不掩饰自己融会儒、佛的学术立场，表示唯真理是从，绝不株守门户之见。

在第二部分《破破计》中，熊十力也分为八小节答复刘衡如的问难。熊十力声明，体用不二论与佛经的旨趣并不矛盾。"吾

---

[1]《新唯识论》，第157页。
[2] 同上书，第160页。
[3] 同上书，第161页。

所谓'宇宙一体'者，则乃融俗入真，亦得云'即俗诠真'，现前即是无差别相，何事横生对碍。"①他申辩说，佛经上虽没有使用"本体"字样，但并非没有提出本体论思想。佛经中的"实相""真如""法性"等都是本体的异称。佛经中认山河大地即是清净本然，也反对离现象而别求本体，这同新唯识论的体用不二论是一个意思。

熊十力指出，他提出的"实证本心"的修行方法在佛教经典中也是可以找到根据的。"经言一切有情之类，皆有佛性"，无疑会导引出反求自识的结论。可见，"实证本心""直指本心"等提法并不违背佛教的基本教义。

关于如何看待唯识宗的种子说，乃是熊、刘争论的焦点。在这个关键问题上，熊十力始终坚持自己的观点，寸步不让。他不否认，在唯识宗的典籍中，有的地方的确将种子与现行处理成互为因果的关系，但基本思想仍然是"种起现行"，强调现行是由种子变现出来的，这就等于把种子置于"本原""本体""始基"的位置了。他反问刘衡如："试问现行既因种起，则种子非现行界之本体而何？此其义实如是，焉可故意矫乱耶？《三十论》（按：指《唯识三十论》）具在，一切足征，吾无误解，破者自误耳。"②

在第三部分《破释难》中，熊十力对刘衡如提出的一些具体问题——做了答辩。

佛教徒印顺也曾对《新唯识论》提出种种批评。熊十力以其

---

① 《新唯识论》，第166页。
② 同上书，第181页。

弟子黄艮庸的名义写了一部《摧惑显宗记》，重申了新唯识论的观点，反驳印顺提出的种种责难。此书没有提出多少新的观点，意在申辩补证，在此我们就不详细介绍了。

熊十力与刘衡如等佛学家的分歧，并不是因为对佛教教义的理解不同造成的，而是各自所据的学术立场使然。刘衡如等人站在信仰的角度，极力维护佛教教义，当然不能容忍别人说三道四。熊十力站在研究者的立场上，对佛学既有肯定又有否定，他的理论取向是突破佛学的藩篱，创立取而代之的新论。正是因为这个原因，他们之间的论战只能是唇枪舌剑，你来我往，谁也说服不了谁，结果不了了之。通过这场论战，熊十力的学术性格越发鲜明地显露出来了。他是一位具有原创力的新儒家，而不是一位虔诚的佛教徒。他在与刘衡如等人论战之后写出的《新唯识论》语体文本和《十力语要》等著作，对佛教的批评非但没有减少，而且越来越多，语气也显得更强硬一些。

平心而论，熊十力虽然批评了大乘有宗的某些论点，但他绝不是某些人指责的那个样子。他并不是佛门的叛徒，他对唯识宗的批评立足于融会、改造，使之实现中国化、现代化，他对其仍抱着一种同情的态度，而不是敌对的态度。佛学自东汉初传入中国以后，大乘空宗比较好地解决了中国化的问题，同中国儒家和道家等固有思想结合起来，形成了诸如天台、华严、禅宗等中国佛教宗派，从而使佛教成为中国文化的重要组成部分之一，即所谓儒、释、道三教并重。唯识宗经唐代玄奘及其弟子窥基的弘扬，虽曾经兴盛过一阵子，但因始终没有很好地解决外来文化与中国固有文化之间的关系问题，很快就衰落了。到了近代，由于受西方传入学说的刺激，唯识宗的学说再度复兴，经过谭嗣同、章太炎等人的提倡和杨文会（字仁山）、欧阳竟无、韩清净、太虚等大师的阐扬，唯识宗在学术界有了一定影响，但依然未能解决自身中国化的问题，所以影响面很有限，并未超出上层知识分子的范围。有鉴于此，熊十力才努力用儒家思想融会唯识宗，试图解决其中国化的问题，为其在中国的发展做一番培植根基的工作。正如高振农先生指出的那样："总体来说，熊十力的《新唯识论》，对《成唯识论》中有宗的佛学唯识思想，在宇宙观和认识论方面所做的种种批判与改造，并未能改变它的唯心主义本质。但是，也应看到，他毕竟是把中国儒家固有的思想、概念和语言，搬进了佛学唯识论，使印度大乘有宗的学说具有了中国思想的风味，从而建立起他自己的独具一格的哲学思想体系。但他这种'改造'与'会通'并没有使更多的人理解和接受，相反还引起了一些人的误解，他们纷纷加以指责和评议，认为他是'杂取儒、道诸家'，'任意毁佛'。从这一点上来看，他对佛学唯识论的改造，当时并未完全得到社会上的承认。但是，他在会通儒佛两家的唯心主义宇宙观和认识论方面，又确实做了不少工作。这比起唐玄奘时那种'抱残守缺'地完全照搬印度佛学那一套做法来，应该说是一个不小的发展。"[1]从这个意义上说，与其说熊十力是佛门的罪人，毋宁说是佛门的功臣。

---

[1]《玄圃论学集：熊十力生平与学术》，第296—297页。

第 3 章

对治西学

3.1 大潮后的思考

熊十力之所以热衷于寻求"为己之学",固然同他本人的经历、际遇、兴趣、爱好等有关,但更主要的原因还应该在他当时所处的时代背景中去找。从宏观的角度看,他走上这条学术道路乃是对汹涌而来的"西化思潮"的回应。

自从1840年鸦片战争以来,西方帝国主义列强用大炮轰开了中国这一"天朝大国"紧闭的大门,中国从封建社会逐渐沦为半殖民地半封建社会。随着列强的入侵,西方文化迅速涌入中国,并同中国传统文化发生激烈的碰撞。经过几个回合的较量之后,西方文化逐渐在器物、制度乃至观念层面上占了上风。中国固有文化受到沉重打击,日益式微。在帝国主义列强面前,封建王朝的腐败性暴露无遗,清廷统治者甚至打出"宁赠友邦,勿予家奴"的旗号,早已堕落成"洋人的朝廷"(陈天华语)。清政府的腐朽败坏了中国传统文化的名声,甚至使一些先进的中国人丧失了信心。这种来自内部的对于传统文化的打击比西学从外面的撞击威胁更大。

自魏源提出"师夷之长技以制夷"的口号以来,一批先进的中国人便形成"向西方寻找真理"的心态，涌现出康有为、严复、洪秀全、孙中山等大批仁人志士。他们从西方的思想武器库中搬来进化论、天赋人权论和资产阶级共和国等思想，发动过太平天国起义、戊戌变法运动和辛亥革命，在改造中国方面做出了很大的成绩，推翻了统治中国数千年的封建帝制，然而却没有从根本上改变中国积贫积弱的状况。辛亥革命以后，中西新旧之争更加激烈，争论的焦点从制度层面转向观念层面，形成"五四"新文化运动。新文化运动的主将陈独秀、李大钊、胡适、鲁迅、吴虞等人，高举"科学与民主"的大旗，呼喊着"打倒孔家店"的激进口号，向旧学营垒发起总攻击。

"五四"新文化运动是中国思想界一次伟大的变革，它标志着世界哲学开始走入中国，中国哲学开始走入世界。在中外哲学的交流、冲突、融会的过程中，人们的观念发生了很大变化，引起空前的心灵激荡。"五四"新文化运动促使人们摒弃旧思想、旧观念，接受新思想、新观念，对于人们"思想现代化"的进程起到了巨大的推动作用，在中国现代思想史上留下光彩夺目的一页。这样一个堪与先秦时期"百家争鸣"相媲美的思想解放运动，成绩无疑是主要的，但也难免会出现这样或那样的缺点与不足。熊十力作为"五四"新文化运动的目击者，拥护科学与民主，欢迎新思想、新观念，从这个意义上说，也属于新文化运动的一员。应该指出的是，他作为"五四"新文化运动以后活跃的思想家，比新文化运动的主将们又多了几分清醒。他冷静地思考这一大潮的全过程，对于其中的缺点看得相当清楚，批评得相当中肯。

第一个缺点是全盘西化倾向。"五四"时期的一些思想家在反对封建主义的时候，自觉或不自觉地将与封建主义对立的西方资产阶级思想体系理想化，满足于搬用西方的学术观点，不愿意加以鉴别和分析，存在着"食洋不化"的缺陷。例如，胡适毫不掩饰地宣称，他是"实验主义的信徒"，认为东西方文明的区别只不过是"人力车文明与摩托车文明的界线"，相比之下，东方文化几乎一无可取之处。胡适声称："我们必须承认我们自己百事不如人，不但物质机械上不如人……音乐不如人，艺术不如人，身体不如人。"[①]在他的眼里，中国人是"九分像鬼一分像人"的民族，唯一的出路就是尽弃所有，全盘西化，彻底地改弦更张。

熊十力不能容忍这种"全盘西化"的论调，针锋相对地指出：西方文化并不像某些人吹嘘得那么美妙，西方世界也不是尽善尽美的天堂。西方文化本身也有严重缺陷，未必事事皆可以效法。例如，"晚世西人便不识性，就认食色等欲，为本来的事"。[②]足见其价值观念并不怎么高雅。这种价值观念造成个人主义泛滥成灾，造成一系列社会弊病，这难道不应该引以为戒吗？全盘西化论者囿于形式主义的思想方法，在他们看来好就是绝对的好，坏就是绝对的坏，不懂得辩证地分析，对西方文化一味盲目崇拜，不肯采取分析、批判和选择的态度，这是熊十力所坚决反对的。但他并不反对学习西方文化中的精华，尤其是西方的科学

① 胡适:《胡适论学近著》第 1 集，商务印书馆，1935，第 639—640 页。
②《十力语要》卷二，第 76 页。

技术、民主政治，只是反对生吞活剥、照搬照抄。他不无忧虑地说："'五四'运动以后，菲薄固有，完全西化之倾向，窃有所未安焉。"[1]为国人敲起警钟。

第二个缺点是科学主义倾向。科学和民主是"五四"新文化运动两面最鲜明的旗帜。"五四"时期的思想家把科学视为振兴中华民族的希望之所在，号召青年们学习科学，掌握科学方法，这无疑起到了振聋发聩的作用，这是应当予以肯定的，但是在一片对科学的颂扬声中，也掩盖着科学主义倾向。一些思想家错误地把科学与哲学对立起来，否认真理的存在价值，试图用自然科学解决包括人生观在内的一切问题。在1922年发生的科学与玄学的论战中，科学派的主将丁文江声称"科学万能"。他说"科学的万能，不是在它的结果，是在它的方法"，"在知识界内，科学方法是万能"。[2]他所说的科学方法就是指经验观察、逻辑归纳的方法。他说："我们所谓科学方法，不外将世界上的事实分起类来，求它们的秩序，等到分类秩序弄明白了，我们再想出一句最简单明白的话来，概括这许多事实，这叫作科学的公例。"[3]他大张科学主义之帜，对"玄学鬼"大加鞭挞，声言科学可以解决人生观问题，主张取消本体论研究。他的观点得到胡适、吴稚晖等人的支持，在学术界有相当大的影响。

熊十力指出，科学主义者一味夸大科学方法的作用，企图用科学取代哲学的做法是行不通的。他说："科学无论如何进步，

[1]《十力语要》卷三，第2页。

[2] 张君劢、丁文江等：《科学与人生观》，山东人民出版社，1997，第51页。

[3] 同上。

即如近世物理学，可谓已打破物质的观念。然总承认有外在世界，他们毕竟不能证会本体，毕竟不能通内外、物我，浑然为一。他们所长的还是符号推理，还是图摹宇宙的表层，不能融宇宙人生为一，而于生活中体会宇宙的底蕴。新物理学，无法证会本体，旁的科学亦然。继今以往，各科学虽当进步，然其无法证会本体，当一如今日。科学的方法与其领域，终有所限故也。"[1]因此，"若乃主张科学万能，视古今哲学家皆出自主观的妄猜乱想，毫无是处，此亦莫如之何"[2]。熊十力站在唯心主义的立场上反驳科学主义者提出的哲学无用论和哲学取消论，虽不完全正确，却亦有相当深刻的道理。他认为，科学无论如何发达，也不能取代哲学，哲学也永远不能归结为科学。针对科学主义者"取消本体论研究"的论调，熊十力坚决主张，哲学必须研究本体论。他甚至认为本体论就是哲学探讨的唯一领域，哲学就是本体论，断言唯有本体论是"科学所夺不去的"。他声称，他构筑的"新唯识论"就是以本体论为中心的哲学体系，"实欲以东方玄学思想，对治西洋科学思想"[3]。

第三个缺点是全盘否定传统的民族文化虚无主义倾向。"五四"新文化运动是一场彻底的、不妥协的反封建运动。出于对封建主义思想的气愤，一些思想家说出一些过火的话，提出一些过火的、不切实际的主张，形成全盘否定传统的民族文化虚无主义倾向。例如，钱玄同断言："两千年来用汉字写的书籍，无论那

① 《十力语要》卷二，第84页。
② 熊十力：《明心篇》，龙门书局，1959，第203页。以下此书仅注页码。
③ 《十力语要》卷二，第84页。

一部，打开一看，不到半页，必有发昏做梦的话。"①毛子水也说："中国的学术史，就重要的方面讲起来，不要说比不上欧洲近世的学术史，还比不上希腊罗马的……因为我们中国民族，从前没有什么重要的事业；对于世界的文明，没有重大的贡献；所以我们的历史，亦就不见得有什么重要。有这些缘故，所以国故在今日世界学术上，占不了什么重要的位置。"②钱玄同主张"废除汉字"，吴稚晖声言把线装书丢到茅厕中去，而"礼教吃人""打孔家店"则成为更为流行的口号。如此激烈地抨击本民族的文化传统，恐怕在世界文化发展史上也是绝无仅有的现象。

对于这种民族文化虚无主义倾向，熊十力相当反感。他指出，"清末以来，国人恒自卑，视固有学术都不成为学术"③，是十分错误的。因为这样做将带来严重的后果，对于中华民族的崛起和振兴有百害而无一利。他不否认传统文化中具有糟粕，但不能因其有糟粕，就全面予以否定，将其中的精华也一股脑儿地丢掉。若将洗澡水与小孩子一块倒掉，实属不智；因其糟粕而弃其精华同样也是愚蠢之举。熊十力把中国传统文化比作大蒜，吃了大蒜嘴里会发出令人讨厌的气味，但大蒜却含有丰富的营养且有防病杀菌的功效。他感慨地说："中学精意随其末流之弊，以俱被摧残，如蒜精之美不幸随其臭气而为人唾弃，因是惶惧。"④他力辟民族文化虚无主义之谬，为中国传统文化辩诬。他表示，将

---

① 钱玄同：《中国今后之文字问题》，《新青年》，1918年第4卷第4号。

② 毛子水：《国故和科学的精神》，《新潮》，1919年第1卷第5号。

③《十力语要》卷三，第2页。

④《十力语要》卷一，第51页。

以自己的努力扭转"菲薄固有"的风气，抱定"深念旧文化崩溃之势日剧，誓以身心奉先圣"[1]的宏愿，掉背孤行，建立一个有中国特色的哲学体系，为弘扬国学做出应有的贡献。

3.2 西学的误区

熊十力虽然反对全盘西化，但并没有走向另一个极端，对西方文化一概加以排斥。他主张对西方文化尤其是西方的哲学加以解剖分析，取其精华，弃其糟粕，避开西学的误区，开通中西文化交流的渠道。

19世纪末20世纪初，实证主义思潮成为西方哲学的主流。实证论者宣称，哲学就是认识论，把"形而上学"（即本体论）排斥在哲学研究以外。他们称形而上学为"概念的诗歌"，认为任何本体论观点都无法得到实证，因而都是站不住脚的。他们主张取消哲学基本问题，把哲学研究限制在认识方法、分析技巧、规范语言等领域，拒绝讨论宇宙本源、人生价值等与人们精神生活关系极其密切的问题。熊十力认为这是一种错误的倾向。他指出"治哲学不能不深究万物之原"，"谈知识论，与本体论不相关涉，流于琐碎，习于浅薄，此是哲学衰落现象"。[2]针对实证论者"哲学就是认识论"的口号，熊十力反其道而行之，声言哲学就是本体论。他宣称，他建立"新唯识论"哲学体系，就是要解决本体论问题。

西方哲学为什么会走到"本体不可知"这一步呢？据熊十

---

[1] 熊十力：《原儒》，龙门书局，1956，第13页。以下此书同一版本仅注页码。
[2] 同上书，第814页。

力分析，根本原因在于西方哲学家们没有找到认识本体的正确途径。其实，并不是"本体不可知"，而是西方哲学家"不知本体"。熊十力指出，西方哲学家的思想不外乎两"希"：一个是希腊思想，另一个是希伯来思想（基督教以及犹太教）。前者以科学崇拜为基本特征，后者以宗教崇拜为基本特征。换句话说，西方哲学受科学与宗教的影响最大。

由于受科学的影响，西方哲学史上形成了唯物主义传统。熊十力认为："西洋哲学，发源希腊。其哲学上之一元唯物论，当初只是粗而未精之科学思想。及科学从哲学中分离而后，哲学中仍有唯物一派之论，而亦无甚精采。"[1]他对唯物论持批评的态度，认为唯物论者没有把科学与哲学区别开来，因而不能透过物质现象而直探本体。他对唯物论提出质疑："物质有无本体？科学决不许过问。易言之，科学唯肯定物质为唯一实在。其实物质变动不居，是本体之功用，而不即是本体。"[2]所以，沿着唯物主义的思路，至多能接触到"用"的层面而永远无法达到"见体"的程度。

由于受宗教的影响，西方哲学史上形成了唯心主义传统。唯心论者把精神当作本体，而他们所说的精神不过是"上帝"的代名词。"伟大之唯心论者，如黑格尔氏，其所谓绝对精神即上帝之变形也。若以中学体用之义相衡，则精神物质，实为本体流行之两方面。神、质根本不可剖析。易言之，精神非可超脱于物质之上而独在，胡为而有绝对精神可言欤？黑格尔不穷宇宙之原

---

[1]《原儒》，第745页。

[2] 同上书，第745—746页。

遂为宗教所惑而虚构一变形之上帝，谓之绝对精神。其学问宏阔，多精辟之论，而于本原处乃如此迷谬，斯亦不足观也已。"[1] 熊十力认为精神与物质都是本体的"功用"，二者相辅相成，缺一不可，精神离不开物质，物质也离不开精神，并不存在什么"绝对精神"。他分析说，唯心论者把精神直接当成本体，表面上看同唯物论者把物质当作本体的观点正好相反，其实则是半斤对八两。因为二者都在"用"的层面上半途而废了，都未能达到本体。

总之，据熊十力看来，西方哲学中无论是受科学影响较深的唯物论，还是受宗教影响较深的唯心论，都不能算是"见体"之学。他套用《荀子·解蔽》中"庄周蔽于天而不知人"的句式，给西方哲学下一断语："蔽于用而不见体"。为什么西方哲学会走入"有用而无体"的误区呢？据熊十力分析，原因有三。

第一，西方哲学家往往把本体当作与人相外在的"东西"来寻找，这就不能不陷入倒见。熊十力指出："哲学家谈本体者，大抵把本体当作是离我的心而外在的物事，因凭理智的作用，向外界去寻求。由此之故，哲学家各用思考去构画一种境界，而建立为本体，纷纷不一其说。不论是唯心唯物、非心非物，种种之论要皆以向外找东西的态度来猜度，各自虚妄安立一种本体。"[2] 他强调，本体并不是"东西"，因此，采取向外找东西的方法，是永远找不到本体的。

第二，西方哲学家谈本体时，常常向外推求第一因，这就必

---

[1]《原儒》，第745页。
[2]《新唯识论》，第250页。

然走上歧途。"夫第一因者，自下向上推去，重重因果，推至无可推，始建第一因，再从上向下，顺序而玩之，因果重重，递相钩锁……则吾人与天地万物，真是一副机械耳。"①这种向外推求第一因的做法，有意无意地割裂了本体与现象的统一，把本体想象为现象之外，或现象背后，抑或现象之上某种抽象的实体，并将它描绘成人类的主宰，这就势必"使吾人自小，而皈依上神，起超越感，易流于绝物、遗世、离群种种变态"②，从而导致人生意义或人生价值的丧失。

第三，西方哲学家在谈本体时，过分依赖理智，不知道应当通过性智实证本体。他批评说："今世之为玄学者，全不于性智上着涵养工夫，唯凭量智来猜度本体，以为本体是思议所行的境界，是离我的心而外在的境界。"③熊十力指出，西方哲学顺着理智这条路找本体，如同盲人摸象，永远也认识不了本体。于是西方哲学本体论学说只能陷入两条歧路："其一只是把本体当作外在的东西胡乱猜疑；其次便是否认本体一路。"④他分析说："西学所以迷谬而终不悟者，根本由于偏用分析法，遂致将万物讨论的全体妄行割裂，既已割裂，则随意之所乐，执取一片，舍弃一片，此乃必至之势。"⑤

以上三点归结起来，表明西方哲学家在寻求本体时，始终没有把握住体用不二和天人不二这两条原则。熊十力认为，西方哲

---

① 《原儒》，第709页。

② 同上。

③ 《新唯识论》，第254页。

④ 《新唯识论》壬辰删定本，第11页。

⑤ 熊十力：《乾坤衍》（影印版）第二分，中国科学院，1961，第49页。以下此书仅注页码。

学家不明白本体与功用（现象）是既对立又统一的关系，二者既可分又不可分。本体既不在现象之外，也不在现象之上，更不在现象的背后。本体全部显现为现象，因此，绝不可以离开现象去寻找本体。西方哲学家也不明白本体是人与天联系在一起的哲学范畴。本体与人同在，因而绝不可以离开人去寻找本体。熊十力提出："我人的生命，与宇宙的大生命原来不二。所以，我们凭着性智的自明自识才能实证本体，才自信真理不待外求，才自觉生活有无穷无尽的宝藏。"①他坚信，本体就是对于人而言的形上意义，并不是别的什么"东西"。

以上就是熊十力站在东方哲学立场上对西方本体论思想的清算。熊十力不通外文，对西方哲学的了解很有限，他的一些说法难免有偏激、片面、武断等毛病，并不是不可以商榷的。然而，值得注意的是，他的某些观点竟同现代西方哲学中存在主义者对西方传统哲学的批评不谋而合。在西方哲学史上，本体论讲了千余年，哲学家们各持一说，相互辩难，竟然使人莫衷一是。问题出在哪儿？海德格尔的看法是：问题的症结就在于西方哲学家们一向习惯用对象性的思维方式看待本体，盘旋于"认识论—本体论"的窠臼。传统的本体论思想以主体与客体的分裂与对立为基本特征：哲学家把自己当作主体，把世界当作客体，并试图以静观的、抽象的方式把握世界。海德格尔主张跳出传统的由认识论而本体论的思维框架，直接从"存在"入手重构本体论。他的设想是：彻底突破"科学"的狭隘眼界，从一个新的视角看待本源

①《新唯识论》，第254—255页。

性问题；超越主体与客体的对立，把"存在"作为"一"或"全"来研究、探讨、把握。熊十力没有读过海德格尔的著作，可是他对西方哲学中本体论思想的批评却与海德格尔有惊人的相似之处，他们都反对对世界做对象性或工具性研究，都主张消除主、客体之间的原则性分离。熊十力反复申诉"体用不二""天人不二"，无非是提倡从主体与客体相统一的原则出发解决本体论问题。他对西方哲学本体论的批评本想彰显东方哲学的优势，不意曲径通幽，竟然与现代存在主义者殊途同归，追寻到现代西方哲学的前沿。

3.3 西学的启迪

虽然熊十力对西方哲学的本体论思想评价不高，但他并没有因此而全盘否定西方哲学的理论价值。他承认西方哲学中确有精义在，每每为中国哲学所不及。西方哲学中的某些思想材料和思想方法值得中国哲学家研究和借鉴。他自述："实则新论不唯含摄儒家大易，其于西洋哲学，亦有借鉴。"[1]他在建立"新唯识论"思想体系时，直接地吸收了罗素、柏格森等人的过程哲学思想，间接地接受了黑格尔概念辩证法思想的影响。

首先，"新唯识论"吸收了罗素的"事素说"。罗素曾提出，世界上只有一件接着一件连续不断的"事"是实在的，而没有不依赖于人们的主观经验而独立存在的物质世界。1920年他到中国讲学，在北京大学讲"物的分析"和"心的分析"时，阐述了

---

[1]《新唯识论》，第402页。

这个观点。对于罗素的这种唯心主义经验论的宇宙观，熊十力表示同意。他说："物质宇宙，本无实物。与事素说，略可和会"，"言事素者，明物质宇宙非实在，新论可摄彼义"。他认为事素说把物质世界归结为连续不断的流变过程，为否定物质世界的实在性提供了有力的论证。但是事素说停留在"用"的层面上，没有由"用"而及"体"，尚有待于深化。他说，事素说"不达宇宙实相，则非进而求之，新论不可也"[1]。

其次，"新唯识论"吸收了柏格森的生命哲学观点和直觉主义思想。当熊十力要求由"用"及"体"时，便离开了罗素的事素说，而同柏格森的生命哲学携手并肩了。熊十力认为，不仅具体事物是连续不断的流行过程，而且决定事物的本体也是连续不断的流行过程，这是一回事，而不是两回事。他同意柏格森用"生命"表示宇宙本体的提法，承认"生命论者，其所见，足以与新论相发明者自不少"。"新唯识论"表示本体的术语如"生化""流行""恒转"等同柏格森的"生命"概念哲学含义基本相同。他有时也用"生命"表示本体，如说："浑然全体，即流行即主宰，是乃所谓生命也。"[2]"新唯识论"的本体论思想同柏格森的生命哲学在表述方式上是很相似的。

同柏格森一样，熊十力也把直觉主义当作建立本体的认识论根据。他认为"性智"是体认本体的唯一途径。所谓"性智"同柏格森所说的"直觉"含义基本相同，都是指某种与理智根本不同的自我体验能力。柏格森提出，哲学的责任应当是使自己摆脱

---

[1]《十力语要》卷一，第5—6页。
[2] 熊十力：《新唯识论》语体文本，勉仁书院，1942，第102页。以下此书仅注页码。

严格说来属于理智的那些形式和习惯，以置身于对象之中的直觉来考察有生命的东西。他把理性认识比作电影胶片上一张张静止的图像，认为它并不能反映活动着的实物。对于有生命的东西，唯有靠直觉来把握。这些提法大体上都为熊十力所接受。在当时传入中国的外国哲学流派中，柏格森主义对熊十力的影响最深。正如在《新唯识论》文言文本问世不久孙道升所指出的那样："他的立说颇似柏格森，恒转照比（Duration）翕辟对勘张弛，可作佐证。其全书宗旨，则在'站在本体活动领域内，直探大乘空宗骨髓，而以方便立说'。一言以蔽，'诸行无常'，反复引申，'翕辟成变，刹那生灭'八字可以尽之。"[1]这大致符合熊十力的思想实际。

不过，熊十力并没有生搬硬套柏格森的生命哲学，对之也做了批判和改造。第一，他不同意柏格森把生命本体说成"盲目冲动"的唯意志论观点，曾说："近人柏格森创化论的说法，不曾窥到恒性，只要臆为一种盲动，却未了生化之真也。"他认为"盲目冲动"同佛教中的"无明"一样，都是人类"习心"的表现，并不是"本心"的表现，因此是不能视为本体的。第二，他认为柏格森把直觉同本能等量齐观是错误的。他说："柏格森之直觉似与本能并为一谈，未能相当《新论》所谓习气。"[2]照他看来，"习气"非但不是本体的表现，而且原则上与本体相违。第三，他认为柏格森也没有解决体用统一的问题。柏格森没有把生命本体贯彻到所有事物之中，给人以"体用两截"之感。例

① 孙道升:《现代中国哲学界之解剖》,《国闻周报》,1935年第12卷第45期。

② 《新唯识论》,第68页。

如，按照柏格森的"创化论"，事物的产生"如滚雪球，越滚越大。依据滚雪球的譬喻来讲，虽时时刻刻创加新的雪片，却总有故的雪片不灭"。那么，岂不意味着事物构成的世界将越来越大，并且脱离了本体对它的约束吗？他批评柏格森不懂"生化的本体元自空寂。其生也，本无生。其化也，本无化"，"生化之妙，好像电光的一闪一闪，是刹那刹那、新新而起"[①]。熊十力运用佛教的"刹那生灭说"改造了柏格森的宇宙发生论，用"电光喻"代替柏格森的"雪球喻"。从唯心论角度看，"新唯识论"的"电光喻"比柏格森的"雪球喻"更为彻底。总之，在熊十力的眼里，柏格森的生命哲学虽有很大成就，但仍没有达到"体用不二"的程度。

再次，熊十力在构架"新唯识论"的时候，也多少借鉴了黑格尔的概念辩证法思想。照熊十力看来，罗素太偏于"用"，柏格森太偏于"体"，都不十分可取。怎样把体用统一起来？对这个问题的认真思考，使他转向了黑格尔的概念辩证法。关于熊十力是如何吸收黑格尔的辩证法思想的，我们将在第6章《翕辟成变》中详述，此处就不多谈了。

总的来看，熊十力由于受到语言的限制，对西方哲学的了解没有像东方哲学那样深，有时也难免产生一些误解。比如，他认为西方哲学以逐物求知为务，"盘旋知识窠臼中"，"纯任思辨构画本体"等，都流露出东方文化本位论的偏见。但他恰恰在西方哲学中找到出佛入儒的钥匙。他参证西方的过程哲学，摆脱佛教

[①]《新唯识论》，第395页。

否定生化的虚无主义，转向了儒家的变易哲学；借助概念辩证法的矛盾原则建立了"体用不二"的本体论学说。

3.4　滋植固有根荄

通过对中国、西方、印度三种哲学的分析、比较和研究，熊十力发现，本体论学说是中国哲学的长项，迈越印度哲学和西方哲学。中国哲学不像印度佛教哲学那样"空寂"，也不像西方哲学那样"务外"。中国哲学讲究"体用一源""即用显体"，在印度和西方之间选出一条"中道"，有着二者都赶不上的独到之处。中国哲学凝结着先人的智慧，蕴藏着极大的理论能量，熊十力对中国哲学的发展前途充满了自信心。他曾十分感慨地说："中国他无见长，唯有哲学，比于西人独为知本。"[1]他坚信，中国哲学虽曾一度消沉，然而在现代仍有强大的生命力，并将在世界哲学舞台上大放异彩。他断言，唯有中国哲学才能拯救当今世界人类在精神上的堕落，"吾意欲救人类，非昌明东方学术不可"[2]。否则，人类不可避免地渐入自毁之途。这种认识也正是熊十力创立新唯识论的理论动机之一。他申明："《新论》本为融贯华梵之形而上学思想而自成一体系，又实欲以东方玄学思想，对治西洋科学思想。"[3]

熊十力对中国哲学表现出崇高的敬意和深切的同情，同东方文化派、本位文化派、国粹派有某些相似之处，但他不是他们当

---

[1]《十力语要》卷四，第34页。

[2]《十力语要》卷二，第84页。

[3] 同上。

中的一员。熊十力对他们的文化主张持批评态度。东方文化派的代表人物梁漱溟在《东西文化及其哲学》中提出"三路向"说，认为西方文化走的是"意欲向前"的路，中国文化走的是"意欲调和持中"的路，印度文化走的是"意欲反身向后"的路，三种文化各自沿着不同的"路向"发展演化，形成各自的基本特征。对于老朋友的"三路向"说，熊十力大不以为然。他分析说："中西人因环境各有不同，性情各有独至，其学术思想之发展，必不能完全一致。此有孤往，彼或忽视；彼所擅精，此实未逮，畸重畸轻，寸长尺短，此为事势之所必不能免者……吾只可许中西不能完全一致，而决不能许中西人元始开端，便各走一条路，根本无接近处。"[①]他认为，中西文化的差异、特点都是相对的，相互之间并没有不可逾越的鸿沟。如果说中西文化一开始就各走一条路，那就是把二者截然对立起来，"根本划若鸿沟"，这就是完全否认了二者相融合的可能性。所以，熊十力不能不表示反对。他还指出，本位文化论者似乎在强调文化的民族性，然而他们"于中外都无所知，而虚憍无以自树。余愿国人认识固有根基甚美，不宜妄自菲薄，而两千年来，由停滞以近于衰退，亦未可自讳其短。夫自卑固不足与有为，而讳短尤为不起之症。朽腐尊国粹（'保存国粹'一词，五四运动前后极流行，然何者为国之粹，则莫肯是究）辄空言儒学，而实不知儒学为何学。"[②]熊十力批评国粹派"情钟国粹，未知何者为粹"，在处理中国传统文化与西方

<hr />

① 熊十力：《读经示要》卷二，南方印书馆，1945，第26页。以下此书同一版本仅注页码。
② 同上书，第29页。

文化的关系时，熊十力既不像西化派那样自卑，也不像东方文化派、本位文化派、国粹派那样自大。他既主张护住中国传统文化的固有根荄，又不讳言中国传统文化的不足之处。在他的身上表现出清醒的理性意识和鲜明的批判反省精神，与上述几派相比，熊十力的文化观显然棋高一手，略胜一筹，包含着更多的合理因素。他热爱传统，但不迷信传统，致力于推进传统与发展传统，致力于传统的现代化。

那么，什么是中国传统文化的根荄呢？熊十力认为就是"天人不二"的本体论和"心物不二"的宇宙论。按照熊十力的理解，中国哲学中的"天"主要不是自然科学意义上的天，也不是宗教神学意义上的天，而是哲学本体论意义上的天。天就是指宇宙万物的本体。中国哲学中的"人"，主要不是作为生物存在者的人，而是作为本体存在者的人。人就是体现本体的主体。在这个意义上，人不是与宇宙万物相外在的小我，而是"浑然与万物同体"的大我。对于这样的人来说，"吾人的生命与宇宙的大生命不可分为两片"[①]。在中国哲学中，天与人虽有辨而不可分。"中国哲学明天地万物一体主义，已普遍浸渍于中华民族之心髓。"[②]本体论方面的天人不二论引申到宇宙论方面便是心物不二论。在中国哲学中，心和物都是本体的功用，二者互相依存，既对立又统一。"一言乎物，已有心存，一言习心，当有物在"。正因为如此，中国哲学"在宇宙论中所以无唯心唯物之分裂者"，而能"真正见

---

① 熊十力：《中国历史讲话》，人民出版社，2019，第3页。
②《十力语要》卷二，第44页。

到宇宙人生底实相"①。

从熊十力关于中国文化根荄的见解中我们可以看出，他试图揭示中国传统哲学的整体观和系统观，试图将本体论、宇宙论、人生观融为一片，确有深刻之处。但他的概括未必囊括中国文化几千年来发展演变的复杂历程，毕竟是他自己的体会，并且缺少充分的事实根据。因此，他的结论没有得到学术界同行们的认同。他自己也清楚这种情况，但仍然不改其志："在此欧化时代，唯物思潮汹涌之际，吾所为者，极不合时宜。然掉背孤行，以亢乎往古来今而无所悔，则吾志也。"②他坚信，他的观点终有一天会得到人们的理解和社会的承认，决心为"滋植固有根荄"、弘扬中国传统文化付出自己的毕生精力。"衣带渐宽终不悔，为伊消得人憔悴"，熊十力的确为阐扬国学付出了他所能付出的一切。

①《原儒》，第32页。
②《十力语要》卷四，第51页。

第 4 章

国学发微

4.1 诸子同源于儒

经过佛学的浸润和西学的刺激，熊十力最后终于立下弘扬国学的志向。他认为中华民族都出于一个共同的祖先，中国的学术思想也有一个共同的源头，这个源头就是儒家学说。先秦时期学术繁荣，诸家蜂起，百家争鸣，是中国学术奠基的黄金时代。百家立说虽异，终究都是儒家的支流。这就是熊十力从总体上对国学的认识与把握。

中国文化历史悠久，源远流长。熊十力把中国文化的源头一直追溯到传说中的伏羲时代。他认为在孔子以前中国的政治文化和哲理文化各有其渊源。尧舜及文武等先王开启了政治文化，制定政治制度、国家体制乃至礼仪规范、生活准则等，为中国社会奠定了政教方面的根基。"尧舜至文武之政权等载籍，足以垂范后世者，可称为实用派。"[1]伏羲为哲理文化的开山鼻祖。"伏羲初画八卦，是为究理知化，为辩证法之导源，可称为哲理派。"[2]到了孔子时代，两派合而为一，遂出现孔子创立的儒家学说。他

---

① 《原儒》，第544页。

② 同上。

断言："孔子之学，殆为鸿古时期两派思想之会通。"[1]他认为孔子在中国文化史上处于承前启后的重要地位，是中国文化的集大成者。孔子一方面前继往圣，把中国文化整理成为一个严谨、完整、独具特色的体系，另一方面后开来学，使儒家之学成为孔子以后中国文化的正统、主流。熊十力认为《周易》实为孔子所创作。在这部传世经典中凝结着孔子博大精深的哲学思想和政治伦理思想。按照学术界流行的说法，《周易》并非出自孔子之手，一些学者以充分的证据证明了这一观点。熊十力不理睬考据学家的考证，本着"六经皆我注脚"的宗旨，认定孔子为中国传统文化的象征，认定《周易》就是孔子儒学的代表作。

熊十力把孔子创立的儒学视为国学的正宗，从这种立场出发，梳理先秦诸子的学说，提出"诸子皆源于儒"的论断。他宣称："儒家宗孔子，为正统派，其余五家，其源皆出于儒。"[2]由此出发，他对先秦诸子逐一评述。

（1）道家。道家是中国传统文化的重要组成部分，素有"儒道互补"之说。按照通行的观点，道家的出现似乎比儒家更早。在《史记·孔子世家》和《礼记·曾子问》中都有"孔子问于老聃"的记载。熊十力对"老先于孔"的说法表示疑问，他的理由是：历史上是否确有老子其人，尚难以确考。司马迁在《史记·老子韩非列传》中关于老子的记载是含混的。关于老子其人，司马迁提到三个人的名字：老聃、李耳、老莱子。可见在西汉年间人们就弄不清楚老子是何许人了。所以"老先于孔"之说

---

[1]《原儒》，第544页。

[2] 同上书，第558页。

证据是不充分的。关于老子其人其书的问题，学术界有不同的看法。大多数学者根据先秦典籍都肯定老子其人的存在，主张老子先于孔子之说，也有一部分学者主张老子晚出说，老子在孔子之后。熊十力赞成晚出说，并提出更大胆的论断："道，《易》之旁支。"[1] 他认为道家是从儒家衍化出来的学派，与《周易》有直接的渊源关系。《周易》的基本符号是阴（ ▬▬ ）、阳（ ▬ ）两爻。每三爻相重构成乾（☰）、坤（☷）、震（☳）、艮（☶）、离（☲）、坎（☵）、巽（☴）、兑（☱）八个经卦，每两个经卦相重，构成六十四个别卦。《老子》也使用过阴阳范畴。《老子》在论述万物生成发展过程时说："道生一，一生二，二生三，三生万物。万物负阴而抱阳，冲气以为和。"[2] 熊十力认为《老子》中的阴阳观念就是来自《周易》，而《老子》所说的"三"就是指构成每一经卦的三爻。这就是他为"道家为儒家的分支"说找到的根据。他的论点证据是不够充分的，但确有新鲜之处。

熊十力提出，老子创立的道家虽然为儒家的分支，但毕竟成一家之言，早已乖离儒家的宗旨。儒家主张实行礼治，倡导仁义之教，推崇先王圣人，道家则反其道而行之。《老子》说："大道废，有仁义……六亲不和，有孝慈。国家昏乱，有忠臣。"[3] "礼者，忠信之薄而乱之首。"[4] 道家认为儒家倡导的仁、义、礼、智等道德规范是没有用处的，不能解决社会昏乱的问题，从而主张

---

① 《原儒》，第538页。
② 《老子》第四十二章。
③ 《老子》第十八章。
④ 《老子》第三十八章。

"绝圣弃智""绝仁弃义",重新回到"小国寡民"的时代。熊十力认为老子的这些主张折射出道家废弃文明的反文化心态,"不知从礼乐育德,而深恶智慧技能,厌文明而思返淳朴,此实褊狭之见耳"[1]。对于道家的人生哲学,熊十力也持批评态度。他批评道家说:"详庄周之论,盖惊叹有外界唯一之大力,独司造化之机,吾人或万物皆出于机,又皆反入于机,只是造化之玩具。人生无一毫自立自动力,无一毫意义,无一毫价值。故生如赘疣,无足贵,无所乐。死如痈之自溃,疣之自决,亦非所惜。"[2]在熊十力看来,道家的这些思想是一种"下劣思想",不足为训。

由于儒、道两家的价值取向不同,反映到认识论方面,彼此也大相径庭。熊十力认为,儒家走的是理性主义路线,"信任知之权能,尊重知之价值,发展求知之爱好,此乃孔子与儒学伟大处"[3]。与儒家正相反对,道家走的是反理性主义路线。《老子》说:"塞其兑,闭其门,终身不勤(借为瘝,指病态)。开其兑,济其事,终身不救。"[4]主张摈弃一切感觉的经验知识,关起智慧之门,进入"深除玄览"(借为鉴,指镜子)的最高境界。在熊十力的眼里,儒家的理性主义认识路线是一条正确的路线,而老子坚持的反理性主义路线尽管也包含一些合理因素,但从总体上看毕竟是错误的,他批评说:"老氏反知之论,偏浅而不可为训。"[5]

在本体论方面,老子把"道"看成宇宙万物的本原,而"道"

---

[1]《原儒》,第633页。

[2] 同上书,第563页。

[3] 同上书,第632页。

[4]《老子》第五十二章。

[5]《原儒》,第634页。

又带有神秘、玄虚的色彩："天下万物生于有，有生于无"[①]，"道之为物，惟恍惟惚。惚兮恍兮，其中有象；恍兮惚兮，其中有物；窈兮冥兮，其中有精。其精甚真，其中有信"[②]。熊十力指出，老子把"道"描绘成玄虚恍惚的、脱离万物独立存在的精神实体，有悖于中国哲学"体用不二"的原则。他批评说："老氏以道为宇宙基源，其所谓道，即虚、神、质混然为一，所谓混成是也。维神与质，并由虚生，故虽混成，而实以虚无立本。"[③]既然老子"以虚无为本"，那就不可避免地割裂体与用的统一，使体成为无用之体，从而犯了同佛教及西方哲学类似的错误。由于老子的道是无用之体，因而对于人缺乏亲切感，于是便走上否定人生、逃避现实的道路。"老子叹天地不仁，以万物为刍狗。从佛氏以世间为生死苦海之观点而论，老氏非不近于佛（佛法来华，实由道家首迎入之。以具有相近处故耳）。然老氏却无抗拒宇宙生生洪流之深慧、大勇。其见道之真，体道之健，既不能望孔，又不能如佛氏之偏得有力。佛氏一转手便是孔，老氏却不能为孔。"[④]在熊十力看来，庄子不大讲"有生于无"，并且强调"道"无所不在，关于本体的看法比老子前进了一步。"庄子知本，传有契于儒。惟其无儒者裁成、辅相诸大作用，所贵求其长而舍其短也。"[⑤]熊十力以儒家学说为尺度评判庄子的学说，既有肯定，又有否定。

　　以上，熊十力从价值观、认识论、本体论等方面梳理道家的

---

①《老子》第四十章。
②《老子》第二十一章。
③《原儒》，第736页。
④ 同上书，第617页。
⑤ 同上。

学说，处处都表明他的思想天平是倾向于儒家这一面的。不过，熊十力并没有因此否定道家的学术价值。他承认，"老氏以及庄子之书，莫不忿嫉统治阶层，齐稷下之徒，闻隐君子之风，非尧舜，薄汤武，其论亦伟哉"①。他表扬道家反对专制主义的思想，认为在这一点上道家要比汉以后的"奴儒"强得多。他认为道家本体论学说亦有很深刻的地方，那就是也反对把心与物区分开来，也表现出中国哲学心物合一的思想特征。这些对于把握儒家的内圣外王之学是有帮助的。熊十力对道家总的评价是："道家以主一开宗，其在宇宙论、人生论诸方面，皆有偏蔽在。道家已悟本体，惜乎其于体用不二处，未能彻了。此处一差，则流弊不堪言矣。"②他抱着对道家同情的态度，试图对其学说做出辩证的评说。

（2）墨家。在先秦时期，墨翟创立的墨家也是影响较大的学派。墨家倡导"兼爱"思想，与儒家的仁义之教相抗衡。关于墨翟的身世，《淮南子·要略》做了这样的记载：

> 墨子学儒者之业，受孔子之术，以为其礼烦扰而不悦，厚葬靡财而贫民，久服伤生而害事，故背周道而用夏政。

根据这条材料，熊十力断定墨翟所开创的墨家为儒家的旁支，并认定墨子之学导源于孔门的子夏。

在先秦，儒墨之争是百家争鸣的重要内容之一。墨家的著作集《墨子》中有《非儒》《非命》《节葬》《耕柱》等篇，指责儒

①《原儒》，第690页。

② 同上。

家宣扬天命、繁饰礼乐、爱有差等、厚葬久丧等观点。墨家针对儒家的仁义之教，提出"兼相爱、交相利"的主张。孟子以"距杨墨"为己任，猛烈抨击墨家的兼爱思想。他说："杨氏为我，是无君也；墨子兼爱，是无父也。无父无君，是禽兽也。"①孟子认为墨家的兼爱思想与儒家的尊卑观念格格不入，故表示反对。熊十力虽然尊奉孔子创立的儒家，却没有受孟子这种观点的束缚，他对儒墨之争做了新的评判。他认为，墨家的兼爱思想与儒家的大同观念有相近之处，都带有"社会主义"的味道。在最高的人类社会理想上，儒墨殊途同归，并无原则分歧。他指出，孟子由于受到宗法观念的局限，没有发现墨家兼爱思想中的合理内核而妄加评议，并没有真正击中墨家的要害。在熊十力看来，墨家真正的失误之处在于：没有把兼爱思想上升到本体论的高度，而误入宗教的歧途。墨家主张"尊天""事鬼"，借鬼神的权威宣扬兼爱思想，这是熊十力所不能同意的。关于墨家的科学思想，熊十力评价很高，认为这在现时代仍然应当予以发扬。总之，他对墨家的基本评价是："余以为墨子是科学天才而不必长于哲学。兼爱兼利，未尝不本于孔子之仁道，然言仁，而不酌以义，则仁道不可通矣。"②墨家虽有合理内核，但从总体上，墨不如儒。这就是熊十力的最终结论。

（3）法家。法家也是先秦时期儒家的主要论敌之一。法家主张实行耕战政策，提倡法治，强调"名当时而立法，因事而制礼；

①《孟子·滕文公下》。
②《原儒》，第559页。

礼法以时而定，制令各顺其宜"①。法家批评儒家的礼治主张保守、
迂腐，儒家指责法家苛刑峻法的政策违背仁义之教。孟子针对法
家的耕战政策提出："善战者服上刑，辟草莱任土地次之。"②可见，
当时儒法两家的论争是相当激烈的。儒法之争历来是学者研究的
重要问题之一，熊十力自然不会放过这一问题。不过，他没有重
复别人已做出的结论，自己独辟蹊径，提出一些与众不同的看法。
他认为，儒法尽管有严重的分歧，但法家仍可视为儒家的分支。

熊十力把大家公认的法家区分为两派：一派是以申不害、韩
非为代表的激进派；另一派是以《管子》书的作者们为代表的正
统派。申韩维护中央集权制，带有浓重的封建专制主义色彩，故
为熊十力所不喜。他认为以申不害、韩非为代表的法家激进派
与儒家没有直接关系，他们是道家的支流，不过，他们比老庄
更落后、更褊狭。"申韩虽源于老，而别辟途径，则老氏之庶孽
耳。"③"关老以主一开宗，申韩袭取而变之，用明治术。"申韩在
道家"主一"本体论的基础上，形成君主极权思想，"以利出一
孔，为其一切施为之最大原训。臣民之思想与意志，皆一宗于君
上"④。熊十力认为申韩的这种主张同民主思想格格不入，弊大于
利，不足为则。他一反学术界的通行观点，不把商鞅、申不害、
韩非等看成法家的代表人物。

在熊十力看来，真正的法家代表人物应当是《管子》书的

①《商君书·更法》。

②《孟子·离娄上》。

③《原儒》，第564页。

④ 同上。

作者们。据他考证，法家大约在春秋战国之际就从儒家中分裂出来，成为一个独立的学派。周王室东迁后，王道衰微，霸道兴起，先后出现五个以霸业著称的诸侯，即齐桓公、晋文公、楚庄公、吴王阖闾、越王勾践，号称"春秋五霸"。齐相管仲辅佐齐桓公"九合诸侯，一匡天下"，使齐国成为五霸之首。管仲以法治整齐臣民，勤于政事，为法家的形成提供了社会实践基础，于是便有人总结管仲等政治家的实践经验，写出托名管仲的《管子》一书。熊十力断定《管子》为"齐鲁间儒生"所作。他们"感礼让为治，不可起衰救弊，于是变而崇法"①。

　　在熊十力看来，《管子》书中随处可见其脱胎于儒家的痕迹。"综观管子书，括囊大宇，经纬万端，要皆从与民同患出发。至于仓廪实则知礼节，衣食足则知荣辱，此即本于孔子先富后教之意。"②《论语·子路》记载着这样一段孔子同冉有的对话："子适卫，冉有仆。子曰：'庶矣哉！'冉有曰：'既庶矣，又何加焉？'曰：'富之。'曰：'既富矣，又何加焉？'曰：'教之。'"熊十力认为《管子》书中"仓廪实则知礼节，衣食足则知荣辱"③的著名论断就是从孔子同冉有的这段对话中演化而来的，由此可见《管子》书中的民本意识同儒家是一脉相承的。不过，《管子》书的作者们虽知尊重民意，然犹无民主思想，毕竟与儒家有区别。这就是熊十力为其"法出于儒"之说找到的内证。据熊十力研究，法家内部亦当分为若干个小学派，其中法家民主派的学说最值得

---

① 《原儒》，第574页。
② 同上。
③ 《管子·牧民》。

重视。由于历史年代久远，法家民主派的著作已佚，难以窥其全貌。熊十力根据《淮南子》一书提供的一些材料，把法家民主派的思想归纳为以下三点。

第一，反对"法生于君"的专制主义观点，视"民意"为立法之本。法家君主专制派主张由君主立法，定吏执法，民众守法。法家民主派反对这种主张，把上述顺序颠倒过来，主张"法生于义，义生于众"①，把民意看成立法的根本。法家君主专制派维护君权，把君放在首要位置，把民摆在从属的位置；法家民主派与此相反，把民放在首要位置，把君放在从属的位置。熊十力对二者的主张加以比较，得出的结论是：前者"以独夫之意制法，迫天下亿兆之众以必从，虽欲勿陷于不可得"；后者"由天下亿兆之众，各本其公欲、公恶，互相扶助、互相制约以立法，则不义之萌绝矣"②。他认为君主专制派的学说违背了正义原则，而民主派的理论则是正义原则的体现。

第二，主张实行君主立宪制。在法家民主派看来，民主政治的实现有一个过程，不可能一蹴而就。第一步应当对君权加以限制，"本群众公意制法以限制君权，是亦民主之始基也"③。这样一来，便可以避免君主独断专行，使人民的意志得以体现，为更充分的民主创造条件。熊十力猜想，法家民主派大概是"君主立宪制"的最早发明者。

第三，礼法并重，出儒入法。熊十力认为法家民主派的理论

① 《原儒》，第575页。

② 同上。

③ 同上。

是从儒学中衍生出来的。"儒学本有民主思想，其变儒而为法甚易。"①法家民主派主张"法者，发于人间而反以自正"，倡导从自己做起，以法为准绳调整人我关系，这正是儒家恕道原则的贯彻。熊十力充分肯定这种主张，认为"此真儒学骨髓，亲切至极，超脱至极。民主政治之任法，必遵乎此，而后春秋太平之盛可期矣"②。

熊十力对法家的研究，提出许多新观点，尽管论证不够充分，但毕竟成一家之见。他努力发掘传统文化中的民主意识，这样的理论追求是值得肯定的。

（4）名家。熊十力认为名家是先秦时期一个很兴盛的学派，应当予以重视。史家一般把名家划分为惠施为代表的合同异派和以公孙龙为代表的离坚白派。熊十力不完全同意这种划分，提出一种与众不同的看法。他认为，名家当有广义和狭义之分。广义的名家应包括荀况、墨翟，后期墨家也应在内，因为他们对名实问题都有相当深的研究，并撰有这方面的专著。在狭义的名家当中，以惠施和公孙龙为最杰出。公孙龙"少学先王之道，长而明仁义之仁"，师承儒家，他是由儒家转向名家之学的。熊十力断定："公孙龙本儒者，而其专长究在名学。"③他认为名家与儒家有很深的渊源，也是儒家的一个分支。"名家之学，其源于《易》《春秋》。"④《易·系辞》说："夫易，彰往而察来，微显而阐幽，开而当名辨物，正言、断辞则备矣。"《春秋》历来被史家视

---

① 《原儒》，第 575 页。
② 同上书，第 576 页。
③ 同上书，第 572 页。
④ 同上。

为"辨物之理以正其名""道名分"的典范。据此,熊十力断言:《易》《春秋》二经为"名家大祖"①。

据熊十力研究,名家的专长不仅限于逻辑学方面,当涉及更广泛的科学领域。"惠子强于物,散于万物而不厌,逐万物而不反。其对黄缭遍为万物说,可见惠子之学是向大自然里努力追求,并非不根于实测而徒为诡辩者。"②熊十力赞扬惠施"确有大科学家之热诚与风度"。他认为重视自然科学当为名家的学术特色之一,可惜因其著作散失而不得其详。

在哲学方面,惠施提出"泛爱万物,天地一体也"这一极有价值的命题,熊十力认为这正是名家与儒家仁学相契合的地方。不过,从这里也表现出名家的理论局限。熊十力批评惠施说:"惠施言泛爱万物,天地一体也,是乃知有仁而不知有义。由其道,则对于在上者之横暴唯有忍受而无忿恨。则天子诸侯大夫,以少数人统治天下之敝制,万世不易可也。"③名家空谈"泛爱",而缺乏正义观念,必然导致对专制主义的让步、妥协、迁就,不能引导合理社会的出现。所以,熊十力对名家颇有微词,认为名家的思想远不如儒家的仁义之教全面深刻、切实可行。他很同意荀况在《非十二子》中对惠施所下的评语:"辩而无用,多事而寡功,不可以为治纲纪。"④

(5)农家。司马谈在《论六家要旨》中论到了阴阳家、儒家、

---

① 《原儒》,第5/2页。

② 同上。

③ 同上。

④ 同上书,第582页。

道家、墨家、法家、名家六家的学说，认为这六家就是先秦时期主要的学术流派。熊十力不完全同意司马谈的概括。他认为阴阳家虽为大宗，但学术价值不高，不能同其他五家相提并论。"阴阳家，盖上古术数之大宗，古代天文学虽发源于此，而阴阳家本身毕竟是术数。""阴阳家言阴阳，则为占休咎而设，其事起于迷信。"[1]因此熊十力没有把阴阳家看作主要学术流派，而把为司马谈忽略的农家提到主要学术流派的位置。也许是因为他是农村出生、成长的吧，他对农家怀有一种特殊的感情。

据熊十力考证，晚周农家亦源于儒学。具体地说，也就是出于《诗经》。"农家之学，当出于《诗经》。三百篇自变雅以至列国之风，小民呻吟穷困，无以为生，其怨恨王侯卿大夫贪污侵剥之诗占大多数。孔子删定为经，以教三千七十之徒，传播民间，此农家所由兴也。"[2]在《诗经》中有许多篇章反映了人民的呼声和对占有者的抗议，如《硕鼠》写道："硕鼠硕鼠，无食我黍！三岁贯女，莫我肯顾。逝将去女，适彼乐土。乐土乐土，爰得我所。"诗中把那些盘剥农民的贪官污吏比作粮仓中的大老鼠，控诉他们不劳而获的种种罪行。熊十力认为农家正是这种平民意识的升华与结晶。

班固在《汉书·艺文志》中对农家做了这样的概述："农家者流，盖出于农稷之官。播百谷，劝耕桑，以足衣食，故八政一曰食，二曰货。孔子曰：'所重民食'，此其所长也。及鄙者为之，以为无所事圣王，欲使君臣并耕，悖上下之序。"熊十力认

---

① 《原儒》，第586页。
② 同上书，第573页。

为班固的概述是对农家的曲解，并不足为据。在他看来，农家的思想代表恰恰正是被班固讥为"鄙者"、《孟子》一书所提到的许行。关于农家的学术宗旨，熊十力做出同班固截然不同的概述：崇拜传说中的神农；主张人人劳动，皆并耕而食，不允许统治阶级的存在；要求破除等级观念，实行人人平等互助，建立没有剥削现象、没有私有制的新型社会。他由此得出结论：农家的主张与儒家的大同思想完全一致，都表现出"社会主义"倾向。熊十力对农家几乎没有做任何批评，认为农家的学术价值在其余四家之上。道、墨、法、名等四家虽都由儒家歧出，却与儒家原旨相抵牾，并且以儒家为论敌，唯有农家是个例外。

以上就是熊十力对道、墨、法、名、农诸家与儒家的关系以及各家学术宗旨的研究和考察。他得出的结论是：

> 中国学术思想，当上追晚周。儒家为正统派，孔子则儒家之大祖也。六经虽窜乱而全亡，而易经大体无改。春秋经、传虽亡失，而以纬书、何休公羊注及他经相参证，大意尚可寻也。周官经不能无改易，而大体犹可识。此与春秋之思想为一贯。今文家无知之排斥，只是历史上无聊故事，后人不当为其所惑。墨翟、惠施、农家，或为科学之先导，或为社会主义之开山，皆儒家之羽翼，不可不延续其精神也。法家书罕存，《管子》可略考。道家有极深远处，亦有极不好处，取长舍短，不容绝也。[1]

①《原儒》，第621页。

熊十力"诸子同源于儒"的说法，当然不是没有商榷余地的。他的这种说法实际上在学术界并没有得到广泛的认同。他的论断疑古过勇且带有很大的主观随意性，立论的根据也不太充分，这是熊十力诸子学研究显而易见的缺点。不过，应当注意的是，熊十力将诸子折中于儒，并非要论证儒家的独尊地位，同董仲舒"罢黜百家，独尊儒术"有本质区别。熊十力虽认为诸子皆源于儒，但并不否认诸子的学术价值，并且旨在强调诸子学的出现是儒学进一步发展必不可少的条件，这是较为公允的评论。他对诸子学虽有微词，但丝毫没有敌意，反倒是抱着同情的态度，甚至是敬意。在他看来，诸子学与儒学是相辅相成的关系；要研究儒学，必须研究与儒学密切相关的诸子学。无论是儒学，还是诸子学，都是国学不可或缺的组成部分。其实熊十力用来作为评判诸子得失标准的儒学，并非原初意义上的儒学，而是他创立的已吸纳科学和民主观念在其中的现代新儒学。所以，与其说熊十力以儒学为标准折中诸子，毋宁说是在以科学与民主为标准拣择诸子中有现代价值的内容。熊十力提出的"诸子同源于儒"说，其真正的含义在于：试图论证熊十力自创的新儒学在中国传统文化方面有充分的依据；试图解决中国传统文化如何同科学、民主等现代意识接榫的问题。熊十力的诸子学研究是他建立新儒家思想体系必不可少的一个理论环节。

4.2　儒学的演变

熊十力以新儒学为尺度梳理先秦诸子之学，也以新儒学为尺度梳理清末以前儒学发展演变的历史。他以新儒学为指导，编了一部简要的儒家学术史。他的基本看法是：几千年来，尽管孔子的地位不断抬高，儒家的名气越来越大，然而儒学的精华并未真正得到发扬。

关于儒学的由来，熊十力提出一种十分奇特的看法。《论语·述而》有这样一条记载："子曰：'加我数年，五十以学《易》，可以无大过矣。'"根据这条材料，熊十力把孔子的思想分为前期与后期两个阶段：50岁以前为第一阶段，50岁以后到74岁逝世为第二阶段。熊十力认为孔子50岁以前的思想不够成熟，只能算是儒学的准备阶段，50岁以后方才形成正统的儒家思想体系。他指出："孔子早年，当无革命与民主等思想，他还是承唐虞三代群圣的遗教，而欲得君行道。"[①] 在50岁以前，孔子寄希望于君主，主张实行开明专制，维护禹汤文武的小康礼教。熊十力把孔子这一阶段的思想概括为"小康学"。孔子从40岁以后便开始逐渐放弃小康思想，萌发革命和民主意识，到50岁时，思想发生根本变化，毅然摒弃小康学，要求废除君主专制，主张建立"群龙无首，天下为公"的大同社会。"孔子晚年（五十学《易》以后）其思想确突变。始作六经，发明首出庶物，贬天子、退诸侯、讨大夫，乃至天下之人人有士君子之行。群龙无首，天下一家，可谓大道之行，天下为公。"[②] 熊十力把孔子50岁以后的思想概括为"大同学"。他认为"大同学"才是孔子儒学的真髓，才是孔子努力追求、积极倡导的"大道"。

由于孔子思想有"大道"与"小康"两种截然相反的倾向，

①《原儒》，第88页。

② 同上书，第839页。

于是孔子的后学自然而然划分为两大学派："其弟子守其早年之教而不变者，遂成为小康学派"，"其弟子守其晚年六经之学，而不从其早年之说者，遂成为大道学派"。[1]可惜的是，大道学派因历史的原因未能得到长足发展，致使孔子思想的精华逐渐湮没；而小康学派由于得到统治阶级的扶植，竟成为孔子以后儒家的大宗。熊十力认为，几千年来在中国意识形态领域中占统治地位的儒学正是小康学。小康学当然不是孔子儒学的精华，而是早已为孔子本人清除的糟粕。这种以紫夺朱、以瑕掩瑜的情况，实在为孔子始料不及。在熊十力看来，孔子以后的儒学史，其实是一部小康学派的演化史，是孔子思想精华遭篡改、逐渐丧失的惨史。就这样，他一举推翻了汉宋儒家精心编造的道统，要求重新纂述儒学的历史。

孟子通常被人们公认为孔子的继承者，人们习惯孔孟连称，并尊他为"亚圣"。熊十力不这样看。他认为，孟子亦属于小康学派，并未真正继承和发扬孔子创立的大同学。例如，孟子在评论孔子时说："世衰道微，邪说暴行有作。臣弑其君者有之，子弑其父者有之。孔子惧，作春秋。"又说："《春秋》成而乱臣贼子惧。"[2]熊十力认为，这样理解孔子是一种极大的误解。他引了孟子上述言论之后批评说："孟子愿学孔，而此言则厚诬孔子，可奈何！夫臣弑君，子弑父者，争权夺利故也。而君位者，大权厚利之所在，难保臣子不争夺也。孔子深见及此，故作《春秋》，发明贬天子、退诸侯、讨大夫之义，以诏当时后世。""君位废

---

[1]《原儒》，第839页。
[2]《孟子·滕文公下》。

而主权在庶民，原利均于庶民，何有弑父与君之事乎？孟氏不深研《春秋》，乃妄诬孔子欲诛乱贼以拥护君子制度，是未能学孔也。"[1]熊十力由此做出判断：孟子并非继承孔子的大道学，而是继承了曾子尊君尊父的孝治宗法思想，否定了孟子儒家正统继承者的地位。熊十力指出，参孟的孝治宗法思想已离开孔子儒学的正统大旨，将儒学的发展方向引向了歧途。熊十力分析说，孟子由于受到孝治宗法思想的限制，让孔子的大道学从眼皮底下漏掉了。本来孟子在处理"君主与庶民"关系时也曾提出一些具有民主因素的思想，如说："民为贵，社稷次之，君为轻，是故得乎丘民而为天子。"[2]但他没能把这种合理的思想贯彻到底。所以，"孟子诚于《春秋》有知，独惜其夹杂宗法社会思想，而于《春秋》无深解也"。同孟子相比，荀子的宗法思想不那么浓重，但他也表示拥护君主制，亦属于小康学派。

孔子的学说在孟荀那里已被误解，在秦统一全国后，再次遭到更大的厄运。秦始皇采纳李斯的建议，下令焚书坑儒，使儒学遭到致命的打击。从此，孔子发明的大道学更无传人。虽《易》幸免于秦火，但已无人识得其真意。

刘汉政权建立后，统治者吸收秦王朝二世而亡的教训，革除弊政，废弃苛刑峻法，欲图长治久安，开始扶植儒学。汉高祖刘邦在他死的前一年用太牢祭祀孔子。汉惠帝废除"挟书之律"，允许儒家经书在民间传授。到文、景之世，朝廷有意识地搜寻儒家典籍，开献书之路。文帝派晁错向伏生受《尚书》，设《诗》

---

①《原儒》，第611页。
②《孟子·尽心下》。

博士；景帝时又立《春秋》博士。汉代的儒学以注疏《诗》《书》《礼》《易》《春秋》等先秦经典的方式传世，故称为经学。在汉代搜集到的儒家经书中，有一部分是儒生口授，用当时流行的文字记录下来整理成书的，叫作今文经学；有一部分是散在民间、藏在墙壁中偶然被发现的，这些书是用汉以前的文字即古籀文写的，叫作古文经学。今文经学与古文经学不仅所据文字不同，而且学术风格、学术观点也不同，这两派长期争论不休。公元前140年，汉武帝即位，诏举贤良方正。今文经学大师董仲舒向武帝提出："春秋大一统者，天地之常经，古今之通谊也。今师异道，人异论，百家殊方，指意不同，是以上亡以持一统；法制数变，下不知所守。臣愚以为诸不在六艺之科、孔子之术者，皆绝其道，勿使并进。"①武帝采纳董仲舒的建议，罢黜百家，独尊儒术，于建元五年兴太学，置五经博士，各以家说传授儒家经典。在汉初几代皇帝的扶植下，儒学终于从一家之言上升到官方哲学的显赫地位。

熊十力指出，在汉代初年，儒家似乎红红火火地发展起来了，堂而皇之占据了意识形态的统治地位，其实对于真正的儒家思想来说，未必是一件好事。因为儒学的经学化和官方化，严重地扭曲了孔子之道的真精神，使儒学堕落成封建帝制的婢女。"汉学阳尊孔子，而隐变其质，以护帝制。"②已从根本上背弃了孔子的原义，丢弃了其中民主精神的精华。所以，熊十力的看法是：汉儒扶植儒学是假，篡改儒学是真，这种"扶植"对儒家的

---

① 班固：《董仲舒传》，载《汉书》，中华书局，1998，第644页。
② 《原儒》，第613页。

打击并不亚于秦始皇焚书坑儒。他很不客气地将汉儒斥为"奴儒"。今文经学与古文经学之争是汉代儒学的基本内容。熊十力从新的视角看待这场争论，得出的结论是：无论今文经学还是古文经学，在维护皇权至上的基本点上，二者是一致的。所以，他们都没有承续孔子的真精神。

熊十力把汉儒的思想理论归纳为三个基本观点："汉人拥护帝制之教义，约分三论：一曰三纲五常论，二曰天人感应论，三曰阴阳五行论。"[①]熊十力分析说，这三论实际上是"曾参孝治思想与阴阳家之术数相互结合"的产物，与孔子并无直接关系。在这三论中，天人感应论和阴阳五行论来自格调不高的阴阳家，而三纲五常论则是孝道观念的政治化或教条化。

熊十力着重剖析、批判了董仲舒倡导的三纲五常，指出："三纲者，君为臣纲，父为子纲，其本意在尊君，而以父尊于子、夫尊于妻而配合之。于是人皆视为天理当然，无敢妄疑。夫父道尊而子当孝，天地可毁，斯理不易。子之思想行动不背于正义者，父母不当干涉，而子可自行其志，要不失孝道。虎狼有父子，况于人乎？但以父道配君道，无端加上政治意义，定为名教，由此有王者以孝治天下与移孝作忠等教条，使孝道成为大盗盗国之工具。"[②]熊十力并不反对体现父子亲情的孝道，但坚决反对以孝道配君道的"孝治"，力图把"孝"的伦理意义同政治意义区分开来。他认为汉代儒生们极力倡导孝治，用三纲五常论证君权至上，有悖于正义原则，是对儒学的极大曲解。熊十力对汉

---

① 《原儒》，第585页。
② 同上书，第583页。

儒三纲五常说的批判，实则是对封建礼教的否定。他作为一位辛亥革命的参加者，经过反封建斗争的洗礼，对封建礼教的本质有着深刻的认识，在他的身上仍能体现出高昂的反封建的战斗精神。他对假儒学深恶痛绝，激烈程度并不亚于"五四"新文化运动的主将们。他痛斥那些甘当封建帝王的有学问的奴仆们说："皇帝专政之制度愈稳定，则奴儒诠经籍者，秽杂迂陋之说是日滋，至可恨也。"[1]

总的来说，熊十力对汉代经学的评价不高。在他看来，汉代经学的兴起并不等于儒学的复活。这种兴起对真正的儒家精神来说并不是福音，对于中国社会的发展也并不是福音。这也就是说，汉代儒生所尊崇、宣扬的儒学其实是假儒学，不幸的是，这种假儒学竟然以假乱真，统治中国思想界两千多年，遂使后人难识儒学真面目。"自西汉迄清世，二千数百年儒生，疏释群经，皆以三论为骨子，可谓不约而同。所谓朝廷之教命，社会之风气，无不本于三论之旨意者。"[2]汉代儒生制造的三纲五常论、天人感应论和阴阳五行论，以封建专制主义思想糟粕掩盖了儒学的精华，遂使经学依附于封建政治得以流传发展，而封建政治又以经学为理论支柱。二者的紧密结合便是中国封建制度延续两千多年的原因之一。对此，熊十力不能不扼腕痛惜。

东汉末年经学趋于式微，魏晋玄学代之而兴起。此后，佛教传入中国并逐渐扩大影响，到唐代形成儒、释、道三教并用的格局。至宋代，儒学再兴，援佛、道入儒，形成宋明理学，儒学进

---

① 《原儒》，第605页。
② 同上书，第587页。

入第二期发展。宋明理学一反汉学的训诂义疏传统，直接从儒学经典中寻绎义据，学术风格与经学大不一样。

宋明理学分为程朱理学与陆王心学两大派系。程朱理学由程颢、程颐兄弟二人创立。他们自称"学虽有所受，天理二字却是自家体贴出来"。他们以理为最高范畴，认为理是形而上者，器是形而下者。断言"天下只是一个理"，而这个理也就是君臣父子夫妻等人伦道德之理。朱熹继承二程学脉，集理学之大成，创立以理为核心的哲学思想体系。他认为"天理"本身"无造作，无计度"，它借助于"气"产生出宇宙万物，构成"理在气先""理一分殊"的本体论和宇宙论。

陆王心学由南宋陆九渊创立。他针对朱熹以理为最高范畴的哲学体系，主张以心为最高范畴，提出"吾心便是宇宙，宇宙即是吾心"的心学体系。他曾在鹅湖之会上同朱熹辩论过太极、心与理之关系、治学方法等，他批评朱学"支离"，并提出"发明本心""先立乎其大"等简易、便捷的方法。宋代程朱理学占统治地位，心学的势力不如理学大。到明代，王阳明继承陆九渊学脉加以发扬光大，创立了"心外无理、心外无物"的本体论学说。他强调"物理不外吾心，外吾心而求物理，无物理矣"。还提出"致良知"和"知行合一"说，批评朱熹知先行后说。明代后期陆王心学盛行一时，学术影响一度超过程朱理学。程朱理学与陆王心学的论争贯穿宋明理学的整个发展过程。

宋明理学是中国封建社会后期影响最大的理论形态，也是同熊十力思想有密切联系的学派。所以，熊十力自然而然地把它作为梳理儒学的重点之一。他的新儒学思想有许多地方与宋明理学是一致的，正如冯友兰先生所指出的那样："熊十力先生一生治学所走的道路，就是宋明道学家们所走的道路。"①但是也应看到，熊十力并不盲目崇拜宋明理学家，对他们的观点亦做了取舍，并且也贯穿着反省批评的精神。

宋明理学家往往瞧不起那些咬文嚼字、皓首穷经的经学家。朱熹在编排儒家道统谱系时，毫不客气地把汉儒一概排斥在外。然而熊十力却发现了宋学与汉学一脉相承的地方。他说："宋儒名为反对汉学，实则宋学之异于汉者，只是存养心性工夫，而天人感应与阴阳五行之论，宋明理学始终夹杂其间，未能解其敝也。"②他认为宋明理学也是沿袭儒家小康派的学统，走的仍是依附封建政体的路子，未能真正做到改弦更张，未能真正窥得儒家大道之真。

宋明理学家虽然未能窥得孔子儒学的大道之真，虽然未能摆脱小康派的阴影，但毕竟在阐发儒学的大本大源方面花了一些工夫，提出一些有价值的见解。熊十力认为这是宋明理学比汉代经学深刻的地方。"宋儒鞭辟入里切己之学，可谓知本，惜其短于致用。阳明廓然返诸良知，无所拘滞，以致良知于事事物物释大学之格物。于是学者多有独辟之虑。民主思想、民族思想、格物或实用之学，皆萌于明季。清人虽斩其绪，而近世吸收外化，明儒实导先路，不可忽也。"③熊十力肯定了宋明理学在中国学术史上的重要地位，认为它一方面努力挖掘儒家的本体论，前继往

①《玄圃论学集：熊十力生平与学术》，第30页。
②《原儒》，第587页。
③ 同上书，第817页。

圣；一方面启迪着民主和科学等现代意识，有补于后学。

熊十力提出，宋明理学最大的功绩在于回应佛学这种外来文化的挑战，努力消化吸收佛学的理论思维成果，重新树立起儒家思想的权威。宋明理学家使儒学走出神学的误区，向着体用不二的方向迈出了一大步。他赞扬宋明"诸师在反己，其精神上继孔门，于大本大源，确有体认，不可薄也"[①]。他对于宋明理学的评价显然高于汉代经学。他不否认自己是宋明理学的后继者，自述："中国有儒之学而废置弗究，非独中国人之不幸，而人类之忧也。宋明诸老先生崛起，颇有所致力。然重阳未开，大明未启，其愿则已宏矣。余当明夷之运，智小谋大，本平生之积测，欣一旦而贯通。因此平竟华梵，抑扬儒佛而造新论。寻邹鲁久坠之绪，竟宋明未竟之业。"[②]他表示自己将继承"宋明诸老先生"的宏愿，百尺竿头，更进一步，深究儒家的精髓。

在陆王心学和程朱理学这两大派中，熊十力比较欣赏陆王，尤其是明代的王阳明。他在《新唯识论》语体文本中多次引证王阳明"即体而言，用在体；即用而言，体在用，是谓体用一源"[③]的论断，赞为"见道语"。事实上，熊十力的新儒学思想正是陆王派在现代的伸展和延续。他努力倡导的"体用不二"原则正是从陆王派"心外无物"的思想中衍化出来的。他认为陆九渊宇宙不在我心外的思想和王阳明心外无物的思想"言近而旨远"，最接近儒学的大旨。正是由于受到陆王的启发，他在《新唯识论》

---

① 《新唯识论》，第 567 页。
② 《印行十力丛书记》，载《十力语要》卷一。
③ 王阳明：《传习录》上，载《王阳明全集》，上海古籍出版社，1992，第 31 页。

中将"心"提到绝对本体的高度，把万物说成"心"之本体的表现形式，即说成"用"。他的体用不二论归根到底是要证明："人人各具之心，即是宇宙统体之心"，"此心遍为众星球或万有之实质"。按照他的观点，"物"是"用"的一种表现形式，而"用"从属于"体"，"体"直接就是"心"。于是，"体用不二"便成了"心物不二"的同义语，转了一圈，又回到"心外无物"上来了。正因为如此，熊十力被人们恰如其分地视为现代新儒家中新陆王派的思想代表之一。①

熊十力在肯定宋明理学的理论成就的同时，也看到了它的思想局限。他对宋明理学提出五点批评。

第一，他认为宋明理学家也沿袭了汉儒的天人感应论、阴阳五行论和三纲五常论，因此未能跳出小康学的藩篱，未能复兴孔子的大道学。他指出："宋儒之最可责者有二，一无民族思想，二无民治思想。"②这同宋明理学家囿于小康学有直接的关系。

第二，他认为宋明理学未能真正将体与用统一起来，这集中表现在他们关于心与理互相关系的争论之中。熊十力指出："吾国宋明哲学家，关于理的问题，有两派的争论。一、宋代程伊川和朱元晦等，主张理是在物的。二、明代王阳明始反对程朱，而说心即理。二派之论，虽若水火，实则心和境本不可截分为二（此中境字，即用为物的别名。他处凡言境者皆仿此），则所谓理者本无内外。一方面是于万物而见为众理灿著；一方面说吾心即是万理赅备的物事，非可以理别异于心而另为一种法式，但为心

① 参见拙著《现代新儒家研究》，中国人民大学出版社，1991。
② 熊十力：《读经示要》，中国人民大学出版社，2019，第61页。

上之所可具有，如案上能具有书物等也。唯真知心境本不二者，则知心境两方面，无一而非此理呈现，内外相泯，滞碍都捐。如果偏说理即心，是求理者将专求之于心，而不可征事物。这种流弊甚大，自不待言，我们不可离物而言理。如果偏说理在物，是心的方面本无所谓理，全由物投射得来，是心纯为被动的，纯为机械的，如何能裁制万物、得其符则？我们不可舍心而言理。二派皆不能无失，余故说理无内外。说理即心，亦应说理即物，庶无边执之过。"[1]程朱离心而言理在物，偏于客体方面，王阳明即心而言理可是撇开了物，偏重于主体方面。在熊十力看来二者都是"边执之见"，没有真正把握住体用不二的原则。熊十力要求达到主体与客体的统一、体与用的统一，故对两派皆有所批评。

第三，由于宋明理学家未能处理好体用关系，因而也就未能处理好内圣与外王的关系。熊十力所说的内圣，是指道德自我意识的树立和对于本体的体认，他所说的外王是指经世致用、安邦定国的才干。他认为宋明理学过分强调内圣而忽视外王，故此不可避免地产生空疏无用之弊端。例如，"阳明一生精神，毕竟理学家的意味过重，其所以自修而教人者，全副精神都只在立本，而不知本之不可离末也；都只在明体，而不知体之不离用也；都只在修身，而不知身之不离国家天下与一切民物也。此其所弊也。"熊十力指出，这种重内圣轻外王的理论倾向在实践方面造成极其不良的后果，弄得宋明时代"贤儒"辈出却不能大造于世运，没能遏止中华民族走下坡路的颓势。他感叹地说："孔子内圣外王的

---

[1]《新唯识论》，第272—273页。

精神，庄子犹然能识之，至宋明诸师，而外王之学遂废。自此，民族愈益式微。此非我辈之殷鉴耶？"①这一历史教训是沉痛的，现代新儒家决不能重蹈宋明理学的覆辙。熊十力强调，时当民族危亡之际，尤其应当发扬内圣外王并重的精神。"今世变愈亟，社会政治问题日益复杂，日益迫切。人类之忧方大，而吾国家民族亦膺巨难而濒于危。承学之士，本实既不可拨（本实，谓内圣之学），作用尤不可无（作用，谓外王或致用之学），实事求是，勿以空疏为可安。深知人生责任所在，必以独善自私为可耻。置身群众之外而不与合作，乃过去之恶习。"②不讲外王，内圣必将落空。熊十力认为宋儒的这一历史教训今天必须牢牢地记取。

第四，由于宋明理学家未能处理好内圣与外王的关系，因而也未能处理好天理与人欲的关系。宋明理学中程朱与陆王两派在许多问题上有分歧，唯独对理欲关系的看法是一致的，都主张存天理灭人欲。熊十力认为理学家的这一主张是行不通的。他分析说："儒者亦有把人欲看作是天理之敌人而必欲克去之者，此亦大错。夫欲曰人欲，则亦是人之欲也。人之欲，其可尽去乎？使人之欲而可尽去，除非人不生也。人既有生，便不能无人欲，如何尽去得？大抵人欲所应去者，只是不顺理之欲。吾人见得天理透，使天理常作得吾身之主，则欲皆从理，而饮食男女莫非天理中事矣。"③熊十力认为，不能笼统地讲"灭人欲"，因为人欲有两重性，既有顺理的人欲，也有悖理的人欲，顺理的人欲是不能尽

---

① 《十力语要》卷二，第68页。
② 同上书，第57—58页。
③ 《十力语要》卷四，第13页。

去的。理与欲既对立又统一，宋明理学家只看到了二者的对立方面，而没有看到二者的统一方面，这是错误的。熊十力在一定程度上肯定了欲的正当性，纠正了前儒的偏失，不过并没有完全改变对欲的否定态度。

他仍然相信"私欲净尽，杂念不起，即见性之候"。他之所以采取这样的态度，是针对时弊而发的。他在写给友人的信中说："当今之患，诚在纵欲，固宜诵法程朱以拯生人。然欲不可纵，亦不可禁。故弟自中年以来，于程朱诸大师拳拳服膺，不敢轻叛。虽谓禁欲主张稍过，然深以不许纵欲，为真理所在。实未敢攻击程朱。"[①]但他并不主张像程朱那样消极地去"灭欲"，而是主张积极地发明本心，体认大本大源。因为"使昭昭明明的本心，常时提得起，则欲皆当理，自不待绝了。如果做绝欲工夫，势必专向内心去搜索敌人来杀伐他。功力深时，必走入寂灭，将有反人生的倾向"[②]。从熊十力对理学家"存天理灭人欲"的比较温和的批评中透露出这样的意思：他不赞成把理欲截然对立起来。因为理是"体"的同义语，欲同"用"联系在一起；既然体与用是"不二"的关系，理与欲也应当是"不二"的关系。故熊十力对欲的态度比较宽容，不像宋明理学家们那样偏激。

第五，宋明理学虽然回应了佛学输入中国后带来的挑战，但并未完全摆脱佛学的消极影响。熊十力认为这是宋明理学之所以造成上述失误的根本原因。他分析说："宋明诸大师于义理方

---

① 《十力语要》卷一，第13页。
② 《十力语要》卷四，第42页。

面，虽有创获，然因浸染佛家，已失却孔氏广大与活泼的意思，故乃有体而无用。于物理、人事少所发明；于社会政治唯诵说古昔。"①由于受佛教出世思想的影响，宋明理学家对人生价值没能予以充分的重视，有意无意地接受了佛教"空寂"的价值观。他们宣扬"主静"，宣扬"绝欲"，都是"空寂"观念的变形。结果弄得人生无活气，脱离实际。"减却了日常接触事物的活动力。"②熊十力指出："宋儒受佛氏禅宗影响，守静之意深，而健动之力似疏于培养。寡欲之功密，而致用之道，终有所未宏。"③正因为这样，才形成了理学家们不健全的人格："从前那般道学家，一面规行矩步，一面关于人生道理也能说几句恳切语、颖悟语。谈及世道人心，亦似恻隐满怀，实则自己空疏迂陋，毫无一技之长。尤可惜者，没有一点活气。"④在熊十力看来，宋明理学的"空疏"实则来自佛学的"空寂"，这表明宋明理学家援佛入儒做得还不够彻底，还有点食"佛"不化的味道。他由此意识到自己还应当继续做援佛入儒的工作，以便承续孔子的真精神。

以上五点既是熊十力对宋明理学的批判，又是他找到的走出误区的突破口。他试图克服这些缺陷，重新建构新儒家思想体系，真正弘扬孔子之道的精粹。

程朱理学在南宋时代就受到陈亮、叶适等学者的批评，陆王心学在明清之际和清初也成为顾炎武、王夫之、颜元等学者批评

①《十力语要》卷四，第11页。
② 同上书，第40页。
③《读经示要》卷三，第25页。
④《十力语要》卷四，第11页。

的对象。对于这些宋明理学反对派的思想家，熊十力也能抱着同情的态度，努力捕捉他们思想中的闪光点。他指出，为宋明理学家们所忽略的外王之学在陈亮等人那里得到发扬。他对陈亮的评价是："同甫（陈亮的字）思想虽粗，却甚可爱。那时候确少不得同甫一派底功利思想。"[①]他承认，自己正是在陈亮等人的影响下，才走上旧民主主义革命道路。"余稍读船山、亭林诸老先生书，已有革命之志。""少慕陈同甫，开拓万古之心胸，推倒一世之智勇，以此自负，晚而悔之。"熊十力对陈亮等人的认同是打了折扣的：既认为他们有可取的一面，又认为他们有不可取的一面。在他看来，陈亮等人重视外王、倡导事功无疑是正确的，但可惜没有把外王之学同本心本体联络起来，未免失之于"粗"，以至于使他"晚而悔之"。尽管如此，他仍认为陈亮等人的思想是一个解救理学家空疏之弊的良方。"唯宋儒于致用方面，实嫌欠缺。当时贤儒甚众而莫救危亡，非无故也。及至明季，船山亭林诸公崛起，皆绍述程朱，而力求实用。诸公俱有民治思想，又深达治本，有立政之规模与条理，且皆出万死一生以图光复大业，志不遂而后著书。要之，皆能实行其思想者也。此足为宋儒干蛊矣。"[②]

明清之际中国社会发生天崩地裂的变化，朱明王朝垮台，清兵入关，少数民族再次入主中原。激烈的社会变动震撼了学术界。一些儒学思想家们痛定思痛，反省宋明理学的过失，形成一股崇尚实学的启蒙思潮，涌现出顾炎武、黄宗羲、王夫之、方以

①《十力语要》卷四，第41页。
②《十力语要》卷二，第57页。

智、颜元、李塨、李颙、傅山、唐甄、吕留良等思想巨匠。熊十力认为这是中国学术界继先秦百家争鸣之后再次掀起的高潮，非常值得重视和研究。

熊十力认为明清之际的启蒙学者上承孔子"大道"之学，复兴孔子的民主、民权思想，下开向西学吸纳科学和民主精华的先河，构成中国文化由传统向现代转型的重要环节。他非常赞赏黄宗羲在抨击封建专制主义时提出的著名论断："天下者非一人之天下，天下人之天下也。"他说："经济之科，自宋陆子静兄弟及邓牧，并有民治思想，迄晚期王船山、顾亭林、黄梨洲、颜习斋诸儒，则其持论益恢宏，足以上追孔孟，而下与西洋相接纳矣。"[①]熊十力认为启蒙学者的研究成果对于现代中国人处理东西方哲学的关系问题仍有现实意义。"宋学经一再变，始有上复晚周之几。由今而论，中西文化融通，亦于晚明之新宋学，可见其端。余每以晚明为汉以后学术史上最光辉时代。"[②]在当今时代，应当在他们的基础上再向前跨进一步了。

郭齐勇在《熊十力——文化意识宇宙中的巨人》一文中，认为熊十力肯定了明清之际学者的五大优点："第一，尚经验，反空疏，注重实用与实测，道器兼综，体用赅备，实事求是；第二，发扬了民族主义精神；第三，在社会政治思想方面，发汉唐以来诸儒之所未发，具有了进化史观和民主主义思想，提出了'工商皆本'的主张；第四，依据《大易》重建了中国人的宇宙

---

① 《读经示要》卷一，第3—4页。
② 《读经示要》卷二，第70页。

观和人生观；第五，为学务博通，切实用，启朴学端绪。"① 这五点概括是符合熊十力的思想实际的。

在明清之际的启蒙学者中间，熊十力最佩服的是王夫之。他对王夫之的评价是："晚明有王船山作《易内外传》，宗主横渠，而和会于濂溪、伊川、朱子之间，独不满于邵氏。其学尊生以箴寂灭，明有以反空无，主动以起颓废，率性以一情欲，论益恢宏，浸与西洋思想接近矣。"② 熊十力以"尊生、彰有、健动、率性"等特征概括王夫之的思想面貌，实际上已肯定王夫之已走出宋明理学的误区，把儒学推进到新的境地。可惜的是，王夫之之学未受到应有的重视。清兵入关断送了儒学健康发展的转机，儒家的真精神再次受到李光地等"奴儒"的曲解，遂使孔子之学沉沦，人们难以识得儒家真面目。熊十力表示，他将继承王夫之的宏愿，孤往直寻，掸去蒙在孔子之学上累积数千年的灰尘，使它重放光芒。他始终把王夫之引为同道，晚年曾在赠给亲友的楹联中写道："衰年心事如雪窖，姜斋（王夫之的号）千载是同参。"表达自己对王夫之拳拳服膺的心曲。

以上就是熊十力对于几千年来儒学发展演变的历史过程的回顾与总结。他用"发皇—沉沦—复兴—再沉沦"的曲线勾勒出这一过程的轨迹。在他的心目中，真正的儒家只有孔子一人而已。王夫之虽接近儒学原旨，毕竟没有达到孔子的高度。至于其他儒生，至多不过承续小康之学，从未见孔子大道之真。先秦的孟荀，汉唐的经学，宋明理学，概莫能外。

---

① 李振霞：《当代中国十哲》，华夏出版社，1991，第282页。
②《十力语要》卷一，第69页。

几千年来，统治阶级为了维护封建统治，把孔子抬到吓人的高度，奉为"至圣先师"。熊十力一下子戳穿了这个骗局，直截了当地宣布：历代统治者供奉的孔子其实是虚假的偶像，同孔子本人毫不相干。熊十力不买韩愈道统说的账，也不买朱熹道统说的账，更不买近人编排的"新道统"的账。他对"奴儒"的训斥，充分表达出他对封建专制主义的愤慨。他努力挖掘儒学中科学与民主的精华，剔除羼入其中的封建主义糟粕，努力推动儒学由传统向现代的转型。熊十力虽然被标榜为现代新儒家，可是在他身上体现出来的反封建的战斗精神和追求科学和民主的热忱，同"五四"新文化运动的倡导者相比毫无逊色之处。

4.3 六经新证

研究儒学当然离不开儒家的经典。那么，流传到现在的儒家六经是否可靠？对于这一问题熊十力提出了独特的看法。

熊十力不同意学术界流行的"六经为后儒陆续补作"的看法，认定六经为孔子所作，1955年夏，他专门写了一篇《六经是孔子晚年定论》的长文，阐述他的观点。不过，他认为孔子所作的六经并非现在看到的六经，现在看到的六经是秦火之后汉儒补缀成书的。汉儒在整理六经时，出于维护封建大一统的目的，篡改了孔子的原意。"汉武与董仲舒定孔子为一尊。实则其所尊者，非真孔子。乃以禄利诱一世之儒生，尽力发揭封建思想与维护君主统治之邪说，而托于孔子以便号召。故汉儒所弘宣之六艺经传，实非孔门本本。"[1]经汉儒之手整理的六经不可全信，然而又不能

---

① 《原儒》，第546页。

不信，因为舍此之外至今尚未发现别的版本。熊十力指出："汉人传来之经，保存大道者犹不少。惜乎汉宋群儒传注，一致本大义以为说而大道遂隐。"[1]汉儒虽然篡改了六经，但毕竟保存了六经原有的一些文字。在这些文字中隐含着孔子大道学的真义，关键在于怎么读。如会读，亦可不为传注所限，捕捉到大道学的真义。遗憾的是汉宋群儒中间竟然没有一个善读儒经的。自从董仲舒发明"微言大义"说以来，后儒竞相效尤，纷纷为君主专制制度张目，遂使大道湮没。熊十力感到，自己有责任清除蒙在六经上的封建主义尘垢，还其本来面目。他主张求儒学真义当在先秦时期，不可轻信汉儒传注。"由大易、春秋、周官（即周礼）三经，参以礼记诸经，谨于抉择，犹可窥见内圣外王之大体。"[2]基于这种指导思想，他对儒家六经做了新的考证、梳理。

（1）《易经》。《易经》一向为儒生所重，推为六经之首。汉儒认为《易经》为周文王所作。司马迁在《报任安书》中说："文王拘而演《周易》。"唐孔颖达发现《易》卦、爻辞中经常提到文王以后的史实，推翻了汉儒的说法。近现代学者多认为《周易》作为占筮之书，大约成书于周代，它是多人陆续写成，非出于一人之手。熊十力对这些说法一概弃之不取，断定《周易》出于孔子的手笔。他没有采取史学家们的史实考据方法，而是采取"思想考证"的方法证明他的观点。理由是：既然大家公认《周易》是儒家六经之首，公认孔子是儒家的奠基人，那么也就等于承认《周易》只能出于孔子之手。因为如此成熟、精辟的儒家代表作，

---

[1]《原儒》，第 839 页。

[2] 同上书，第 549 页。

非孔子莫能为之。他不否认《周易》的前身可能是卜筮之书，但这并不重要。重要的是经孔子写定的《周易》才是中国学术史上最重要的哲理经典。作为哲理经典的《周易》是不能还原为卜筮之书的，二者有原则区别。"孔子乃别为彖、象、文言、系辞传、序卦等，以发挥己之哲学思想。"①从孔子开始，《周易》的主要思想影响并不是卜筮之书，而是深邃的宇宙大法、人生哲理。它为儒家立大本、开大源，构筑起儒家本体论体系的基本框架。熊十力认为，《周易》（他所说的《周易》包括《易经》和《易传》两部分）一书有不可估量的学术价值。他感慨地说："大哉孔子《周易》也，人天大典，镇国之宝！"②

熊十力指出，自汉代以来，儒生们关于《周易》的传注数以千计，真可谓汗牛充栋，但大都不得要领，偏离了《周易》的原旨。"汉易无论何家，其为说，都与孔子之辞不相应"，因为他们的方法不对头。"汉易之方法，只向卦与卦、爻与爻之间去作活计，自然不会探及道理。"③在熊十力看来，汉易学家解易的路数其实并不是儒家的路数。"汉世易家同主象数，实皆古术数家支流。"④他们受到象数学的局限，忽略了义理的探求。宋明理学家比汉易学家要明智一点，他们努力捕捉《易》理，突破了象数的樊篱。可是，"宋以来治《易》者，其所谓人事，皆继承汉人拥护统治之主张，提倡忠君思想，程颐之《易传》，其愚陋甚于汉

① 《原儒》，第589页。
② 同上书，第553—554页。
③ 同上书，第620页。
④ 同上书，第548页。

人。杨氏诚斋《易传》师法程氏之意……皆广陈用人、行政得失，垂为鉴戒。冀帝王之修省，好自为之。"①他们受到"应帝王"狭隘眼光的限制，不能摆脱封建专制主义的束缚，难免对《周易》产生种种误解，所取得的学术成就很有限。在熊十力的眼里，在从前的易学家中，成绩最大的要算是王夫之了。"船山《易传》，在汉宋群儒中，独有精采，虽有二元之嫌，其犹白日有时而蚀，终无损于大明之失也。"②不过，王夫之也未能完全探到《周易》的精意，"船山时有精思，而未识孔子之旨，则无可为之讳也"③。

熊十力认为《周易》是六经中保存得最好的一部。它幸免于秦火，虽经汉儒曲解，但大体无改，基本上是可信的。不过，其中也有个别之处系后儒伪造而混入其中。例如，"余窃怪系辞传，门宗明义云：'天尊地卑，乾坤定矣。卑高以陈，贵贱位矣。动静有常，刚柔断矣。'此数语者，显然背叛易义。古之术数家以天或君皆为乾之象，地或臣民皆为坤之象，其言天尊地卑者，即谓君居上位，为至尊；而臣民卑下也，此必非圣人之言"④。熊十力心目中的孔子是民主思想的倡导者和君主专制制度的反对者，不当有如此言论。这种上下尊卑的等级观念绝非孔子的主张。"详玩孔子之意，则君与臣，在人格与道义上纯属平等。"⑤所以要弄懂《周易》的精义，就不能完全拘泥于文字，必须大胆地清除羼入其中的糟粕，去伪存真，去粗取精，方是善读书之人。熊十

①《乾坤衍》（影印版），第2、133页。

② 同上书，第81页。

③ 同上书，第16页。

④《原儒》，第599页。

⑤ 同上。

力抛开前儒的传注，直接从经典出发，把《周易》一书的基本思想概括为以下三点。

第一，囊括儒家内圣外王之道的全部内容。他在《乾坤衍》中写道："先圣《大易》一经，广大至极，无所不包通，而可约之为内圣、外王两方面……内圣学，解决宇宙人生诸大问题，《中庸》所谓'成己'之学在是也；外王学解决社会政治诸大问题，《中庸》所谓'成物'之学在是也。"[1]他在《原儒》中写道："《易·说卦传》曰：'穷理、尽性以至于命，一言而总括，内圣外王之全体。"[2]熊十力认为《周易》之所以居六经之首，根本原因就在于此。他声称，这也是他服膺儒家的最根本原因。他在《新唯识论》《读经示要》《原儒》《乾坤衍》等书中多次谈到自己的学术思想"归宗儒家大易"。

第二，用辩证法解决心物关系问题，确立儒家"内圣学"的最高原则。阴阳是《周易》中的两个基本范畴，二者既对立又统一，凝结着辩证法的精髓。"孔子作《易》，首以阴阳成变解决宇宙论中之心物问题，盖本其所观测于万事万物万化者，莫不由辩证法，因此深穷心物问题，从宇宙开端，已是阴阳成变，断不可作片面观，故易之于辩证法，彻上彻下，《论语》所谓一以贯之是也。"[3]依据辩证法，《周易》形成心物不二、体用不二的原则，从本体论、宇宙论而人生论，建立起物我一体的儒家思想体系。按照这一体系，宇宙的本体即是真实的存在，万物乃本体的

① 《乾坤衍》(影印版) 第二分，第 131 页。
② 《原儒》，第 751 页。
③ 同上书，第 724 页。

显现，因而在"终极关怀"方面杜绝了任何宗教崇拜的可能。熊十力说："孔子作《易》，废除天帝。于流行而洞彻其元，于万有而认识其体，譬之于翻腾活跃的众沤，而明了其本身即是大海水也。是故万有即实体，即流行，即真元。一言以蔽之曰：体用不二。"①

第三，从"体用不二"原则出发观察社会历史，要求推翻封建统治，实行社会革命，建立"天下为公"的理想社会，提出儒家外王学的理论框架。熊十力认为《周易》实则是孔子向君主专制制度宣战的挑战书。"孔子明知周天子不可维持，《大传》曰：'穷则变，变则通，通则久。'云云。孔子盖以天子统治天下之乱制，由夏殷至于西周，不可不废除，故倡导革命也。"②在熊十力看来，《周易》中"首出庶物，万国咸宁""群龙无首"等警句都隐含着革命的思想，号召人们起来推翻君主统治，建立人人平等的民主政权，从而实现"天下为公"的大同社会。他对《易·乾卦》做了别开生面的释义：

乾元初爻曰潜龙，《文言》曰："潜龙勿用，下也。"此言群众卑贱处，不得展其用，乃受统治者压抑之象。二爻，见龙在田。则革命潜力已发展于社会，是为见龙之象。九三，君子终日乾乾。大成未成，不得不乾乾也。九四，或跃在渊。或跃，则几于倾复统治，而夺其大柄矣。然犹未能遽遂，故曰在渊，仍处下也。九五，

① 《乾坤衍》（影印版）第一分，第84页。
② 《乾坤衍》（影印版）第二分，第70页。

飞龙在天。则大功竟成，主权在人民，上下易位矣，故
为飞龙在天之象。上九，亢龙有悔。明统治崩溃，乃天
则之不爽也。①

经过熊十力这样的解释，《周易》简直就成了一篇人民革命
的宣言书！成了一份孔子制定的推翻君主制度的战略规划图！如
此解《易》虽未免有将古人现代化之嫌，然而熊十力的确是站在
人民的立场上说话的，同封建社会中的儒生千方百计为统治阶级
辩护的态度形成鲜明的对照。

（2）《春秋》经。《春秋》是中国现存最早的一部编年体史书。
所记之事起于鲁隐公元年，终于鲁哀公十四年，是一部春秋时鲁
国的编年史。《孟子》《史记》《汉书》等均有"孔子作《春秋》"
的记载。司马迁在《史记·太史公自序》中提到，"《春秋》辨是
非，故长于治人"，"《易》以道化，《春秋》以道义。拨乱世反之
正，莫近于《春秋》"。汉儒认为，《春秋》不仅仅是一部史书，
而是孔子借记事寄托"微言大义"的论著，遂尊为儒家经典，汉
景帝时即立《春秋》博士，最早立于官学。《春秋》也是儒生们
意见分歧最大的一部儒家经典。属于今文经学的注释有《春秋公
羊传》《春秋穀梁传》。《公羊传》旧题战国时齐人公羊高撰，因
董仲舒宣扬而大行于世。《穀梁传》旧题穀梁赤写定，体裁与解
释方法与《公羊传》相近，但具体说法亦有不少歧异，学术影响
没有《公羊传》大。属于古文经学的注释有《春秋左氏传》。据

①《原儒》，第836页。

司马迁说系鲁国左丘明作，但也有人不同意此说。熊十力既不采纳今文经学的看法，也不采纳古文经学的看法，他撇开两派的分歧纠葛，从一个新的视角看待《春秋》经。

熊十力认为，《春秋》经、传都是孔子亲笔所作，理由是《春秋》的思想观点同《周易》是一致的，只能是出自一人之手。至于孔子作《春秋》的动机，他猜测说："孔子作《春秋》，本欲改乱制，废黜天子诸侯大夫，达乎天下为公而已。故知之者，当为天下劳苦庶民；罪之者，必为上层有权力者。"[1]也就是说，孔子在《春秋》中表达了跟《周易》同样的主张，它必为孔子所作无疑。遗憾的是，《春秋》经的精意在先秦时代就已被儒家的后继者误解。

例如，孟子在评论《春秋》时说："世衰道微，邪说暴行有作，臣弑其君者有之，子弑其父者有之。孔子惧，作《春秋》。《春秋》，天子之事也；是故孔子曰：'知我者其惟《春秋》乎？罪我者其惟《春秋》乎！'"又说："孔子成《春秋》而乱臣贼子惧。"[2]按照孟子的说法，《春秋》成了正名分、别卑尊，为君主专制制度张目的典册，这是熊十力所不能同意的。他批评孟子说："孟子诚于《春秋》有所知，独惜其夹杂宗法社会思想，而于《春秋》无深解矣。"[3]孟子之后，《春秋》名存而实亡。虽被立于官学，实无人解得其中真意。

熊十力指出，孔子亲笔所作有《春秋》经，传虽亡失，但借助纬书、何休《春秋公羊解诂》以及其他经典，亦可寻绎其中大

①《原儒》，第604页。

②《孟子·滕文公下》。

③《原儒》，第612页。

意。何休在《春秋公羊解诂》中提出"三世说"，认为历史是沿着"据乱、升平、太平"三阶段逐步进化发展的。他认为这才是《春秋》经的"微言大义"。熊十力从何休那里接过"三世"观念，并赋予其新的含义。他说："据乱世，列国互竞；升平世，尚德而不贵力，崇礼而贱横行之力；今谓之太平者，孔子盖假托以明其理想。其意以谓：于据乱之世，拨乱而起治，本欲为全人类开太平；而太平不可以一蹴遂至，故必经过一升平之渐次。"[1]又说："三世之说，明示革命成功与社会发展，实由斗争而归和同。"[2]在这里，他把《春秋》说成"为全人类开太平"的政治纲领，把孔子打扮成了高瞻远瞩的革命领袖。近人康有为在《孔子改制考》和《新学伪经考》中借三世说为孔子披上"托古改制"的外衣，而熊十力则比康氏更大胆，直接给孔子穿上革命的时装。他盛赞孔子的革命精神：孔子"作《春秋》，则盛张贬天子、退诸侯、讨大夫之正义。其忿嫉三层统治阶级，欲扫荡之，可谓大智大仁大勇，为旷劫未有之大圣矣"[3]。熊十力对《春秋》的解释未必符合原意，但确实是发前人所未发。他把前儒传注一概推翻，把立脚点移到同情人民革命的立场上来，为古老的经学研究注入了反封建的新意。

（3）《周官经》。《周官经》又称《周礼》。据《汉书·艺文志》载，此书分为《天官冢宰》《地官司徒》《春官宗伯》《夏官司马》《秋官司寇》《冬官司空》六篇。关于《周礼》的作者，有种种不同的说法。有人说是周公所作，也有人说是西汉刘歆所伪造，还

---

① 《原儒》，第650—651页。
② 同上书，第657页。
③ 同上书，第642页。

有人考定为战国时代的作品。对于这些说法，熊十力一概不接受，他断定亦是孔子写定，因为《周官经》的宗旨与《周易》《春秋》一脉相承，如出一辙。

《周官经》搜集周王室官制和先秦各国制度编纂而成，以特殊的方式表达儒家的政治思想。按照通行的说法，《周官经》是维护君主专制制度的典籍，表达"官本位"的政治思想。熊十力的看法同此相反。他认为《周官经》也是一部孔子寄托革命思想、向往大同之世的著作，表达"民本位"的政治思想。据他研究，《周官经》的基本思想有以下四点。

第一，"《周官》之治道，大要以均为体，以联为用。"①他把《周官经》的政治经济主张概括为两个字。一个字是"均"，即主张在政治上人人平等，没有人压迫人的现象；另一个字是"联"，即在经济上互相帮助，互相合作，没有人剥削人的现象。在熊十力看来，良好的政治制度是发展经济的前提，故为"体"；发达的经济又促进政治制度的优化，故为"用"。根据"体用不二"原则，政治、经济相辅相成。他认为《周官经》揭示的正是这个道理。

第二，"《周官经》，为拨乱起治之书。承据乱世衰敝之余，奋起革命而开升平之运，将欲为太平造其端。"②他认为《周官经》与《春秋经》都是建立在"三世进化"的历史观之上的，都主张采取革命的手段改造据乱世，经由升平世而进入太平世，实现人类的最高理想。

第三，"周官之政治主张，在取消王权，期达到《春秋》废

---

① 《原儒》，第669—677页。

② 同上。

除三层统治之目的，而实行民主政治。"①他认为，取消王权、实行民主是《周官》的政治纲领，这同《春秋》"废天子、贬诸侯、讨大夫"的意见是一致的，都表达了孔子反对"家天下"、要求实行"公天下"的主张。

第四，"《周官经》之社会理想，一方面本诸大易格物之精神，期于发展工业；一方面逐渐消灭私有制、一切事业归国营，而薪至平天下一家。"②熊十力认为《周官经》设计的不是"五母鸡二母猪"式的小生产社会的织耕图，而是发展大生产的宏伟蓝图：发扬科学精神，建立发达的工业体系，消灭私有制，完善公有制，使"天下一家"的美好理想变为现实。

通过对《周官经》的考证，熊十力得出的结论是："《周官经》不能无改易，而大体犹可识。此与春秋之思想为一贯，今文家无知之排斥，只是历史上无聊故事。"③这就是他对《周官经》真意的发掘和阐释。不难看出，他实际上把自己参加旧民主主义革命实践所得到的感受以及对"儒家社会主义"的憧憬，全都倾注在其中了。

（4）《礼运》。《礼运》原是《礼记》中的一篇，其中描述了"大同"与"小康"两种社会形态。文中写道：

孔子曰：大道之行也，与三代之英，丘未之逮也，而有志焉。大道之行也，天下为公，选贤与能，讲信修

---

① 《原儒》，第669—677页。
② 同上。
③ 同上书，第621页。

睦。故人不独亲其亲，不独子其子；使老有所终，壮有
所用，幼有所长，矜寡孤独废疾者皆有所养。男有分，
女有归。货，恶其弃于地也，不必藏于己；力，恶其不
出于身也，不必为己。是故谋闭而不兴，盗窃乱贼而不
作，故外户而不闭，是谓大同。

今大道既隐，天下为家，各亲其亲，各子其子，货
力为己，大人世及以为礼，城郭沟池以为固，礼义以为
纪，以正君臣，以笃父子，以睦兄弟，以和夫妇，以设
制度，以立田里，以贤勇知，以功为己。故谋用是作，
而兵由此起。禹、汤、文、武、成王、周公，由此其选
也。此六君子者，未有不谨于礼者也，以著其义，以考
其信，著有过，刑仁讲让，示民有常；如有不由此者，
在势者去，众以为殃。是谓小康。[1]

自近代以来，《礼运》篇受到许多进步思想家的重视。康有
为著《礼运注》，阐发大同思想，以大同社会为社会改革应达到
的最终目标。洪秀全、孙中山曾以大同思想作为发动革命的思想
武器。熊十力继承进步思想家的传统，对《礼运》篇做了仔细的
研究。他在《原儒》中对上述《礼运》引文逐句做了注释，并提
出了一些新的见解。他认为《礼运》系孔子所作，不过现存版本
也有被汉儒削改的痕迹，并且注释亦有误。本来，在《礼运》中
孔子的褒贬是很分明的：表扬大同之世，而批评小康之世。可是

---

[1]《中国哲学史资料选辑 先秦之部》下，中国社会科学院哲学所中国哲学研究史研
究室编，中华书局，1984，第1479—1480页。

经汉儒篡改后，大同与小康竟变成了平列关系，似乎小康之世也是合理的治世。这在熊十力看来绝不符合孔子的原意。"大人世及为礼，此为统治阶级成立之根本"，所以孔子必表示反对。因为"同情天下劳苦小民，独持天下为公之大道，荡平阶级，实行民主，以臻天下一家，中国一人之盛"才是孔子一向追求和向往的崇高目标。

（5）《书经》和《诗经》。熊十力认为孔子曾作过《书经》，可惜未传于世。现存的《书经》《今文尚书》和《古文尚书》都不是孔子《书经》的原本。因为无论《今文尚书》，还是《古文尚书》，都以维护统治阶级利益为宗旨，在其中找不到同情劳苦大众的词句，所以它们必定为汉儒所伪造。熊十力说："孔子六经，唯《书经》全亡，真可惜也。"[①]至于《诗经》，熊十力同意学术界通行的看法，也认为系孔子依古诗三千多篇删定而成。不过他猜测，孔子在删定《诗经》时肯定作有《诗传》，可惜也亡失殆尽。

以上就是熊十力用"思想考证法"对儒家主要经典的考证。很显然，熊十力的方法无非就是"六经注我，我注六经"式的方法，有不免于武断之处，亦不可能得到学术界的认同，但作为一家之言，还是很有独到之处的。熊十力在旧民主主义革命实践的基础上，重新塑造出一座孔子的偶像。这座偶像其实就是旧民主主义革命的护法。他从这种现代的儒学观出发，反观六经传注，自然会得出许多与前儒不同的结论。他发掘出来的"大义微言"不是"大一统"的陈词滥调，而是激越高昂的时代之声。从学问

---

①《原儒》，第595页。

家的眼光来看，熊十力的考证很难说能站得住脚。我们不能用这种眼光苛求熊十力，因为他并不是坐在书斋里讨生活的学究。他首先是一位革命家，然后才是一位学问家。他本人主观上是想把二者统一起来，可是事实上并没有做到。充沛的革命激情不容许他同时保持学问家的冷静。他的一些观点未必都是至论，但至少有一点他看得相当准确：被历代统治者抬到吓人高度的孔子其实是假孔子；必须去掉种种假象，才能还孔子儒学的本真。他正是这样做的。他按照自己的理解，重新塑造孔子的形象。他披在孔子身上的不是达官显贵的蟒袍玉带，也不是村儒学究的长袍马褂，而是一袭体现革命时尚的中山装。

4.4　原外王

《庄子·天下篇》在概述先秦百家争鸣时说："天下大乱，贤圣不明，道德不一，天下多得一焉以自好……是故内圣外王之道，暗而不明，郁而不发，天下之人各为其所欲焉，以自为方。"熊十力认为庄子所说的"内圣外王之道"就是指孔子开创的儒家学说。在他看来，儒学包括内圣学和外王学两个方面。内圣学是儒家的哲学伦理思想，外王学是儒家的社会政治思想。这两部分紧密地联系在一起：内圣学是理论核心，外王学是内圣学的贯彻和伸展。

何谓"外王"？熊十力提出一种独特的解释。他指出，这里的"王"不是"帝王"的王。"王者，往义"。所谓外王是指以儒家的宇宙观和价值观为指导，处理各种社会政治问题，经世致用，安邦定国。这就是说，外王学绝不是"应帝王"的奴儒之学，而是引导人类通向理想社会的指南针或方向盘。然而，孔子发明的外王学却没有得到贯彻和发扬，反而遭到后儒的毁弃与曲解。"吕秦以焚坑毁学，汉人窜乱六经，假借孔子以护帝制。孔子之外王学，根本毁绝，谁复问其真相！"[1]

珍宝即使被埋没仍旧是珍宝。尽管孔子的外王学遭到厄运，还是可以从前人留下的著作中寻找出它的踪影。熊十力自称从司马迁《史记·太史公自序》中发现了孔子外王学的大旨。《史记·太史公自序》中有这样一段话：

> 余闻董生曰："周道衰废，孔子为鲁司寇，诸侯害之，大夫壅之。孔子知言之不用，道之不行也，是非二百四十二年之中，以为天下仪表，贬天子，退诸侯，讨大夫，以达王事而已矣。"[2]

熊十力猜测，孔子的外王学在汉代由于受到统治阶级的限制，不能见诸文字，但在儒生的讲堂上还可以"口义相传"。深研儒家之学的董仲舒自然能了解孔子外王学的大概，不过他并不愿意得罪权贵，所以在公开场合不敢讲。只是在同司马迁闲聊时无意之中透露出消息，遂被司马迁写入《史记》。根据《史记》中的这条材料，熊十力断言"贬天子、退诸侯、讨大夫"就是孔子外王学的基本纲领。熊十力的立论虽有"孤证"之嫌，总算是于史有据。

---

① 《原儒》，第625页。
② 司马迁：《史记》，中华书局，1998，第834页。

熊十力认为，孔子的外王学是春秋战国之际社会大动荡、大变革的产物。春秋战国之际，"列国互谋吞并，战祸日亟，民生困惫，孔子盖深知唐虞三代之法制，不得不随时更变，始以改造思想为要图，而创发贬天子、退诸侯、讨大夫之新学说"①。在熊十力心目中，孔子是一位杰出的政治家，他生活在春秋战国之际"礼崩乐坏"的时代，有见于君主专制政体的种种弊端，毅然决定改弦更张，探索新的政治经济模式，提出外王学的大胆构想。

外王学要求推翻君主专制制度，建立"天下为公"的大同社会，改"家天下"为"公天下"。"六经之外王学，实不容许有少数人宰割天下最大多数之统治阶级存在。"②外王学反对人压迫人的不合理现象，主张人人平等；反对弥缝统治阶级与私有制之缺陷的"小康之礼教"，"创发天下为公之大道"③。在"天下为公"的大同社会里，人人懂得自尊、自爱、自立，享有高度的民主权利。虽设有天子，然而"天子之职与俸，与民主共和国之首长正无异"④。在这样的社会里，没有人人相欺的现象，精神文明极其发达，依靠礼乐维系良好的社会风尚，协调人际关系。"礼者，敬以持己而不敢偷（敬者，礼之本），敬以持人而不敢侮，修于外以养其内也。乐者，冲和而不倚，同物而无己，诚于忠，以形诸外也。礼乐交修而和与敬之德本醇固。"⑤熊十力相信，孔子设计的大同社会符合人类进化发展的大趋势，终有一天会变为

①《原儒》，第 581 页。

② 同上书，第 582 页。

③ 同上书，第 624 页。

④ 同上书，第 690 页。

⑤ 同上书，第 633 页。

现实。"盖社会发展，由蒙昧而递进，终乃突跃而至于全人类大同太平。人类以格物之功而能开物、备物、变化裁成乎万物。利用安身，驯至与天地合德，与日月合明之盛而人道尊严极矣。"①换句话说，大同社会乃是人类发展的必然归宿。在这里，熊十力把进化论学说引入儒家的大同理论，为这一古老的学说涂上了一层现代釉彩。

外王学要求废除私有制，实行"均平""联合"的"儒家社会主义"社会制度。君主专制制度与生产资料私有制是联系在一起的，要根除君主专制制度，就必须废除它赖以存在的经济基础——私有制，实行公有制。"云何本天下为公之道，以立制度？大人世及之体与私有制悉废除，即荡平阶级而建立天下一家之新制，是谓公。"②在"天下为公"的大同社会里，一切事业归国家，社会财富平均分配，没有富贵贫贱的差别，更没有人剥削人的现象，人们的经济地位一律平等。在公有制的前提下，人们自愿组成经济联合体，互相协作，发展工业生产，创造巨大的社会财富。在"天下为公"的大同社会里，由于废除了私有制，人们消除了私有观念，道德水平极大地提高。"天下一家之制度下，人人可以表现其道德智慧，所以者何？天下之人人，皆化私而为公，戒涣散而务合群，则智慧超脱小己利害之外，而与日月合其明。"③也就是说，只有在大同之世，儒家倡导的道德规范才能真正地发挥作用。

外王学主张积极发展科学，格物致知，驾驭自然力，使之为

---

① 《原儒》，第633页。
② 同上。
③ 同上。

人类服务。"六经为内圣外王之学。内圣则以天地万物一体为宗，以成己成物为用。外王则以天下为公为宗，以人代天工为用。"①熊十力认为儒家并不反对科学，因此把儒家思想同科学对立起来是错误的。孔子儒学尊重知识的价值，鼓励人们追求知识，探索大自然的奥秘。从这个意义上说，孔子的外王学也就是格物学。正如孔子的大道学没有传下来一样，孔子的格物学也没有传下来。那些迂腐无知的儒生竟以"玩物丧志"之名厚诬孔子格物学，遂使格物学沉沦。"自汉以下，二千数百年间格物学废。"②致使中国在科学技术方面逐渐落在西方的后面。但这个责任绝不能让孔子承当，难辞其咎的应当是那些视格物之学为"玩物丧志""奇技淫巧"的腐儒。

由上述所论不难看出，熊十力是站在现代的立场上阐释儒家外王学的。他从外王学中看到的是民主，是科学，是"天下为公"这个人类最美好的理想。他对外王的解释已远远超出经世致用的范围，注入了新鲜的时代内容。熊十力勾勒出的"儒家社会主义"蓝图，虽然没有可行性，但的确包含着民主性的精华，这是无可置疑的。从这里我们可以体味出熊十力对私有制的厌恶，对剥削者和压迫者的憎恨。熊十力阐扬的"儒家社会主义"当然难与科学社会主义相提并论，但也透露出他对社会主义的同情与向往，透露出他关心人民疾苦的古道热肠。

4.5 原内圣

熊十力强调，外王学还只是孔子儒学的外层。要想真正把握

①《原儒》，第630页。

② 同上书，第640页。

住外王学，就必须由外王层面进展到内圣层面。"且外王骨髓在内圣，不解内圣，休谈外王。"①熊十力对内圣学极为重视，花了许多笔墨阐述内圣学。他的见解主要有以下五点。

第一，内圣学充分体现出中国哲学的特点。熊十力认为中国哲学有两个不同于西方哲学的特点，一是本体论方面的天人不二义，二是宇宙论方面的心物不二义。据熊十力分析，中国哲学中的天，不是宗教意义上的主宰之天，也不是星体群集的自然之天，而是统摄万有的本体的异称。中国哲学中的人，不是个体意义上的小我，而是浑然与万物同体的大我。所以"吾人的生命与宇宙的大生命不可分为两片"②。天人虽有辨而实相即，虽有分而实不可分，不能将天人割裂为二。本体论中的天人不二义引申到宇宙论方面便是心物不二义。在中国哲学中，心特指"本心"或"宇宙之大心"，并非"习心"或意识主体。本心借助物表现自身的实在，故心物不二。"一言乎物，已有心在；一言乎心，当有物在。"③熊十力指出，中国哲学的这两个特点在孔子的内圣学中得到充分的发挥。"此二特点固不始于孔子，要至孔子始发挥光大。"④

第二，内圣学是生命的本体论。熊十力认为，孔子儒学中的本体不是抽象的物质实体，也不是抽象的精神实体，而是动态的生生之流。这种自强不息的生命之流贯注于天人、心物之间，使宇宙万物形成一个有机的整体。熊十力发现，《易经》中"穷理

①《原儒》，第557页。
② 熊十力：《中国历史讲话》，北京人民出版社，2019，第3页。
③ 熊十力：《新唯识论》删定本，第21页。
④《原儒》，第694页。

尽性至命一语，含摄内圣学无量义，无有不尽"。他解释说："尽性至命，正是圣学之所以为圣学处。若只说到穷理而止，则圣学与中外古今哲学家者，亦无甚区别。西洋哲学家谈本体者，只是驰骋知见，弄成一套理论，甚至以其理论即是真理，而真理被他毁弃。须知，哲学不当以真理为身外物，而但求了解。正须透悟真理非身外物，而努力实现之。圣学归本尽性至命，此是圣学与世间哲学根本区别处。"①他强调，内圣学不是一般意义上的哲学，它探究的是与人类休戚与共的生命本体，以"大生命"为研究对象，决不承认任何与人相外在的本体。

第三，内圣学是道德的形而上学，亦即探索人生价值的大本大源。熊十力指出，内圣学与世间哲学的根本区别还在于，内圣学所探究的本体，既是真实的存在，又是至善和至美的根据，它是真、善、美的统一。"仁者，本心也，即吾人与天地万物所同具之本体也。"②在内圣学中，由于本体具有道德的含义，那么，也就理所当然地成为人生价值的源泉。"吾人一切纯真、纯善、纯美的行，皆是性体呈露。"③正是因为有本体作为价值的源泉，人生才富有价值、意义，而不至于产生失落感。"识得孔氏意思，便悟得人生有无上崇高的价值，无限的丰富意义，尤其对于世界，不会有空幻的感想，而自有改造的勇气。"④

第四，内圣学就是"返己之学"。熊十力指出，对于内圣学

① 《原儒》，第557页。

② 《新唯识论》，第249页。

③ 同上书，第389页。

④ 同上书，第384页。

来说，本体既是价值的源泉，又是价值目标。人生的使命就是充分体现本体的价值规定，成己成物。"余以是知返己之学，不可不讲也。夫返己之学，以穷究宇宙真源为根柢，其于万物万事，制割大理观其会通。而切要处，则在返己而知是知非，不容自欺，此在哲学中最为特殊。"①人实现了这一价值目标，便进入天人合一的人生最高境界。"上天德理咸备之丰富宝藏，惟人全承之。故欲知天者，不可不知人。天人本无二。"②与天德合而为一的人便是圣人。人类实现了这一价值目标，便进入了"天下为公""天下一家"的大同社会。"将见吾人自能充养其与天地万物一体相亲之怀抱，日益宏拓深远，而无闭阁之患。《春秋》太平，《礼运》天下一家之道，由斯而可大可久也。"③从这个意义上说，外王学则是内圣学的题中应有之义。

第五，内圣学必须落实到外王学上面。熊十力提出，本体作为"内圣"的价值源头，应当通过"外王"这一渠道得以贯彻。只有这样，才能避免"有体无用"的空疏。他认为，内圣外王并重是儒学的基本要求。儒学"大中至正，上之极广大高明，而不溺于空无；下之极切实用用，而不流于功利"④。比如，孔子在评论子路、冉有、公西华等人的专长时，称赞他们都有"经邦定国"之才，可见孔子并不轻视事功。既然儒学是一种入世的哲学，当然应当把"内圣"之学落实到"外王"层面上。熊十力说：

---

① 《原儒》，第767页。

② 同上书，第708页。

③ 同上。

④ 《十力语要》卷三，第27—28页。

"学者须知，满足人生物质需要，正所以发扬灵性生活。惟仁无对，惟礼有对而不碍无对，惟智大明，周通万物而无蔽，利用万物而不系，惟敬可以定命，可以发智。此人生之最高靳向，圣学之骨髓，万世无可废也。"[1]他认为仁、礼、智、敬等儒家的优秀品格只有在经世致用的磨炼中才能形成。内圣离不开外王，外王也离不开内圣，只有二者并重才能体现儒家"体用不二"的最高原则。鉴于宋明理学家偏重内圣而忽视外王的教训，熊十力特别重视内圣与外王的一致性。

以上就是熊十力对孔子内圣学的梳理与概括。熊十力把内圣外王之道看成孔子儒学的根本宗旨，他为这一宗旨没能在中国得到贯彻而扼腕痛惜。汉儒为君主专制制度进行论证，宣扬"家天下""大一统"，背离了儒家大旨；宋明理学家因轻视外王，内圣也落了空。熊十力感到自己有责任把孔子发明的、被埋没了数千年的内圣外王之道复兴起来。而要达到这一目标，第一步还应当从透辟地阐释内圣学做起。他提出的体用不二论就是他为内圣学建立的理论基础。

---

① 《原儒》，第752页。

第 5 章

体用不二

5.1 立宗

    熊十力认为，孔子创立的内圣外王之道以"体用不二"为哲学基础。孔子在六经中已提出这一原则，可惜未做系统的阐述。为了使儒学在现代复兴起来，熊十力一生中所做的最主要的工作就是围绕着"体用不二"原则重建儒家的本体论系统，奠立现代新儒家思潮的根基。他反复申明，"《新论》本为发明体用而作"[①]。"本书根本问题不外体用"，"学者如透悟体用义，即于宇宙人生诸大问题，豁然解了，无复凝滞"[②]。"体用不二"虽被熊十力挂在孔子的名下，其实是他思想体系中最突出、最鲜明的观点，同时也是把握熊十力新儒学思想体系的关键。

    体与用是中国古代哲学最基本的范畴之一。《荀子·富国篇》最早以体用对举："万物同宇而异体，无宜而有用。"这里的"体"指形体，"用"指用处。到魏晋时代，体用成为哲学家们经常使用的哲学范围。王弼注《老子》时说："虽盛德大业而富有万物，

---

① 《十力语要初续》，第5页。
② 《新唯识论》语体文本，第241页。

犹各得其德，虽贵以无为用，不能舍无以为体也。"①他认为天地万物既以"无"为体，又以"无"为用。一些佛学家也使用体用范畴。如慧远在《沙门袒服论》中写道："夫形以左右成体，理以邪正为用，二者之来，各乘其本，滞根不拔，则事求愈应，形理相资，其道微明。"②玄学家和佛学家虽都使用体用范畴，但所赋予的含义并不相同。玄学家以"无"称体，而佛学家则以体指佛教的最根本观念——真如。《坛经》说："念者真如本性，真如即是念之体，念即是真如之用。"③不管怎样，中国传统文化与佛教这种外来文化之间毕竟找到了共同的哲学语汇。这就为两种文化形态的融合提供了便利条件。宋明理学家充分利用这一便利条件，把儒、释、道三家熔为一炉，将中国哲学推向新的发展阶段。程颐在注释《周易》时用"体用"说明"理"与"象"的关系："至微者，理也；至著者，象也。体用一源，显微无间。"④他借鉴玄学以"无"为体的观点和佛教以"真如"为体的观点，形成了以"天理"为体的本体论思想。这种本体论学说特别强调体用的一致性，"体用一源，显微无间"成为宋明以后儒家的基本信条之一。朱熹继承程颐的学脉，亦认为"理"是最高的本体。他说："理者，天之体；命者，理之用。"⑤王阳明则主张"心"为最高本体，声称"心之本体即是天理"⑥。王夫之既不同于程朱的理本体

① 王弼:《王弼集校释》，楼宇烈校释，中华书局，1980，第94页。
② 石峻等:《中国佛教思想资料选编》第1卷，中华书局，1981，第113页。
③ 石峻等:《中国佛教思想资料选编》第2卷第4册，中华书局，1981，第45页。
④ 程颢、程颐:《二程集》第3册，中华书局，1981，第689页。
⑤ 黎靖德编:《朱子语类》第1册，王星贤点校，中华书局，1986，第82页。以下此书仅注页码。
⑥ 王阳明:《王阳明全集》上卷，吴光等编校，上海古籍出版社，1992，第27页。

论，也不同于陆王的心本体论，认为本体是物质实体，并非物质之外的玄虚概念。他强调体与用的密切联系，在《张子正蒙注》中写道："体者所以用，用者即用其体。"认为体是用之体，体必有其用；用是体之用，用必有其体。

从上述我们对中国哲学史极为简略的回顾中，不难看出体用关系问题是中国哲学家最关心的理论问题之一。哲学家们从不同的角度理解"体"的含义，显示出各自不同的哲学倾向。尽管各家各派的理解不同，但都强调体与用的紧密联系。这一理论思维成果成为熊十力进行哲学思考的起始点。他的"体用不二论"是中国哲学中"体用一源说"在现代的继承和发展。宋明理学家曾成功地借助体用范畴沟通中国固有思想与佛教之间的联系；熊十力也沿着这条路走下去，试图借助体用范畴沟通中国、印度、西洋三者之间的联系，实现儒家思想的第三期发展。

在熊十力看来，中国古代哲人提出的体用关系问题，其实就是整个哲学本体论最根本的问题。它所适用的范围不仅限于中国哲学，还应当囊括印度哲学与西洋哲学。印度佛经所讨论的色与空即物质与真如的关系问题，其实也就是体与用的关系问题。不过，印度哲人把真如说成真实的本体，把"色"视为假象，使二者截然对立起来，从而无法回答体与用是如何统一起来的问题。西方哲学家们所讨论的本体与现象之间关系的问题，也是体与用的关系问题。但是西方哲学家大都喜欢在现象之上、之外或现象的背后寻找抽象的本体，使体用关系成了根本无法解决的难题。据熊十力分析，印度哲人与西方哲人都习惯于用静态的眼光看待体用，永远也解不开这个死结，因为他们走错了路。中国哲学家与他们不同。中国古代哲人用动态的眼光观察体与用的关系，看到了二者之间的一致性，显然要比印度人和西洋人高明。令人遗憾的是，由于中国哲人对体用范畴缺乏明确的界定，满足于直观、笼统，所以没有能根据体用一源的原则建立起系统的、完整的本体论体系。熊十力意识到，不建立这样的本体论体系，很难把儒家思想讲深讲透，很难真正找到"安身立命"之地。于是他把建立"体用不二"本体论学说体系看成自己责无旁贷的责任，看成儒家思想能否复兴的关键。

熊十力总结中、印、西三方哲学理论的教训，吸收其中的理论思维成果，力图把体用关系问题的研究推向深入。他注意到，西方现代哲学家也意识到西方传统哲学思维方式的弊病，开始放弃静态的、对立式的思考方式，采用动态的思考方式重新建构本体论学说，例如，罗素的事素说，柏格森的生命冲动论都反映出这种大趋势。因此，在熊十力看来，体用关系问题也是世界哲学研究中的前沿问题。突破这一环节，乃是中国哲学在世界哲学论坛上再领风骚的契机。

熊十力一方面接受现代哲学意识，一方面承接中国哲学的传统，对体用范畴重新做了规定。他认为，"体"的确切含义就是宇宙本体。在中国古代哲学中表示"本体之名甚多：乾元、太极、元、仁、诚、理、实理、良知、道、天、命"①。在印度佛教哲学中有真如、法性、实相、第一义谛、佛性、真谛等。在西方哲学中有实体、绝对、第一因等。"用"是指本体的功用或表现，

①《原儒》，第697页。

往往用来指物质世界。在中国哲学中表示"用"的术语还有形而下、器、大有、万有、万物等；在印度佛教中有色、境、相、功能等；在西方哲学中有物质、现象、属性、样态等。体与用相当于西方哲学中的本体与现象，但也有区别。"用"与"现象"不同。现象似乎是本体的派生物；用却不可作这样的理解，它并不是本体的派生物。用即是本体的功用，同体是一而二、二而一的整合关系。体全部显现为用，从这个意义上说，体即是用，用亦即是体，二者不可以分开说。本体与现象是一对静态的哲学范畴，如同凝固的画面；体与用则是一对动态的哲学范畴，仿佛川流不息的河流。这就是说，体与用的含义比本体与现象更丰富、更精确。所以，熊十力喜欢用体用范畴展示他的哲学体系，而不大使用本体与现象这对术语。

自从张之洞力倡"中学为体，西学为用"之说以后，体用范畴在学术界有被滥用的倾向。鉴于此，熊十力不得不做一些澄清和梳理的工作。他主张把体用的通常意义与哲学意义区别开来，强调"体用之名，大概有一般通用及玄学上所用之不同"[1]。就通常意义而言，体用表示主次、轻重、本末、先后、缓急等意思。"用类中，即如随举一法而斥其自相，皆可名之为体，如云瓶体；随举一法而言其作用，皆可名之为用，如瓶有盛贮用。"[2] 这里的"体"是指具体事物，"用"指某种具体事物的功用。就哲学意义而言，"体"仅表示宇宙的本体或全体；"用"仅表示本体的功用亦即物质宇宙及其运动形式。"玄学用为表示真实之词，则体

---

① 《新唯识论》语体文本，第182页。
② 同上。

用之名似分而实不分，不分而又无妨于分。"①在哲学意义上，体用就宇宙人生大本大源处立言，超乎寻常的具体意义，是一种高度的思维抽象。在这种意义上，体用虽有分而实不可分：一言乎体，便有用在；一言乎用，便有体在。即用即体，即体即用，体用永远不可剖分为二。

中国古代哲学家虽然创立了体用范畴，但由于他们没有自觉地意识到哲学基本问题，所以没能够从物质与精神相互关系的角度明确地阐释体用范畴。这一步在熊十力那里实现了。他在现代哲学意识的熏陶下，已达到对于哲学基本问题的自觉。在熊十力哲学中，体用关系实质上就是精神与物质的关系。他强调，体绝不是物质实体，而只能是精神实体。他直截了当地称"本心"或"宇宙的心"为体，并把体用关系同心物关系联系在一起，强调"这是哲学上的根本问题"。这些解释表明，熊十力是主张以"本心"为体，以物质世界为用的。他把"本心"摆到第一性的位置，把物质世界放到从属于"本心"的位置，其哲学的唯心主义性质，不言而喻。熊十力的体用观"以体用不二为宗极"，虽为唯心主义，但并不否认物质世界的存在。他申明："创明体用不二，所以肯定功用，而不许于功用以外求实体，实体已变成功用故；肯定现象，而不许于现象以外寻根源，根源已变成现象故；肯定万有，而不许于万有以外索一元，一元已变成万有故。"②从他"肯定万有"这一点来说，在他的体用观中也包含着某些唯物主义因素。

为创立"体用不二论"，熊十力几乎投入毕生的精力。他在

---

① 《新唯识论》语体文本，第182页。
② 《乾坤衍》（影印本）第二分，第5页。

20世纪20年代就着手研究这个问题，于20世纪30年代中期搭起理论框架，然后又磨砺修改多年，多方面展开论证，直到晚年因遇"文革"浩劫，才不得不中止这一研究。他在回忆"体用不二论"形成的过程时说："求源之学所最费寻思者，厥为本体与现象是否可析而为二，此一问题常在吾脑中。"[1]"苦参思究，老夫挥了许多血汗，求之宋明，不满；求之六经四子，犹不深契；求之老庄，乍喜而卒舍之；求之佛家唯识，始好而终不为然；求之般若，大喜，而嫌其未免耽空也。最后力反之自心，久而恍然有悟，始叹儒家《大易》于真实根源甚深处确有发明。自此，复探《华严》《楞伽》《涅槃》等经，更回思无着、世亲之学，以及此土晚周诸子，逮于宗门大德、宋明诸老。众贤群圣，造诣不齐，而皆各有得力处。乃至西哲所究宣者，亦觉非大道之散著。折其异而会其通，去其短而融其所长，则一致百虑之奇诡，殊途而同归之至妙，乃恢恢乎备有诸己。"[2]他吐纳中外百家之学，自心恍然有悟，终于创立了独具特色的"体用不二论"。熊十力体用关系问题的哲学思考，概括起来大体可分为扫相、显体、释用三个步骤。

5.2 扫相

熊十力认为，哲学研究的对象应当是"真实的本体"。怎样才能揭示"真实的本体"呢？熊十力从大乘空宗"破相显性"的方法受到启迪。他说："《新论》根本在明体用，首须识得体。其

---

[1] 熊十力：《原儒》，岳麓书社，2013，第1—2页。

[2] 《十力语要初续》，第99页。

讨论及于空宗者，特取其第一义谛，破相显性之方便法门，实则此方便法门即是究竟理趣。"①大乘空宗认为，一切法相都无自性，皆由因缘和合而成。不实，故谓之"空"。这里所说的"空"并不是一无所有，而是得证真如后达到的涅槃境界，故空理即是本体。这就是所谓"破相显性"。

同空宗一样，熊十力也坚决主张要透悟本体，就不能停滞于现象层面，必须清除一切拘滞于现象的谬见，方得证到真实的本体。他说："站在玄学或本体论的观点上来说，是要扫荡一切相，方得冥证一真法界。如果不作空一切相，那就不能见真实了。譬如有一条麻织的绳子在此，我们要认识这种绳子的本相，只有把它不作绳子来看。换句话说，即是绳子的相，要空了它，才好直接地见它只是一条麻。如果绳子的相未能空，那便见它是一条绳子，不会见它是一条麻了。"②他借用佛经上的绳麻之喻说明本体与现象的对立关系。他认为本体是真实的，现象是不真实的。从他看到本体与现象的差别来说，有一定的合理因素；但他反对从肯定现象的真实性出发进而寻求支配现象的本体，而主张从否定现象的真实性出发另外寻求绝对真实的本体，这就表明他在建构本体论时，已选择唯心主义立场为其哲学思考的出发点或立脚点。

空宗在谈空时，将物质分析到极微，然后再否定极微的实在性，以此证明"物相空"；观诸法由众缘和合而生，以此证明任何事物都无自性，本来空。空宗的这些破相显性的手法熊十力都

①《十力语要初续》，第64页。
②《新唯识论》，第296—297页。

采用了，并做了一些新的发挥。他把"相"分为两种：一是"物相"，即物质现象；二是"心相"，即意识现象。他认为"物相本空，心相亦泯"，二者都不真实。那么，人们为什么把"物相"看作不依赖于心的真实存在呢？他分析说，有两条理由：一是"应用不无计"，二是"极微计"。如果认识到这两条理由是站不住脚的，人们自然就会放弃"离心有实外境"的俗见。

何谓"应用不无计"？他解释说："此在日常生活方面，因应用事物的惯习，而计有外在的实境。即依妄计的所由而立名，曰应用不无计。"①就是说，人们出于日常生活的需要，囿于常识的观念，从"功利价值"的角度看世界，总认为他所面临的那个世界是客观实在的。"或别计有瓶和盆等物，是离心而实有的……或总计有物质宇宙，是离心而实有的。"②他认为这是一种"偏执、错误"的看法。理由是："应用不无计者，或别计现前有一一粗色境，离心独存。殊不知这种境若是离开了我的心，便没有这个东西了，因为我的识别现起，粗色境才现起。若离开识别，这种境根本是无有的。试就瓶来说，看着他，只是白的，并没有整个的瓶；触着他，只是坚的，也没有整个的瓶。我们的意识，综合坚和白等形相，名为整个的瓶。在执有粗色境的人，本谓瓶境是离心实有的，但若以实事求是的态度来审核他，将见这瓶境，离开了眼识看的白相和身识触的坚相，以及意识综合的作用，这瓶境还有什么东西在那里呢？由此可知，瓶境在实际上说全是空

---

① 《新唯识论》，第257页。

② 同上。

无的。"①

在这里，他从主、客观相互关系的角度对客观存在的具体事物做了感觉主义的分析。他首先把"瓶"说成坚、白等感觉的复合体；然后把白的感觉完全归结为视觉的功能，把坚的感觉完全归结为触觉的功能，把感觉的复合体拆散，割断感觉之间的有机联系；最后把意识解释为感觉复合体的基础，于是便得出"瓶是虚幻不实"的结论。这种分析强调主观与客观的相互联系，也不是完全没有道理的；但熊十力夸大了主观与客观的联系而抹杀了二者之间的区别。他的分析犯了这样一个逻辑错误：用作为认识对象的"瓶"的概念，偷换了作为客观事物的"瓶"的概念。他的全部分析只驳倒了那种把客观事物看成感觉的复合的唯心主义经验论观点，并没有驳倒把事物看成是离心实有的唯物主义观点。

什么是"极微计"呢？熊十力说："极微计者，于物质宇宙推析其本，说有实在的极微，亦是离心而独在的。"②极微原是印度古代哲学家提出的物质范畴，相当于西方哲学中的原子。他们认为极微是宇宙万物的始基，一切事物均用极微构成，世界上除了运动着的极微之外，什么也没有。这是一种旧唯物主义宇宙观。对于这种宇宙观熊十力做了这样的"斥破"："外道和小乘在世间极成的范围里，设定极微是实有的，和科学家中曾有在经验界或物理世界的范围里，设定元子、电子等为实有的，是一样的道理。不过，我们如果依据玄学上的观点来说，这里所谓极微，

① 《新唯识论》，第258页。
② 同上书，第257—258页。

或元子、电子等，是实有的呢，抑非实有的呢？那就立刻成了问题。因为玄学所穷究的，是绝对的、真实的、全的，是一切物的本体。至于世间或科学所设定为实有的事物，一到玄学的范围里，这些事物的本身都不是独立的、实在的，只可说是绝对的真体，现为大用，假名事物而已……外道和小乘所谓极微，即是物质的小颗粒，把这个说为实有，当然是一种谬误。由现代物理学之发见，物质的粒子性，已摇动了，适足为大乘张目。"③

熊十力是从科学与哲学有区别的观点出发破斥极微观念的。他认为科学有科学的思维方式。这种方式与常识是一致的，是一种对象性思维，把研究对象作为纯粹的客体看待。哲学有哲学的思维方式，这种方式与常识不一样，它不是一种对象性思维，而是把主体与客体统一起来考察研究对象。他认为极微论者以科学的思维方式看待哲学问题是错误的。他对"极微计"的破斥除了依据大乘佛学的唯心主义外，还吸收了现代"物理学唯心主义"的观点。在这里，他确定抓住了旧唯物主义的严重缺陷，即把哲学上的物质概念同物理学上的物质结构混为一谈。当人们对物质结构的认识深化时，旧唯物主义便遇到无法克服的困难。从这一点来说，熊十力对旧唯物主义的批判有一定道理，但他也走过了头。他指责"唯物论者，把物质看作本原是极大的错误"，"唯物论者，其神智囿于现实世界或自然界"，指责唯物论者囿于"妄计有物质的俗见"，都是没有根据的。我们知道，原子论或极微论是一种早已过时的旧唯物主义学说，并不能代表所有唯物论者

③《新唯识论》，第269—270页。

的共同观点。辩证唯物主义已经克服了原子论（极微论）唯物论的缺陷，从哲学基本问题的角度规定物质范畴。辩证唯物主义认为，物质是标志客观实在的哲学范畴，这种客观实在是通过感觉感知的，它不依赖于我们的感觉而存在，为我们的感觉所复写、摄影、反映。辩证唯物主义的物质观正确地说明了世界的物质统一性。熊十力对"极微计"的破斥，反映出他对陈旧思维方式的不满，对于促进哲学理论的深化有一定积极意义，但他没有看到辩证唯物主义同旧唯物主义之间的区别。

总之，在熊十力看来，物质现象不是实在的，作为物质现象基础的物质实体也不是实在的。其所以如此，就在于它们都没有"自性"，都是由"心"（习心）变现出来的幻象或假象。这就是他"扫除物相"，"对彼执离心有实外境的见解加以斥破"之后得出的结论。

如果到此为止，熊十力基本上没有超出佛教唯识宗"万法唯识"的观点。但他没有止步，继续追问，变现出物质现象的"心"是否有实在性？他的回答是否定的。为此，他进一步"对彼执取境的识为实有的这种见解，加以斥破"，也就是批评唯识宗"万法唯识"的观点。

熊十力对"心"做了分析。他认为"心"有两种。一种是与物质相对而言，变现出物质相的心，他叫作"习心"（在他看来，唯识宗视为本体的阿赖耶识也就是习心）。"习心"是执着于物质世界为实有的心，或者是与物质现象相随相伴的心，故他又称之为"妄执的心"。另一种叫作"本心"。本心才是把"心相"和"物相"统一起来，超越各自的片面性的最高本体（关于本心，我们将在下文详述）。他只否定习心的真实性而不否定本心的真实性。他依据佛教的缘起说斥破"习心"。佛教的缘起说认为，一切事物必须具备种种因缘、条件而生成。宇宙人生中的种种现象都在关系中存在，离开这种关系，就不能继续存在，所以说它们都没有自性。它们不能自己规定自己，要受因缘的支配。《中阿含经》卷四十七中写道："此有则彼有，此无则彼无，此生则彼生，此灭则彼灭。"据此，熊十力对"习心"做了这样的解析："所谓妄执的心（或取境的识）就是缘生的。换句话说，这个心就是许多的缘互相藉待而现起的一种相貌，当然不是有自体的，不是实在的。若把众多的缘一一拆除，这个心在何处呢？实际上可以说他是毕竟空、无所有的。"[1]

照他看来，习心是有条件、相对的，自己并不能规定自己。它必须以"物相"为前提，与"物相"相对而起。如果没有"物相"，习心作为"心相"来说也不会"孤孤零零的独起"。既然"物相"是虚幻的，"心相"同样也不会是真实的。熊十力对"彼执取境的识为实有的见解"加以斥破，可以说是一剑二刃：一方面，他批判了把主观意识看成第一性的简单的、肤浅的唯心论；另一方面否定了把外物看成离心实有的唯物论。当然，他的侧重点在于后者而不在前者。按照他的逻辑，"明妄执的心无有自体，易言之，即此心不是独立的实在的东西。心既如此，则由此心而迷妄分割，以为外在的境，其无自体及不实在，自然不待说了"[2]。所以，熊十力所进行的"两个斥破"归结为一点，就是反对人们

---

[1]《新唯识论》，第279页。

[2] 同上书，第305页。

以唯物主义的宇宙观看待世界。他力图证明：不仅客观世界是虚幻不实的，而且反映客观世界的主观世界也是虚幻不实的。他试图从本体论和认识论两个角度都排除通向唯物主义的可能性。从他对唯物主义的批判态度来看，他之所以"扫相"，实则借助"遮诠"即反证的手法为其建立唯心主义本体论开拓道路。他所要建立的不是那种直接认主观意识为实在的唯我论式的唯心论，而是比较聪明的、深刻的唯心主义本体论。

熊十力通过"扫相"达到了这样的认识：无论从"物相"出发，还是从"心相"出发，都不可能找到"真实的本体"。如果片面地执着于"物相"，将导致"粗俗的唯物论"；如果片面地执着于"心相"，将导致肤浅的唯我论。这也就是说，只有把"物相"和"心相"统一起来思考，才是寻求"真实本体"唯一可行的进路。基于此，他在本体论方面特别强调"境和心是不可分的整体的两方面"。这实际上已接触到主体与客体相统一的问题。在他看来，那种径直把心视为第一性的唯心主义和那种径直把物视为第一性的唯物主义都是一种陈旧、过时的哲学思维方式，因为他们都没有把握主体与客体相统一的原则。他要求改革这种旧的哲学思维方式，把主体与客体的整合性作为思考本源性问题的基本点。可惜的是，熊十力本人也未能全面把握主、客体的辩证关系。他片面地夸大了主、客体的统一性，抹杀了二者的对立，错误地把二者看成一个东西，把客体消融到主体之中，否定了客体自身的实在性。这样一米，熊十力接触到的关于主、客体统一这一有价值的思想反倒成了他走向唯心主义的契机。按照他的思路，分开来看，"心相""物相"都没有自体，同样不真实；合起来说，"并不是骨子里全无所有"，那么，就可以推断，使"心相""物相""所以然与所当然的道理"就在于有一个支持二者的"真实本体"，这个本体才是最高的实在，才是支配宇宙万有的终极原因。

5.3 显体

"扫相"是熊十力建立唯心主义本体论的准备工作。用他的话来说："就本体上说，是要空现象，而后见体。"通过扫相，他从反面确立了唯心主义本体的前提，接着便从正面提出了唯心主义本体论学说，这就是所谓"显体"。由"扫相"到"显体"，用佛教哲学的术语说，也说是由"遮诠"到"表诠"。

熊十力宣称，要想发现本体，唯有一个办法能办到，那就是"即用显体"。意思是说，通过对"心相"和"物相"加以总体考察，即可找到支配二者的本体。他指出，心相和物相虽有区别，但有一点是共同的，那就是二者都是瞬息万变、流行不止的"用"。"所谓心和物的现象，并非实有的东西，而只是绝对的真实（本体）显现为千差万别的用。"[①]借用佛学的术语来说，又叫作"行"。心相和物相从静态的目光来看，都是虚假不实；但是，如果不执着于"相"，改用动态的目光看待心和物，也就是把心物现象"流行变化"的特性抽象出来，推究其所以如此的原因，就会发现"能变"的主体。这个主体就是绝对真实的本体。他提出，如果给宇宙的真实本体起个名字的话，可以叫作"恒

---

① 《新唯识论》，第302页。

转"。"上来把本体说为能变，我们从能变这方面看，他是非常非断的。因此，遂为本体安立一个名字，叫作恒转。恒字是非断的意思，转字是非常的意思。非常非断，故名恒转。我们从本体显现为大用的方面来说，则以他是变动不居的缘故，才说非常，若是恒常，便无变动了，便不成为用了。又以他是变动不居的缘故，才说非断，如或断灭，也没有变动了，也不成为用了。不常亦不断，才是能变，才成为大用流行，所以把他叫作恒转。"①

这说明本体不是离开"用"单独存在的精神实体，而是"变动不居、非常非断"的总的流变过程。它是连续性（"常"）与间断性（"断"）两方面的统一。本体既是从心物现象抽象出来的，又表现于心的现象之中。它赋予现象以真实性。熊十力充分肯定本体的能动性，充分肯定本体与现象的一致性，这种看法包含着丰富的辩证法因素。熊十力的哲学本体论无疑是一种唯心主义学说，但它比唯我论式的唯心论高明得多、精致得多。这是一种辩证的唯心主义本体论。

关于本体，熊十力做了以下六点规定。

（1）"本体是备万理、含万德、肇万法、法尔清净本然……清净者，没有染污，即没有所谓恶之谓。本然者，本谓本来，然谓如此。当知，本体不是本无今有的，更不是由意想安立的，故说本来。他是永远不会有改变的，故以如此一词形容之。"②在熊十力看来，本体是第一性的实在，是宇宙万有的本原，是古往今来一切可能的世界的本根。它原本如此，没有从无到有的发生

---

① 《新唯识论》，第315页。
② 同上书，第313页。

发展过程。不能从发生学的角度判定本体，也不能用对象性思维（"意想"）判定本体。本体是宇宙的根据，在它之前再没有什么可以追溯的了。它是哲学思考的逻辑终点。他构想的本体体现出东方哲学的特色，被设定为价值的源头、根据。它是理想的、完满的、至真至善至美的，与世间的"恶""染污"形成鲜明的对比。

（2）"本体是绝对的，若有所待，便不名为一切行的本体了。"[1]熊十力认为任何心物现象都是相对的、有条件的。心与物相对而言，互为条件。然而相对涵蕴着绝对，取决于绝对。任何相对的心物现象归根到底都是绝对本体的表现形式。本体已超越任何条件的限制，所以是无条件的，不能设想还有什么支配本体的因素，因为这样设想的本体已不成为本体。本体是把宇宙作为总体而抽象出来的根据，故称绝对。本体是一切心物现象的主宰者，但它同现象之间并不是派生与被派生的关系。它只是一切现象的内在的普遍联系：一切心物现象都统一于本体。

（3）"本体是幽隐的，无形相的，即是没有空间性的。"[2]在熊十力看来，本体不是任何具体事物，没有形状和广延，不受空间观念的约束。它是抽象意义上的"实在"，不是具体意义上的"存在"。因此，它是"幽隐的"，不能把本体想象为某种"东西"。

（4）"本体是恒久的，无始无终的，即是没有时间性的。"[3]熊十力认为，本体既不受空间观念的约束，也不受时间观念的约

---

① 《新唯识论》，第313—314页。
② 同上书，第314页。
③ 同上。

束。它是超时间的，既没有开端，也没有终点，是永恒的实在。他在这两条规定中排除了时空对本体的限制，目的在于把本体同物体区别开来。他认为时间和空间都是物质宇宙存在的形式。在物质宇宙中，每个事物有东西南北等"分布相"，这叫作空间；有过去、现在、未来等"延续相"，这叫作时间。时间和空间是与物质相对应的观念，本体不是物质的东西，因此它必须具有超时空的规定性。

（5）"本体是全的、圆满无缺的、不可分割的。"[1]熊十力强调，本体是对宇宙总体加以考察形成的哲学抽象，因而必须具有整体性、圆满性，能包容、涵盖宇宙间一切事物。一切事物作为现象来说都是部分，都是可以分割的，然而部分只有在整体中才成其为部分。本体作为整体来说，不是部分的相加之和，而是使部分成为部分的依据，它理应具有圆满无缺、不可分割的规定性。在西方哲学史上，英国大主教安瑟伦曾对上帝存在做"本体论证明"。他指出，当人们思考着上帝时，人们是把他作为一切完美性的总和来思考的。但是，归入一切完美性的总和的，首先是存在，否则就不能算是完美的。因此必须把存在算在上帝的完美性之内；所以，上帝一定存在。熊十力对本体完全性、圆满性的说明同安瑟伦的"本体论证明"很相似。

（6）"若说本体是不变易的，便已涵着变易了；若说本体是变易的，便已涵着不变易了，他是很难说的。本体是显现为无量无边的功用，即所谓一切行的，所以说是变易的，然而本体虽显现为万殊的功用或一切行，毕竟不曾改移他的自性。他的自性，

---

[1]《新唯识论》，第314页。

恒是清净的、刚健的、无滞碍的，所以说是不变易的。"①熊十力认为，本体是超时空的，恒是清净，没有发生发展的历史，法尔如此，无所谓变化，故称之为"不易"。但本体又是万事万物运动变化的推动者。它以动态的形式表现自身的存在。本体作为万化之源只能通过变动不居的心物现象表现出来，这就是所谓"即变易，而不易"。换言之，本体应该是动与静的统一，常与变的统一，具有辩证的规定性。

以上就是熊十力从本末、绝对与相对、时间与空间、全体与部分、变易与常经这些角度对本体所做的规定。这些规定旨在强调本体与现象的区别，彰显本体的实在性、绝对性、超越性、全体性、圆满性和辩证性。在这些规定中物质性已被彻底地排除掉了，这就表明了他所显立的本体是一种唯心主义的精神本体。

熊十力根据他对本体的理解，把"恒转"本体落实到生命这种运动形式上，在"恒转"同"生命"之间画上了等号。他认为，本体即是生命。但是他所说的生命不是生物学意义上的生命，而是哲学意义上的主宰者。他解释"生命"一词的哲学含义时说："夫生命云者，恒创恒新之谓生，自本自根之谓命。二义互通，生即是命，命亦即是生故，故生命非一空泛的名词。吾人识得自家生命即是宇宙本体，故不得内吾身而外宇宙。吾与宇宙，同一大生命故。此一大生命非可剖分，故无内外。"②在这里，熊十力把"恒转"同"生命"等量齐观，认为这两个名词都是恰当地表示本体的用语。"恒转"即是"生命"，"生命"亦即是"恒转"，二者异名而同实。宇宙万物既可以说是"恒转"的

①《新唯识论》，第314页。

② 同上书，第535页。

体现，也可以说是"生命"的体现。"生命"既是主体（"吾身"）又是客体（"宇宙"），它是合内外、一天人的基础。所以说"吾与宇宙，同一大生命"。熊十力从佛教中借来"恒转"观念，又受柏格森的影响从生物学中借来"生命"观念，用这两个观念表示本体，借以凸显本体的流变性质。他对"生命"做了神秘主义的理解并加以本体化，使他的本体论思想表现出物活论的特征。

接着，熊十力又从"生命"范畴过渡到"本心"范畴。他认为"生命"是"本心之别名"，二者在本体论意义上是同等程度的范畴。"生命与心灵不容分为二，离心灵无别生命可说故。"①"本心"观念是熊十力从传统的儒家思想承继来的。孟子称人天赋的道德观念为本心，指责那些行为不端的人为"失其本心"。陆九渊发扬孟子思想，把本心视为心性本体，强调"心即理"的心，"此吾之本心也"。熊十力沿着陆九渊的思路做了进一步的发挥，把本心说成宇宙的本体。他指出，"本心"与"生命"一样，贯彻于宇宙万物之中。甚至"无机物非无心灵"，只不过心灵"未得光显发皇"而已。在无机物中，本心是潜存着的。由于生命的进化，本心"始从无机物中，逐渐显发其力用。于是而能改造重浊之物质，以构成有机物，及从有机物渐次创进，至于人类，则其神经系特别发达。而生命乃凭之以益显其物物而不物于物之胜能"②。这时，本心才脱离潜存状态，表现为人类的意识。熊十力关于本心从无机物而有机物而人类发展过程的描述，同黑

---

① 《新唯识论》，第538页。

② 同上书，第528页。

格尔的外化理论很相似。

熊十力用来表示本体的恒转、生命、本心三个主要范畴，一个来自佛教，一个来自现代西方哲学，一个来自中国儒家，这表现出熊十力在本体论方面力图把这三种理论形态融会贯通的致思趋向。在这三个范畴中，"本心"乃是表述本体的最高范畴。关于本心，熊十力做了这样的阐述：

> 本心是绝待的全体。然依其发现，有差别义故，不得不多为之名。一名为心。心者主宰义，谓其遍为万物实体，而不即是物。虽复凝成众物，要为表现其自己之资具，却非舍其自性而遂物化也。不物化故，谓之恒如其性。以恒如其性故，对物而名主宰。二曰意。意者有定向义。夫心之一名，通万物而言其统体，非只就其主乎吾身而目之也。然吾身固万物中之一部分，而遍为万物之主者，即主乎吾身者也。物相分殊，而主之者一也。今反求其主乎吾身者，则渊然恒有定向。于此言之，斯谓之意矣。定向云何？谓恒顺其生生不息之本性以发展，而不肯物化者也。故此有定向者，即生命也，即独体也。依此而立自我，虽万变而贞于一，有主宰之谓也。三曰识。夫心、意二名，皆即体而目之。复言识者，则言乎体之发用也。渊寂之体，感而遂通，资乎官能以了境者，是名感识。动而愈出，不倚官能，独起筹度者，是名意识……故心、意、识三名，各有取义。心之一名，统体义胜。意之一名，各具义胜。识之一名，

了境故立。①

这段话是熊十力对他的唯心主义本体论学说所做的全面的概括和总结。他的本体论学说归结起来有三个要点：（1）本心是存在的主体。它"物物而不物于物，遍为万物的实体"，是绝对的主宰者。（2）本心是变化的源泉。它以动态的形式"通万物言其统体"。（3）本心是认识的主体。它通过"识"变现出客体——境或外物。又把客体消纳于自身之中。显而易见，这是典型的唯心主义本体论。这种学说有一个很突出的特点，即力图把本体论、认识论、发展观统一起来，造成一个完整的体系。它强调本体不是抽象的、僵死的精神实体，而是具体的运动发展过程，频频发出辩证的闪光。

熊十力的本体论学说虽然曾借鉴柏格森的生命哲学，但主要还是儒家本体论与佛教本体论合流的产物。儒家本体论注重"生化"。《易经》中提出"健动"观念，主张"天行健，君子以自强不息"。宋明理学家提出天理流行的观念，强调运动的绝对性。朱熹曾说："动静无端，阴阳无始。今以太极观之，虽曰动而生阳，毕竟未动之前须静，静之前又须动，推而上之，何自而见其端与始。"②这些材料都表明儒家的本体论是一种动态的本体论。佛家本体论注重"空寂"。佛教的基本教义是"诸行无我，诸法无常，涅槃寂静"，称为"三法印"。正如熊十力指出的那

① 《新唯识论》，第 593—594 页。
② 《朱子语类》，第 2367 页。

样，"三法印者，空寂义也"。"虽有三印，要归于一，即第三涅槃寂静。……佛家显体，究归于寂，不涉生化。此其究竟宗趣。"①这说明佛教的本体论是一种静态的本体论。熊十力认为这两种本体论都有不足之处。儒家的本体论有如"日暮天无云，春风扇微和"，能帮助人识得"生生之机"，但不能解决人"终极关怀"的问题。佛教的本体论有如"月到上方诸品静"，帮助人体味性体寂静、境界超脱的禅悦，但毕竟归于空寂，"将导群众以同归于寂灭之乡"，误入反人生的道路。②熊十力从儒家那里取来"生化"观念，从佛教那里取来"空寂"观念，形成动静合一的本体论。他反复申明："空寂之旨与生化之妙必两相融贯，而后全体大用始彰。"③"至静而健以动，至寂而生化无穷。"④在熊十力的本体论中有佛家的成分，但不能归结为佛教，有传统儒家的成分，亦不能完全归结为传统儒家。正如他自己所申明的那样："吾唯以真理为归，本不拘家派……亦佛亦儒，非佛非儒，吾亦只是吾而已。"⑤他力避儒、佛两家之短，弘扬两家之长，创立了一个富有个性的新儒家本体论系统。"亦佛亦儒，非佛非儒"——这就是熊十力的学术风格。

5.4　释用

　　熊十力在确立了"本心即本体"的唯心主义本体论观点之后，

---

① 熊十力：《读智论钞》，《世间解》，1947年第5期。
② 熊十力：《体用论》，龙门书局，1958，第49页。以下此书仅注页码。
③《十力语要》卷三，第13页。
④《十力语要初续》，第36页。
⑤《十力语要》卷三，第17页。

为了使本体不至于落空，又提出了"举体成用"的宇宙论。他指出，本体自身是空寂的、清净的，但必须转化为"翕""辟"两种势用才能体现出来。由翕的势用而形成物质世界，由辟的势用使物质世界复归于本体。这就是熊十力关于宇宙论的基本观点。

"翕""辟"这对范畴是熊十力宇宙论的基石。阐释这两个范畴自然成为他在建构宇宙论时应当做的第一步工作。关于翕辟，他说：

> 什么叫作翕辟呢？前面已经说过，本体是显现为万殊的用的，因此，假说本体是能变，亦名为恒转。我们要知道，恒转是至无而善动的。其动也，是相续不已的……这种不已之动，自不是单纯的势用。每一动，恒是有一种摄聚的，如果绝没有摄聚的一方面，那就是浮游无据了。所以，动的势用起时，即有一种摄聚。这个摄聚的势用，是积极的收凝。因此，不期然而然的，成为无量的形向……物质宇宙，由此建立。这由摄聚而成形向的动势，就名之为翕。
>
> ……
>
> 然而当翕的势用起时，却别有一种势用俱起。他是依据恒转而起的。就这种势用上说，便说是依据恒转而起……这个势用，是能健以自胜，而不肯化于翕的（即是反了翕的）。申言之，即此势用，是能运于翕之中而自为主宰，于以显其至健，而使翕随己转的。这种刚健

而不物化的势用，就名之为辟。①

"翕"和"辟"这两个术语是从《老子》《易经》那里借来的。《老子》第三十六章写道："将欲翕之，必固张之。"张与辟在这里是同一个意思。《易传·系辞传》写道："夫坤，其静也翕，其动也辟，是以广生焉。"翕，有收敛、凝聚、固定等意思；辟，有伸展、发散、张开等意思。把翕辟对举，自近代启蒙思想家严复开始。他在《译天演论自序》中概述斯宾塞尔的进化论思想时说："有斯宾塞尔者，以天演自然言化，著书造论，贯天地人而一理之，此亦晚近之绝作也。其为天演界说曰：'翕以合质，辟以出力，始简易而终杂糅'。"②明确地把翕辟作为一对哲学范畴来使用，则是熊十力的首创。在他的体用不二论中，翕指本体收敛、凝聚而形成物质世界的趋势和功用，故说"即依翕故，假说为物"；辟指本体发散、刚健使物质世界复归于本心的趋势和功用，故说"即于辟故，假说为心"。翕辟是熊十力体用观中一对十分重要的范畴，是把握他的整个思想体系的关键所在。他告诫自己的弟子说："《新论》主张即用显体，即变易即不易，即流行即主宰，即用即体。而某立论，系统谨严，实以翕辟二义为之枢纽。若于翕辟义一有误会，即全书便不可通，直可谓为毫无价值之书。"③可见他对翕辟范畴相当重视。他提出翕辟说是为了解决本体如何建构起物质世界，以及物质世界如何向本体复归这样两

---

① 《新唯识论》，第317—318页。
② 严复：《严复集》第5册，王栻主编，中华书局，1986，第1320页。
③ 熊十力：《十力论学语辑略》，北京出版社，1935，第35页。

个问题。

怎样由翕的势用形成物质世界？熊十力做了这样的描述。首先，由翕的势用形成不可再分的"动圈"，他叫作"小一"。"小一"是构成物质世界的最基本单位。他强调，"小一"仅仅是形成事物的一种倾向而已，它只是建立物质世界的逻辑起点，并不是某种物质结构，不是极微、原子一类的微小物质颗粒。对于"小一""不可当作形物来想"，"不可以物测"。他用"形向"一词来修饰"小一"："形向者，谓其未成乎形，而有成形的倾向也。每一形向，元是极微小的凝势，可以名之为小一。""小一"没有广延，也没有质的稳定性，"此小一或凝势，是刹那刹那，生灭灭生"。

由此看来，他所说的"小一"同原子、电子一类关于物质结构的概念的确不同，它是形而上学意义上的点，不是物理学意义上的点，类似西方哲学家莱布尼茨说的"单子"。对于"小一"构成物质世界的过程，熊十力做了这样的解释：

无量小一，相摩荡故。有迹象散著，命曰万物。所以者何？小一虽未成乎形，然每一小一，是一刹那顿起而极凝的势用。此等势用，既多至无量，则彼此之间，有以时与位之相值适当而互相亲比者，乃成一系……无量小一，有相摩以比合而成一系。有相荡以离异，因别有所合，得成多系。此玄化之秘也……系与系合，说名系群。二个系以上相比合之系群，渐有迹象，而或不显著。及大多数的系群相比合，则象乃粗显。如吾当前书案，即由许许多多的系群，互相摩而成象，乃名以书案也。日星大地，靡不如是。①

按照他的解释，由"小一"而成"一系"，由"一系"而成"系群"，由"系群"而形成物质世界中的事物。这套烦琐的数字推演并没能够解决如何从没有形质的"小一"构成有形质的物质世界的问题。正如一万个零相加还等于零一样，非物质性的"小一"无论怎样累计相加，也不能推演出物质世界来。熊十力的论证是没有说服力的。关于如何从精神本体中推演出物质世界来的问题，对于任何唯心主义者都是无法解决的难题。熊十力当然也不例外。

熊十力无意对物质世界的存在做出充分的论证，因为在他看来，由"小一"推演出的物质世界不过是"诈现的迹象"或虚幻不实的假象，没有真正的实在性。举个例子来说："桌子哪、椅子哪、人哪、鸟哪、思想等等精神现象哪，乃至一切的物事，都不是一一固定的相状，都只是功用。譬如我写字的笔，不要当他是一件东西，实际上只是一团功用，我们把他唤作笔罢了。"②他常把物体比作"香火轮"。在黑夜里，有一个人手持燃着的香火旋转摇动。另一个人从远处看，这香火头运动的轨迹很像一个"火轮"。他认为宇宙中的各种事物就如同这个"香火轮"一样虚幻不实。熊十力对物质世界作如是观，明显没有摆脱佛教虚无主义的影响。他为了在宇宙论方面维护唯心主义本体论原则，不得不走上这条路。

---

① 《新唯识论》，第490—491页。

② 同上书，第301页。

熊十力指出，由翕而形成的物质世界并没有脱离"本心"的约束而变成"自在之物"。由于辟的势用，物质世界永远归附于"本心"的控制。这是因为，翕并不是单独起作用的功能，翕和辟永远不可分割地联系在一起，构成本体功能的两个侧面。他反复申明："翕和辟本非异体，只是势用之有分殊而已。辟必待翕而后得所运用，翕必待辟而后见为流行，识有主宰。如果只有辟而没有翕，那便是莽莽荡荡，无复有物……如果只有翕而没有辟，那便是完全物化，宇宙只是顽固坚凝的死物。既是死物，他也就无有自在的力用，易言之，即是没有主宰的胜用，而只是机械的罢了，然而事实上宇宙却是流行无碍的整体。我们把宇宙万象分割成段段片片的东西来看，那是依托翕的势用的迹象，而误起分别，所以如此。实则弥满于翕之中而运用此翕者，只是辟的势用。"宇宙之所以没有"完全物化"而成"顽固坚凝的死物"，在熊十力看来就是由于辟的势用的缘故。辟不断地给物质世界中注入活力，使万物发生发展变化，迁流不止。辟是本体在物质世界中的直接体现，"辟虽不即是本体，却是不物化的，是依据本体而起的。他之所以为无形，为无所不在，为向上等等者，这正是本体底自性的显现。易言之，即是本体举体成用"[1]。辟和翕都是本体的功用，但翕从反面体现本体，而辟从正面体现本体，因此熊十力对辟更为重视。

正因为辟从正面体现出本体对物质世界的主宰作用，所以辟义被熊十力称为"宇宙的心"或"宇宙精神"。他说："所谓辟者，

---

① 《新唯识论》，第321页。

亦名为宇宙的心。我们又不妨把辟名为宇宙精神。这个宇宙精神的发现，是不能无所凭借的。必须于一方面极端收凝，而成为物即所谓翕，以为显发精神即所谓辟之资具。而精神，则是运行乎翕之中，而为其主宰的。因此，应说翕以显辟，辟以运翕。盖翕的方面，唯主受。辟的方面，唯主施。受是顺承的意思，谓其顺承乎辟也。施是主动的意思，谓其行于翕而为之主也。"[1]在这里，熊十力非常明确地把辟（精神）放在主导的地位，而把翕（物质）放在从属的地位。

熊十力把辟看成精神的同义语，确立辟对于翕的主宰地位，也就是确立精神对于物质的主宰地位。这是彻底的唯心主义宇宙观。有的学者根据熊十力"心与物不可分""翕和辟不可分"的说法，断言熊十力哲学的性质是二元论，这是不能反映熊十力的思想面貌的。熊十力固然主张"翕和辟是不可分的整体"，但更强调"辟主施，翕主受"。所以，他的哲学性质是唯心主义的一元论，而不是心物二元论。

熊十力提出翕辟说，克服了佛教唯识宗种子说的素朴性，理论形态更为精致、圆润。佛教唯识宗为了充分展示其"法相唯识"的本体论，提出以种子说为核心的宇宙生成论。唯识宗认为，在阿赖耶识中储藏着产生世界上各种现象的精神因素，他们称之为"种子"。植物的种子能产生相应的果实，精神的种子也是如此。《成唯识论》卷三写道："何法名为种子？谓本识中亲生自果功能差别。"种子是由本识（即阿赖耶识）派生出宇宙万物的中介，它具

① 《新唯识论》，第328—329页。

有直接产生事物的各类功能。种子有两类：一类是先天就具有的，叫作"本有种子"；一类是后天由经验串习所积累形成的，叫作"新熏种子"。《成唯识论》卷二写道："种子各有两类：一者本有，谓无始来异熟识中法尔而有，生蕴、界、处功能差别……二者始起，谓无始来，数数现行熏习而有。"由"共相种子"产生山河大地为人们共同依存的客观环境；由"自相种子"形成每个人自己经验中的物质世界。唯识宗的种子说用"种子生成果实"的比喻来说明他们的宇宙生成论。然而，比喻代替不了论证。对于现代人来说，唯识宗的宇宙生成论是一种低层次的说法，并没有说服力，而且失之于烦琐，很难为我们接受。熊十力看出种子说的这些不可克服的困难，故用翕辟说取而代之。熊十力把翕辟规定为本体的两种功能，说明物质世界是本体的直接显现，没有任何中间环节。这种"新唯识论"的宇宙论显然比旧唯识宗的种子说简洁得多，更加突出了本体与现象的一致性。

熊十力提出的翕辟说也是对宋明理学理气说的改造和发展，宋明理学家大都用"理气之合"解释宇宙的生成。朱熹提出："天地之间，有理有气。理也者，形而上之道也，生物之本也；气也者，形而下之器也，生物之具也。"[①]理是生物之本，也就是宇宙万物的本体，然而"理却无情意，无计度，无造作"[②]。理本身没有任何能动性，仅靠理还解释不了宇宙万物的生成过程。理必须以气为"挂搭处"，才能发挥本体的主宰作用。"无是气，则理亦

① 《朱子文集》卷五十八，明代嘉靖线装本。
② 《朱子语类》第1册，第3页。

无挂搭处。""若气不结聚时，理亦无所附著。"①气与理相比，最大的不同点是它具有能动性和凝聚力，能"造作"出各种各样的事物。"气则能酝酿凝聚生物也。但有此气，则理便在其中。"②理是宇宙生成的精神前提，气是宇宙生成的物质前提。理气结合便形成宇宙万物。朱熹对这个过程做了这样的描绘："天地初间，只是阴阳之气。这一个气运行，磨来磨去，磨得急了，便拶许多查（渣）滓，里面无处出，便结成个地在中央。气之清者，便为天，为日月，为星辰，只在外常周环运转，地便只在中央不动，不是在下。"③从现代唯心论的立场上看，朱熹的宇宙生成论是不彻底的，因为它容许物质实体的存在。在朱熹那里，理虽为本体，但对宇宙间事物的形成与否却无能为力，似乎是气单独在起作用。于是，朱熹哲学体系中出现了这样的矛盾：在本体论上是唯心主义的，而在宇宙论上却不自觉地倒向唯物主义。熊十力用翕辟说取代理气之合说，将物质世界仅仅归结为本体的功能之一——翕，并且强调由翕而形成的物质世界本身亦没有实在性，物质世界通过辟不断向本体复归。他把宋明理学中本体论和宇宙论之间的矛盾排除了，使二者一致起来，把唯心主义原则贯彻到底了。

5.5 余论

综观熊十力本体论思考的全过程，可以做如下概括：首先，他从心物现象的分析中抽象出"本心"本体；其次，又从"本心"

---

① 《朱子语类》第1册，第3页。

② 同上。

③ 同上书，第6页。

本体出发解释世界，通过翕的势用建构出物质世界；最后，通过辟的势用把物质世界归复于"本心"本体，完成了"体用不二"的本体论系统。所谓"体用不二"，不是简单地把体用等同起来，而是说体用在运动中实现了统一："翕"是"本心"的对象化，似乎与本体不一；"翕"毕竟从属于"辟"，终究与体不异。这就是"体用不二"的基本含义。熊十力的"体用不二论"的内容架构如图 1 所示。

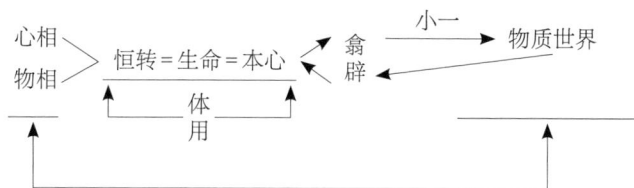

图 1　熊十力的"体用不二论"的内容架构图

熊十力对"体用不二"极为重视，将之看作他的"新唯识论"思想体系中首要和基本的观点。他多次申明他的最根本的哲学信念就是"以体用不二立宗，本原现象不许离而为二，真实变异不许离而为二，绝对相对不许离而为二，心物不许离而为二，质力不许离而为二，天人不许离而为二"①。

通过解析熊十力的"体用不二论"，我们可以得出以下五个结论。

第一，"体用不二论"是一种彻底的唯心主义本体论。在熊十力的哲学体系中，体的含义十分明确，就是指恒转、生命、

①《原儒》，第 26 页。

本心一类的精神本体。所谓"体用不二"，就是要论证"本心"本体如何"用"到物质世界中去的问题。照熊十力看来，由翕而形成的物质世界具有本体的异化，但终究受辟的制约而向本体复归。"体用不二"的实质含义就是"心物不二""心主宰物"。

熊十力指出，物质世界就是本心的体现，世界的统一性在于它的精神性而不是物质性。在"体用不二论"中，物质概念被彻底地排除了，宇宙被净化为纯粹的精神实体的流变过程。不言而喻，熊十力以唯心主义方式明确地回答了哲学基本问题。熊十力的哲学结论无疑是错误的，但他回答哲学基本问题的方式却体现出清醒的现代哲学意识：他紧紧围绕着哲学基本问题树立观点、展开论述、建构体系。这就是说，他已达到对于哲学基本问题的自觉。恩格斯在《路德维希·费尔巴哈和德国古典哲学的终结》中说："全部哲学，特别是近代哲学的重大的基本问题，是思维和存在的关系问题。"[1]古代哲学当然也涉及到哲学基本问题，但古代哲学家们并没有自觉到这一问题。中国古代哲学也是如此，他们并不直接讨论哲学基本问题，在他们的思想体系中往往存在着唯心主义和唯物主义纷然杂陈的情形，以至于我们今天对古代哲学思想做定性分析相当困难。在西方，到17世纪时，哲学家们已达到对哲学基本问题的自觉，涌现出培根、笛卡儿、斯宾诺莎、康德、黑格尔等哲学大师。恩格斯在上述论断中标出"特别是近代哲学"字样，正是对这一事实

---

[1] 马克思、恩格斯：《马克思恩格斯选集》第4卷，中共中央马克思恩格斯列宁斯大林著作编译局编译，人民出版社，1972，第219页。

的概括。中国哲学家对哲学基本问题的自觉比西方晚得多，直到1919年"五四"新文化运动时期西方哲学传入中国，中国现代哲学家才达到了对于哲学基本问题的自觉，实现了中国哲学从传统向现代的转型。熊十力哲学充分体现出中国哲学这种转折性的变化：他已跨出古代素朴哲学的藩篱，迈入现代哲学的殿堂。

第二，"体用不二论"克服了那种推崇抽象的精神实体的唯心主义本体论的缺陷。熊十力的体用观是在总结中国、印度、西方哲学理论思维教训的基础上形成的。他指出，宋明理学以"天理"或"良知"为本体，可是并没有把本体与功用统一起来。他们虽竞相标榜"体用一源，显微无间"，但都把本体描绘为抽象的精神本体，使这句有价值的论断成为一句空话。印度佛教以真如为本体，把物质世界描写成假象，将本体描绘为超越于物质世界之上的"空寂"本体。这种本体实则是无用之体。"西方谈本体，要不外以思维术，层层推究，推至最后，乃臆定有唯一实在，名之为第一因。又或以为一切物之本体，终是知识之所不可亲证，遂自缚于不可知论。此两种结论虽复大异，而其设定本体为客观存在，易言之，即天人互不相涉。"①西方哲学家心目中的本体与人相外在，自然也是无用之体。总而言之，从前的哲学都被熊十力认为犯了"遗用而觅体"的错误，都把本体看成脱离现象或凌驾在现象之上的抽象的精神实体。由这种观念势必导致有神论，从而使人类陷于宗教的迷雾之中。同熊十力所说的这些哲

_____

① 《原儒》，第701页。

学理论相比，熊十力提出的"体用不二"要聪明得多。由于它肯定本体与现象的一致性，所以避开了有神论倾向。熊十力虽然用一种唯心主义批判其他的唯心主义，但对推动理论思维的发展还是有积极意义的。

第三，"体用不二论"构成"五四"以来现代新儒家思潮发展过程中的重要环节。在1949年以前，现代新儒家的代表人物有梁漱溟、冯友兰、熊十力、贺麟等人。他们的思想各有特色，既相互区别又相互联系。梁漱溟在构想新孔学的宇宙观时偏重主体，从而走向唯我论；冯友兰在建立新理学体系时偏重客体，从而走向不可知论。他们的理论思维教训表明：无论是着眼于主体，还是着眼于客体，都不能解决思维与存在的关系这一哲学基本问题。[1]

熊十力的"体用不二论"找到了一条摆脱梁漱溟和冯友兰思想困惑的出路，那就是把主体与客体统一起来考察。从这个视角来看，心与物乃是不可分的整体。熊十力提出："物和心（物亦对心而名境）是一个整体的不同的两方面，现在可以明白了，因为翕和辟，不是可以剖析的两片物事，所以说为整体。"[2]在心物的整体关系中，辟永远处在主导地位，所以它既是宇宙的心，又是宇宙精神。熊十力所描述的本体，既有主体的规定性（"本心"），又有客体的规定性（"宇宙的心"），特别强调主体与客体的统一性或整体性。熊十力提出的"体用不二论"试图把梁漱溟的唯我

① 参见拙著《现代新儒家研究》，中国人民大学出版社，1991。
② 《新唯识论》，第320页。

论和冯友兰的真际论综合起来。从主体与客体统一的角度思考哲学基本问题。从理论思维特征来看，梁漱溟注重直觉思维，冯友兰注重知性思维，而熊十力在构想"体用不二论"时则注重辩证思维，使现代新儒家的理论思维水平跃上了一个新台阶。从梁漱溟经冯友兰到熊十力，正好构成一个否定之否定的逻辑圆圈。熊十力的"体用不二论"为贺麟的新心学进一步"发挥出仁的本体论、仁的宇宙观"做出了一定的贡献。

第四，"体用不二论"把"本心"本体完全泛化为"用"，即完全泛化到物质世界之中，实际上等于取消了本体的至上性，高扬了儒家的入世精神。熊十力的体用观批评佛教"空寂"之弊，也批评宋明理学家的"空疏"之弊，特别强调立大本，开大用，对"用"高度重视。他反对用外觅体，强调体是相对于用而得名。"它是举其自身全现为分殊的大用，所以说它是用的本体，绝不是超脱于用之外而独存的东西。"[①]他反对把本体描绘为"凝固不动的物事"，因为这种体不能显现为大用流行。"如此，则体也不成为用之体，如何讲得通？"[②]按照熊十力的"体用不二论"，物质世界虽然是虚幻不实、乍现即逝的，但毕竟是现实的。在这个世界之外并没有别的什么世界。这样一来，他描绘的"清净圆满的本体"其实不过是对现实事物之间普遍联系的吹胀和夸张而已。这就意味着，熊十力以颠倒的形式，转弯抹角地接近了唯物主义。

---

① 《新唯识论》语体文本，第93页。
② 《十力语要》卷二，第80页。

第五，"体用不二论"仍存在着明显的脱胎于佛教哲学的痕迹。熊十力努力高扬儒家入世精神，其主导方面当属儒家；但因其采取佛教的阐述方式，为其体用观涂上浓重的神秘主义色彩。例如，他引用佛教"刹那生灭"之说解释宇宙万物的生成发展变化，断言"一切物才生即灭"，有如"香火轮"。他反复申诉："称实而谈，万物本空；随情设施，则由小一系群有迹象现，亦云化迹，即依化迹假说万物。"①"一方面随顺俗谛成立心物万象，即所谓宇宙；一方面明翕辟与生灭都无暂住的实法，即无实宇宙，只是本体之流行幻现宇宙万象而已。"②他所描述的世界给人难以捕捉的幻灭感，很难引导人们树立正视现实的积极的人生观。熊十力自认为他提出"体用不二论"解决了哲学上的大问题，"此论即出，不独天帝无可迷信，而古今哲学家谈本体者之种种错误，皆可以避免"③。"体用不二义自《新唯识论》出，始圆融无碍。"④这种自我评价，显然不大确切。他的体用观包含着合理因素，也存在着严重的缺陷与不足。

---

① 熊十力：《新唯识论》删定本卷下，第4页。
②《十力语要》卷一，第32页。
③《乾坤衍》（影印版）第二分，第4页。
④《十力语要》卷三，第68页。

第6章

翕辟成变

6.1　辩证法溯源

在第5章我们已经谈到，在熊十力的"体用不二论"中包含着比较丰富的辩证法思想。他的辩证法思想同本体论思想是紧密结合在一起的，为了叙述的方便，我们才分开来讲。在这一章集中评述熊十力"翕辟成变"的概念辩证法思想。

中国哲学一向以重视辩证思维著称于世。英国著名科学史专家李约瑟博士在《中国科学技术史》这一轰动世界的科学巨著中，恰如其分地指出："当希腊人和印度人很早就仔细地考虑形式逻辑的时候，中国则一直倾向于发展辩证逻辑。与此相应，在希腊人和印度人发展机械原子论的时候，中国人则发展了有机宇宙的哲学。"[1]比利时物理学家普利高津也注意到，中国有重视整体性的辩证思维传统。他认为耗散结构论与中国的辩证思维传统比较接近。

在中国先秦时期，道家辩证法、兵家辩证法和儒家辩证法先后问世，在中国哲学的第一个黄金时代写下了光辉的篇章。《老

---

① 李约瑟：《中国科学技术史》第3卷，科学出版社，1990，第337页。

子》提出"有无相生，难易相成，长短相形，高下相倾，音声相和，前后相随"，"祸兮福之所倚，福兮祸之所伏"，"正言若反"，"反者道之动"等命题，皆是千古传诵的名言。《老子》提出的道德、有无、天地、阴阳、动静、强弱、兴废、正奇、吉凶等诸多辩证的概念或范畴，初步论述了对立而相互依存、相互向各自的对立面转化等矛盾关系。《孙子》在战争实践的基础上，提炼出"以正合，以奇胜""乱生于治，怯生于勇，弱生于强"等辩证法思想，认为正奇、乱治、弱强等互相对立的方面均可在一定条件下互相转化，两个对立的方面之间并不存在不可逾越的鸿沟。《易传》提出"生生之谓易""天地之大德曰生""天行健，君子以自强不息""刚柔相推而生变化""一阴一阳之谓道"等命题，形成以"阴阳"为中心范畴的儒家辩证法思想体系。中国古代哲学的这些辩证法思想为后人留下丰厚的遗产，启迪着后来哲学家的智慧，为他们从事理论思维的创造提供了珍贵的思想材料。

熊十力作为酷爱传统文化的国学大师，特别注意从中国古代哲学中发掘辩证思维的珍宝，用来作为他建立"新唯识论"体系的理论基础。他指出"大地上凡有高深文化之国，其发明辩证法最早者，莫有如中国"[1]。他认为中国的辩证法思想传统源远流长，一直可以追溯到传说中的伏羲时代。伏羲画八卦，发明阴（--）、阳（—）两个符号，便把对立的统一看成宇宙最一般的规律。在中国传统哲学的辩证法思想中，熊十力最欣赏《易传》的辩证法思想。他说："孔子作《易》，首以阴阳成变解决宇宙论中之心物

---

[1] 《原儒》，第539页。

问题，盖本其所观测于万物万事万化者，莫不由于辩证法。因此深究心物问题，从宇宙开端，已是阴阳成变，断不可作片面观。故易之辩证法，彻上彻下，《论语》所谓一以贯之是也。"[1]在他看来，《易传》的辩证法既是一种思想方法，又是一种宇宙观，二者结合在一起，形成中国哲学的优良传统。他正是从《易传》的"阴阳成变说"中受到启发，进一步发挥思想原创力，提出"翕辟成变"理论，用来解决"有能变否"以及"如何成功此变"这样两个体用观必须回答的问题。

熊十力也从道家的辩证法中吸取思想营养，用相反相成、反者道之动等观点描述宇宙的发展变化过程。《老子》写道："道生一，一生二，二生三，三生万物。"熊十力认为这段话精湛地概括了宇宙的辩证发展进程，并且同《易传》的说法若符合节。他断言："老子说一生二，二生三。这种说法就是申达大易三爻成卦之旨，用以表示相反相成的法则。因为有了一，便有二，这二便与一相反。同时又有了三。此三却是根据一（三，本不即是一，只是根据于一），而与二反，却能转化乎二以归于和。易云'保合太和'，是也。惟有两相反而成乎和，所以完成其全体之发展，若惟单纯，固无变化。若惟矛盾而不相融和，则摧伤必多。"[2]熊十力还用《老子》的表述方式阐述他的"翕辟成变说"。他在《体用论》中写道："恒转动而成翕。才有翕，便有辟。唯其有对，所以成变。恒转是一，其显为翕也，几于不守自性，此便是二，所谓一生二是也。然而恒转毕竟常如其性，决不

①《原儒》，第724页。
②《体用论》，第13页。

会物化。故翕势方起，即有辟势同时俱起，此辟便是三。所谓二生三是也。"[1]熊十力的这种解释在细节上未必符合《老子》的原意，但所体现的精神实质却是深契于老子的辩证法的。

熊十力在挖掘中国哲学中的辩证法思想的同时，也努力从西方哲学中引进有益的思想材料，尤其是黑格尔的概念辩证法思想。在熊十力致力于国学研究，创立"新唯识论"思想体系的时候，黑格尔的概念辩证法已传入中国。熊十力执教的北大哲学系当时是中国研究黑格尔哲学的基地。中国最早的研究黑格尔的专家、曾在德国获哲学博士学位的张颐在北大任教授，介绍黑格尔哲学成绩最大、《小逻辑》的翻译者贺麟也是北大哲学系的著名教授。在这种环境中，尽管熊十力因不通外文不可能系统地研读黑格尔的原著，但通过耳濡目染，与专家交流以及阅读中文介绍性文字等途径，亦可对黑格尔的哲学思想有大概的了解。因此，他间接地接受黑格尔的概念辩证法思想的影响完全是可能的。这种影响在《新唯识论》语体文本中随处可见。例如，熊十力自觉地把"矛盾"范畴引入"新唯识论"思想体系中；而关于翕（物）是辟（心）的表现形式的思想同黑格尔的外化理论颇相近；至于他十分强调心与物的整体性，显然也是借鉴了黑格尔"绝对观念"的影响。我们在上文提到的熊十力关于恒转为一、翕为二、辟为三的论证方式，尽管被挂在老子的名下，但仍可以明显地看到黑格尔"正、反、合"思维模式的痕迹。熊十力因不能直接阅读黑格尔的原著，有时也难免产生一些误解。例如，他批评黑格尔

①《体用论》，第13页。

说:"西哲黑格尔之徒,只得矛盾的意义,而终无由窥此仁体。"①
这种看法显然落于偏见。事实上,黑格尔在指出矛盾的普遍性的
同时,特别注重揭示矛盾双方的同一性,特别强调对立的两个方
面之间有着本质的、内在的关系,指出每一方只有同另一方相联
系才能获得自己的本质规定。熊十力的这些误解并不妨碍他从总
体上把握黑格尔概念辩证法的基本精神。事实上,他正是因为受
到黑格尔的启发,才努力去克服中国传统辩证法的直观性和素
朴性,力图把中国的辩证法思想提高到概念辩证法的理论高度。

6.2 辩证法述要

熊十力没有写出关于辩证法的专著。他关于辩证法思想的论述
包含在他的"新唯识论"思想体系之中,散见在他发表的语要、书
札、信函之中。概括起来,熊十力辩证法思想的要点有以下三点。

1.普遍联系的观点

按照熊十力的"体用不二论",世界是一个有机的整体。在
这个整体中,任何具体事物都不是孤立的,都是本体的体现者。
这也就是说,具体事物只有在总体联系中才能存在,离开这种联
系,事物也就不成其为事物。熊十力经常引用佛经上"大海水和
众沤"的比喻阐释他的这个观点。他指出,每一个具体的事物都
好像是大海中的小水泡,而本体则好比是大海水。正如每个水泡

---

① 《新唯识论》语体文本,第113页。

都是大海水一样，每个具体事物都是本体完全的显现。与大海水完全没有关联的小水泡是不可想象的，同样，与本体完全没有关联的事物也是不可想象的。"随举一事一物，莫不各各圆满，都无亏欠。譬如大海水显现为众沤，每一沤都以大海水全量为体，毫无亏欠。"①他有时也把具体事物比作大米粥里的米粒，每粒米在大米粥中都处在普遍联系之中。舍米粒无所谓粥，粥亦通过每个米粒的互相联系才成其为粥。熊十力的这两个比喻固然有不确切的地方（下文将详述），但毕竟肯定了各个事物之间存在普遍联系。正是因为存在普遍联系，一事物才能转变为他事物，形成发展变化着的、丰富多彩的世界。

熊十力特别强调，事物之间的普遍联系是一种内在的有机联系。在中国哲学史上，许多哲学家都曾提出过类似的思想。例如，魏晋玄学家郭象在《庄子·大宗师注》中说："人之生也，形虽七尺而五常必具，故虽区区之身，乃举天地以奉之，故天地万物凡所有者，不可一日而相无也。一物不具，则生者无由得生，一理不至，则天年无缘得终。"②华严宗提出"重重无尽"，认为各个事物都是整个世界的不可分割的组成部分，如天帝头上戴的结满宝珠的帽子，每粒宝珠都映照着其他宝珠的影子，交相辉映，重重无尽。他们叫作"因陀罗网境界"。禅宗提出"月印万川"之喻，说明世界的总体联系。《永嘉证道歌》写道："一性圆通一切性，一法遍含一切法。一月普现一切水，一切水月一月摄。"朱熹很欣赏

① 《新唯识论》，第353页。

② 《中国哲学史资料选辑 魏晋隋唐之部》上，中国社会科学院哲学所中国哲学研究史研究室编，中华书局，1990，第286页。

这个"一个就是万个，万个就是一个"的比喻，用来印证他提出的"理一分殊说"。他声称："释氏云，'一月普现一切水，一切水月一月摄'，这是那释氏也窥见得这些道理。"[①]对于上述这些关于世界普遍联系的说法，熊十力一概没有采用。因为在他看来，这些说法都有意无意地把事物之间的联系似乎描绘为外在的联系。例如，按照月印万川之喻，似乎是一种外在的因素（天上之月）把每个水中之月联系起来，而此水月与彼水月之间似乎没有直接的关系。理一分殊说亦把作为本体的理处理成与事物相外在的"孤立悬托之理"，把理与事物描述为"分有"的外在关系。熊十力特别喜欢采用的"大海水与众沤"之喻，避免了前人蛛网之喻和水月之喻的缺陷，更加深刻地突显出万事万物之间内在的有机联系。

熊十力指出，事物之间的普遍联系不是由此及彼的机械的因果链条。他批评说，西方哲学家向外寻找"第一因"的哲学思考方式，正是建立在把事物的普遍联系理解为机械的因果链条的认识之上。"西学说本体，要不外以思维求，层层推究，推至最后，乃臆定有唯一实在，名之为第一因。又或以为一切物之本体，终是知识之所不可亲证，遂自缚于不可知论。"[②]"西哲谈本体者，向外推求第一因，皆陷于倒见而不自觉也。"[③]"夫第一因者，自下而上推去，重重因果，推至无可推，始建第一因。再从上向下，顺序而玩之，因果重重，递相钩锁，则吾人与天地万物真是一副机械耳。"[④]熊十力把"求第一因"说成西方哲学的总体特征是不够

①《朱子语类》第2册，第399页。
②《原儒》，第701页。
③ 同上书，第710页。
④ 同上书，第708页。

准确的，但西方某些哲学家确实存在着这种倾向。这是一种机械论的、形而上学的思维方式。熊十力对这种思维方式的批判，实际上是用辩证法反对形而上学。

在熊十力看来，事物之间的普遍联系也就是本体与现象之间内在的、不可分割的联系。因此，在揭示本体时，必须牢牢地把握住这一点。他反对任何割裂本体与现象之间联系的哲学思考，我们在前几章已谈过，这里不再重复。值得注意的是，熊十力之所以反对这样的哲学思考方式，从思想方法上看，正是表明他反对那种形而上学的狭隘眼光，反对片面、孤立地看问题，要求贯彻注重普遍联系的辩证法原则。

在总体与部分的关系上，熊十力也坚持普遍联系的辩证法思想。他反对那种把总体仅仅理解成部分之和的形而上学思想。他指出："全体，决不是各部分相加之和。如果，各部分元素是各各独立的，今者聚合在一起，则必如一散沙然，何可以成全体？本体是一而其显为用也，则不能不万殊，所谓各部分者，即克就用相言之耳。故克就各部分言，此各部分，毕竟是互相融摄，而为浑一的全体。"[1]他认为，部分只有在总体之中才能成其为部分。总体不是部分的堆砌。总体与部分之间存在着内在的有机联系，互相依存，不可分割。熊十力关于总体与部分的看法是符合辩证法的。

2.运动发展的观点

熊十力在构筑"体用不二论"时，把运动发展的观念摆在首

---

[1]《新唯识论》语体文本，第162页。

位。他反对把本体理解为"死的物事"，主张用动态的目光寻求动态的本体，"要于生生化化流行不息之机，认识性体"①。他指出，体与用的统一也是通过运动而实现的。"流行，是变化密移的。于流行而识主宰，便竟无差别的。流行，是虚幻的。于流行而识主宰，便是真真实实的。流行，是无有所谓自在的，于流行而识主宰，便是一切自在的。我们应知，用固不是体，而不可离用觅体，因为本体全体成为万殊的用，即一一用上，都具全体。故即用显体，是为推见（现）至隐。"②在熊十力看来，无论现象层面还是本体层面都处在运动变化的过程中，他主张透过运动着的现象把握运动着的本体。熊十力的"体用不二论"充分肯定运动的绝对性，就这一点来说是符合辩证法的。

在动静关系上，熊十力也努力贯彻辩证法思想。他不承认有绝对的虚静状态，批评道家和佛教"耽空滞寂"，而倡导儒家的健动精神。他指出，老子"偏向虚静去领会道，此与《大象》从刚健与变动的功用上指点，令从于此悟实体者，便极端相反"③。他分析说，老子以虚静为体，违背了自然之理。如果硬要把自然界和人类社会的发展停留在静止状态，"正是逆自然，岂任自然乎？"至于佛教，"以寂静言性体"，引导人们走向出世方向，也不能为人们提供正确的宇宙观和人生观。熊十力认为，道、佛两家的失误，就其思想方法上看，原因之一就是没有辩证地对待动静关系，错误地用静的绝对性否定动的绝对性，不懂得动静相互依存的道

---

① 《新唯识论》语体文本，第110页。
② 同上书，第114页。
③ 《体用论》，第2页。

理。熊十力接受佛、道两家的理论思维教训，对动与静或生化与空寂的关系做了这样的处理："惟空寂，始具生化；而生化，乃自空寂。"①"至静而健以动，至寂而生化无穷。"②他把空寂看成生化的原因，把静看成动的原因是不正确的，但把生化与空寂、动与静描绘为互相作用、相辅相成的关系，是符合辩证法的。

在发展问题上，历来有两种对立的观点。一种观点把发展解释为量的增加，这是一种形而上学的观点。另一种观点把发展解释为新事物的产生，这是一种辩证法的发展观。熊十力的发展观显然是属于后者而不是前者。他在《体用论·明变章》中，从十一个方面论证"万变常新，无有故物暂住"的道理，批驳了那种以物常住、凝固不变的形而上学观点。他声称："刹那生灭，不必惊疑。如生理学者言新陈代谢，七日之间而全身尽易其故，此与刹那灭相虽甚远，然可以从此悟入。"③他充分肯定新事物产生的必然性，这是符合辩证法的。当然他的发展观也有不正确的方面，即存在着明显的相对主义倾向。这一点我们以后再详述。

3.关于矛盾的观点

熊十力的"体用不二论"是依据矛盾原则构想的。因此，他对矛盾原则十分重视，对矛盾属性、矛盾关系以及矛盾与变化的关系等问题都做了较深的研究。关于矛盾的学说是熊十力概念辩证法思想的核心。

---

① 《新唯识论》语体文本，第117页。
② 《十力语要初续》，第36页。
③ 《十力语要》卷三，第67页。

什么是矛盾？熊十力下的定义是："矛盾，是相反之谓。利用此矛盾，而毕竟融和，以遂其发展，便是相成。"[①]简言之，矛盾就是相反相成：一方面，矛盾的双方是对立的，故谓之"相反"；另一方面，矛盾的双方互相连接，互相依存，"毕竟融和"，故谓之"相成"。在他看来，矛盾就是既对立又统一，对立和统一构成矛盾的两种基本属性，二者共同推动事物的发展变化。熊十力的这种看法比较深刻地揭示了辩证法的核心和实质。从表面上看，熊十力似乎重复了古代辩证法的"物极必反"观念，其实不然。一般来说，古代辩证法往往停留在对经验事实的描述上，没有上升到思维规律的高度。比如，《老子》根据国家的兴衰，个人富贵贫贱的变化等事实，提炼出"祸兮福之所依，福兮祸之所伏""反者道之动"等思想。《易传》"远取诸物，近取诸身"，提出"一阴一阳之谓道""刚柔相推而生变化"的思想。这些提法固然包含着矛盾思想的萌芽，但没有形成明确的矛盾概念。就拿与矛盾最接近的阴、阳来说，阴是指山之背着太阳的面，泛指一切有阴性特征的事物；阳是指山之向着太阳的一面，泛指一切有阳性特征的事物。可见阴、阳与矛盾还不完全是一个意思。熊十力从黑格尔辩证法思想中受到启发，从抽象思维的高度明确地提出矛盾概念，对于古代辩证法是个理论上的升华、深化，这表明熊十力把中国辩证法思想推向新的发展阶段。值得注意的是，以前哲学界有相当多的学者把矛盾理解为"背理"，拒绝接受这一概念，而熊十力却独树一帜，大力倡导矛盾学说，这应当说是

---

① 《新唯识论》，第323页。

难能可贵的。

熊十力的辩证法思想有一个突出的特征，那就是他把关于矛盾的思想凝结在"翕辟"这对独创性的范畴之中。他说："每一功能都具有内在的矛盾而成其发展。这个矛盾，可以说为互相反的两极，一极假说为翕，一极假说为辟。翕则疑于物化而实为辟作工具，辟则守其不可物化的本性，而为运翕随转之神。"①

在这里，他已触及矛盾关系问题。"翕则疑于物化""辟则守其不可物化的本性"，表明二者的对立关系。然而翕"实为辟作工具"，二者互相贯通，表明二者的统一关系。翕与辟不可分割地联系在一起，离开翕，辟无法表现自己的本性；离开辟，翕亦不能独立存在。它们构成一个"功能"的两方面。"没有一个功能，只是纯翕而无辟，或只是纯辟而无翕的。"②他特别强调翕辟的内在同一性。他说："我说翕和辟是两极端，只形容其相反的意思，非谓其如一物体之有二端，其二端不可同处也。物体可分为上下或南北等二端，其二端是有方所之异而互相隔远的。今此云两极端，则是两种绝不同的势用……这两种不同的动势（翕和辟）是互相融合在一起，决不是可以分开的。"③这种关于矛盾关系的认识同黑格尔"每一方都是它自己的对方的对方"④的观点很相似。

熊十力用翕辟范畴表述矛盾关系，比《易传》中乾坤、阴阳等旧范畴要准确一些，它突出了矛盾双方的统一关系。《易传》的乾坤、阴阳等范畴比较强调矛盾双方的对立关系，并可以分别代

① 《新唯识论》，第444页。

② 同上。

③ 同上书，第444—445页。

④ 黑格尔：《小逻辑》，贺麟译，商务印书馆，2003，第255页。

表不同的事物。如说"乾道成男，坤道成女"；"乾为天，为圆，为君，为父，为玉，为金，为寒，为冰，为大赤，为良马，为老马，为瘠马，为驳马，为木果；坤为地，为母，为布，为釜，为吝啬，为均，为子母牛，为大舆，为文，为众，为柄，其于地也为黑"[①]。在《易传》中，矛盾双方往往采取外在对立的形式，很难内在地统一起来。对于这种缺陷，熊十力看得比较清楚。他批评"从来讲易学的人""把乾坤当作二元论去理会"。他提出翕辟范畴用以代替乾坤、阴阳范畴，显然有纠正古代辩证法二元论倾向之意。从这里我们可以看出，熊十力在一定程度上摆脱了古代辩证法思想的素朴性，实际上已把它提高到了概念辩证法阶段。他提出的关于矛盾的翕辟范畴完全是抽象的思维形式，比较全面地反映了矛盾双方的既对立又统一的关系，有一定的理论深度。

在翕辟说中，熊十力还接触到矛盾转化的问题。他指出："翕以明而为辟之所资。……故翕，于辟为首（商易列坤卦居首，极有意思。坤，阴也，略当吾之翕）。辟以幽而为翕之主。辟，亦于翕为首（周易列乾卦居首，乾，阳也，健也，吾谓之辟）。"[②]他承认翕辟都可以"为首"，即居主导地位，包含着承认矛盾的主要方面的思想。但是他在一般情况下则强调辟向翕转化，而否认翕向辟转化。在他关于翕辟关系的论述中，辟似乎总处于矛盾的主导方面，翕总处于矛盾的从属方面，"盖翕的方面，唯主受；辟的方面，唯主施"。按照这种说法，矛盾双方的地位似乎并不能互相转化。这种看法沿袭了《易传》"阳尊阴卑"的观念，对

---

① 阮元校刻：《十三经注疏》上册，中华书局，1980，第94—95页。
② 《新唯识论》语体文本，第216页。

矛盾的同一性做了错误的解释。这种对于矛盾关系的僵化理解是熊十力终不免陷入唯心主义形而上学的重要原因之一。他提出："一切事物，均不能逃出相反相成的法则。我们对于心物问题（这是哲学上的根本问题），何独忘却这个法则，而把心消纳到物的方面去，如何而可呢？"①可是他自己也没能辩证地看待心物关系问题，而是片面地把心抬到绝对主宰者的地位，把物置于从属的地位，对哲学基本问题做了唯心主义的回答。

熊十力还提出矛盾是变化的表现形式的观点。在谈到"如何成功此变"的时候，他说："要解答这个问题，我们须于万变不穷之中，寻出他最根本的最普遍的法则。这种法则是什么呢？我们以为就是相反相成的一大法则。因为说到变化，就是有对的、是很生动的、有内在矛盾的，以及于矛盾中成其发展的缘故。""所谓变化，从一方面说，他是一翕一辟的。""唯其有对，所以成变。"②这就是他反复申述的"翕辟成变论"。照他看来，离开矛盾关系就无法表示运动变化，这一点是正确的，但他仅把矛盾看成运动变化的一种表现形式，而没有看成运动变化的源泉，这就离开了辩证法而走向相对主义了。关于他的相对主义思想，我们以后再做具体的评述。

综上所述，熊十力在辩证法方面提出关于普遍联系的观点、关于运动发展的观点和关于矛盾的观点。他继承中国哲学重视辩证思维的优良传统，并进一步发扬光大，在许多问题上有所突破，使之达到概念辩证法的新高度。他的辩证法思想虽然是同唯心主义纠葛

① 《新唯识论》，第323—324 页。
② 同上书，第315 页。

在一起的，但对于发展辩证思维所做的贡献是应当予以肯定的。

6.3　范畴的辩证法

熊十力与古代哲学家不同。他不是用经验事实展示辩证法思想，而是借助范畴分析表达他的辩证法思想。他根据自己对矛盾法则的理解，除了提出翕辟范畴之外，还提出了体用、时空、有无、数量、同异、因果等范畴。其中体用是关于本体的范畴，时空等是关于物质世界的范畴。在对这些范畴的分析中，他力图贯彻"相反相成"的矛盾法则。

关于体用，熊十力的看法是："体用本不二，而亦有分。心物本不二，而亦有分，此是哲学追本穷源，到尽头处……识得有分，即见矛盾。"[①]他认为体用乃是"不一不异"的矛盾关系，既可分又不可分。可分性在于："体无差别，用乃万殊。于万殊中，而指出其无差别之体。故洪建皇极，而万化皆由真宰，万理皆有统宗。本无差别之体，而显现为万殊之用。"用是"万殊"，是"多"，体是"一"，二者是对立的，所以说"体用不得不分疏"。不可分性在于："用，固然不即是体，而不可离用觅体。因为本体全成为万殊的用，即一一用上，都具全体，故即用显体。""一言乎用，则是其本体全成为用，而不可于用外觅体。一言乎体，则是无穷妙用。"体与用是同一过程的两个方面，内在地联结在一起，所以说，"体用二词，只是约义分言之，实则不可析为二片的物事"，"即体而言，用在体，即用而言，体在用"。[②]

---

① 《原儒》，第 538 页。
② 《新唯识论》，第 385 页。

在"新唯识论"哲学体系中，体用大体相当于通常所说的本质与现象。也就是说，他关于体用既可分又不可分的思想实际上包含着本质与现象既对立又统一的辩证法思想。但由于受到唯心主义体系的限制，他没有把辩证法思想贯彻到底。首先，他否认由"用"建构的物质世界的真实性，认为物质世界不过是从"俗谛"的角度"假说为物"而已；从"真谛"的角度看，只有无差别的"体"才是绝对真实的。这就意味着，体"真"用"假"，二者根本对立。这样一来，他就无法找到使二者统一起来的内在根据。他借用佛教的"二谛义"，只是逃避了理论上的困难，并没有真正解决问题。其次，他引用佛教"大海水与众沤"之喻对体用的统一性做了神秘主义的解释。他没有能够从实际事物的多样性出发说明普遍联系，揭示"多"中之"一"，而是撇开事物的多样性，把一切等同于抽象的"一体"。这就是在同一性问题上走向了抽象化、绝对化的形而上学歧路。他所描述的同一性，正是黑格尔所嘲笑的那种"在黑夜中看牛都是黑"的抽象的同一性。熊十力对同一性的理解重复了华严宗"一即一切，一切即一"的错误结论。

熊十力设计了一张关于物质世界的范畴表，此表由时空、有无、数量、同异、因果等范畴组成。对于这些范畴以及范畴之间的联系，熊十力都做了辩证的分析和解说。

（1）时空。熊十力指出，时空是事物存在的形式。他说："我们以为空相和时相，若克就物言，只是物的存在的形式。我们假设物是有的，即是存在的。如此，则凡物定有扩展相，否则此物根本不存在。由扩展相故，方乃说物是存在的。亦复由扩展相故，即显上下四方等空相。故知空间非实有，只是物的存在的形式。又凡物定有延续相，若延续义不成者，即此物根本不存在。由延续相故，方乃说物是存在的，亦复由延续相故，即显过、现、未等时相。故知时间非实有，只是物的存在的形式。"[①]他把物的存在看成"假设"，认为空间时间"非实有"，这是唯心主义观点。但是，透过重重唯心主义迷雾，我们可以看到，他关于时间、空间和事物内在统一的思想是合乎辩证法的。他批判了那种脱离具体事物而设想"绝对时间""绝对空间"的形而上学时空观，认为这种时空观是主观虚构的"抽象概念"。这种批判不无道理。

（2）有无。他说："凡物，具有某种相用等等，是名为有。既具有如是相用，同时，不更具他相用。物各有其所有，即各无其所无。如地球具有椭圆形，则方形是其所本无。"[②]在物质世界中，有无相对而言：对于一事物来说，它具有某种属性，可谓之"有"；然而这种肯定性的"有"同时就包含着否定性的"无"。说某物是"圆"，就不能同时是"方"，可谓之"无"。"有"即是肯定，"无"则是否定。"有"是判定"无"的基础。"有""无"在某种具体事物上获得了统一，如果离开具体事物，既无所谓"有"，也无所谓"无"。总之，有与无是一对相反相成的范畴。熊十力对有无关系的理解是辩证的，不同于佛老的虚无主义观点。

（3）数量。熊十力对数量关系的解释是："一切物互相差别而又互相关联，因此才有数量。没有差别，固无数量可言。假如只是差别，完全没有关联，亦无所谓数量。须知，数量的意义，

---

① 《新唯识论》，第494页。
② 同上书，第497—498页。

就是于差别中有综合，而综合却是与关联相对应的。"①举个例子来说，"八大行星"就是把金星、水星、地球等八个既有差别又有联系的行星综合在一起形成的数量概念。他提出的"数量就是于差别中有综合"的思想，包含着分析与综合的辩证法，对于人们认识数的本质很有帮助。这种数量观也是对把数量理解为"独立共相"的形而上学思想的批判。此外，熊十力把数量理解为事物之间的相互关系，也是正确的。这是在"新唯识论"唯心主义体系中包含的唯物主义因素。

（4）同异。熊十力认为"同异二法，以互相反得名"。同异也是物质宇宙中间的普遍联系之一，并不是脱离事物而独立存在的抽象关系。他分析说："夫万物繁然，一一自相，莫不互异。但举共相，又莫不齐同。然自共相，亦由互相观待，现差别故。由斯同异，因物付物。"②也就是说，每个事物都是自相（个别）与共相（一般）的统一体。例如，拿"桌子"来说，"这张桌子"是它的自相，表明它只是在一定的时空位置存在着的一张桌子，而不再是别的什么东西。可是桌子是工人制造出来的，又可称为"人造物"，"人造物"不限于桌子，还有其他东西，所以"人造物"对于"桌子"来说是共相。熊十力的分析表明，自相和共相是可以互相转化的，没有脱离自相的"独立共相"，也没有与共相无关的自相。所以，"同异，依自共相显。自共相又随其所观待如何而为推移。故自共相不固定，同异亦非死法"③。他对同异

---

① 《新唯识论》，第498页。

② 同上书，第499页。

③ 同上书，第500页。

范畴的分析比较深刻地揭示了个别与一般的辩证法。

（5）因果。熊十力关于因果的看法是："一切事物，皆相依故有。以此待彼故，说彼为此因，彼亦待此或余法故（余法，犹云其他事物），亦应说此或余法与彼作因。准此而谈，因果只就事物之互相关系而假立。每一事物在其极复杂的或无穷的关系之中，必有其相依最切近者。以故，吾人欲甄明某一事物之因，唯取其所依最切近的事物，假说为因。"他认为因果关系是物质世界中普遍的联系之一，事物之间的依存关系，都可视为因果关系。广义地说，某个事物的"因"是无限多的。乃至整个世界，狭义地说，同某个事物关系最亲近的那个事物方可称为"因"。例如，砚台平置在桌子上面，桌子是支撑砚台使其不得坠地的主要原因。然而，桌子又平置在地球之上，地球又在宇宙中间，这些都可视为支撑砚台的间接原因。他强调因果关系的复杂性，旨在打破那种形而上学的机械因果链条。他在批判由此及彼的机械因果律时说："吾言因果，只从关系上说。设如一旦事物的关系有变更，即不能说有某因决定造生某果，将无往而不然。这种主张，是吾之因果说所不容允许的。然吾并非不许有因果，只是不许有固定的因果而已。"[①]他的这种看法无疑具有辩证法因素。但他把因果关系仅仅归结为事物之间的外在联系，也是片面的。另外，他抓住事物之间因果联系之一点否认世界的客观实在性，仍未摆脱佛教"缘起说"的影响，最终将辩证法因素湮没在唯心主义体系之中。

熊十力强调上述五项范畴之间也是有联系的，并列出下面的

①《新唯识论》，第504页。

范畴表：

因果	同异	数量	有无	空时

他解释说，空时是物质存在的基本形式，故居首；有无表明某物的肯定方面与否定方面，表明该物的基本属性，故列空时之后，排在第二位；数量将各种既有区别又有联系的事物综合起来，故列有无之后，排在第三位；同异揭示个别与一般的联系，帮助人们从质的角度把握对象，故列数量之后，排在第四位；因果带有总结性质，故放在最后。熊十力是现代中国哲学界唯一设计过范畴表的思想家。他提出的范畴表虽然过于简单，各个范畴之间的联系说明得也比较牵强，但他勇于探索、勇于创新，毕竟迈出了可喜的一步。他的范畴论对于我们研究范畴的联系和转化，具有一定的启发性，是个可贵的理论思维成果。

总而言之，熊十力关于范畴的辩证法思想确实很有特色，表明他是有思想原创力的哲学家。他关于物质世界的五项范畴的探索，猜测到客观辩证法的某些侧面。这无疑是包含在"新唯识论"唯心主义体系中的合理内核，值得我们认真地加以研究，摘取埋在泥土里的珍宝。他关于体用范畴的分析，虽然亦不乏辩证思维的闪光，但是他为了维护其唯心主义的哲学结论，终于由辩证法滑向了形而上学。唯心主义体系终究要窒息辩证法——熊十力哲学再一次提供了这样的理论思维教训。

6.4　由辩证法走向相对主义

熊十力的辩证法思想最严重的缺陷就是没有把矛盾看成是运

动变化的源泉。他认为"矛盾要非本然"，唯有"恒转"本体才是运动变化的源泉与主体。他说："由此恒转，显现为大用流行，即说为变。今克就变来说，他底动势（即所谓翕和辟），纯是刹那刹那诈现的，决没有暂住的。此变的动势之本体，即是恒转。若离开恒转来说，动势没有自体的，所以把变或变的动势，说为幻有。"①熊十力把本来是同义语的"运动"和"变化"两个概念做了区分。他认为运动属于现象层面，就其实质说是虚假的；变化才属于本体层面，变化本身就是主体，不再有变化的承担者。关于本体的变化本性，他做了以下三点说明。

"一曰，变者，非动义。"熊十力声称，他在运动观方面同唯物论者有原则分歧。唯物论者"谈变，总是计有物界，而说一切物的质和量的迁移变化，名变"。这是他所不能同意的。他认为"所谓变，是要向无物之先，去理会他"，"系克就大用流行而言，此是超时空的"②。他对变化与物质做了分离，认为变化与物质无关，变化先于物质。与此相联系，他对变化与时空也做了分离，认为变化是超时空的。这样，他就在运动源泉问题上排除了时空间断性与不间断性的矛盾，离开了辩证法而走向了相对主义。他无法理解，运动就是时间和空间的本质；运动就是矛盾，就是时间与空间的不间断性与间断性的统一。他无法理解，离开了矛盾无法正确说明运动的源泉，必然把对运动源泉的探讨引向神秘主义方向。

"二曰：变者，活义。"③他把"运动"与"变化"做了区别，

---

① 《新唯识论》，第352页。
② 同上书，第356页。
③ 同上书，第351页。

而把"变化"与"活动"等同起来。他指出,所谓"活",有六点含义:(1)无作者义。"活"乃纯粹的流变,没有任何载体。(2)幻有义。"活"借助翕辟势用通过具体事物表现出来,但具体事物本身只是表现"活"的媒介,并不具有实在性,故称"幻有"。(3)真实义。"活"就是本体的同义语,是"绝对的真实"。(4)圆满义。"活"的境界是最高的理想境界,任何事物都是"活的本体"的完整显现,如同众沤与大海水的关系。(5)交遍义。由于每一事物都是"活的本体"的完整显现,因而各事物之间存在着"活的内在联系"。(6)无尽义。"活的本体"生生不息没有停下来的时候。这六点解释除了把他的"体用不二论"集约地重述了一遍之外,没有对变化的本质做出任何说明。他以"活"释"变",其实不过是毫无意义的同义反复而已。

"三曰:变者,不可思议义。"[1]熊十力无法从唯心主义角度给"变"下一个确切的定义,索性宣布"变"是不能用理性概念表述的东西。他说:"实体是绝对的,为什么要显现为无穷的万殊的功用或变呢?这正是无道理可说。越思议,越要糊涂。"[2]那么,怎么办呢?"穷理到极至的地方,是要超脱思义,取归趣证会。"也就是说,只能诉诸直觉体验。在这里,他实际上已由相对主义滑向神秘主义了。古希腊哲学家第欧根尼曾感到以概念表述运动的困惑,熊十力也遇到了同样的困难。这个思维教训说明,离开矛盾无法说明运动的本质。

熊十力的相对主义思想还表现在他提出的"刹那生灭说"。

---

① 《新唯识论》,第 355 页。

② 同上书,第 356 页。

在运动观方面，熊十力提出两个重要命题，一个是"翕辟成变"，另一个是"刹那生灭"。"翕辟成变"只是运动变化的一个方面，"从另一方面说，变化是方生方灭的。换句话说，此所谓翕和辟，都是才起即灭，绝没有旧的势用保存着，时时是故灭新生的"[1]。可见，他对"刹那生灭"更为重视。他强调，"刹那不是时间义"，只是心中的"一闪念"。在他看来，世界上的一切事物都跟着心中的刹那闪念而随生即灭，并不存在唯物论者所说的那种相对的稳定性。"一切物才生即灭。刹那刹那，故故灭尽，说一切物无有常；刹那刹那，新新突生，说一切物无有断。一刹那顷，大地平沉，即此刹那，山河尽异。"[2]按照这种说法，生即是灭，灭亦即是生，生与灭之间没有什么原则界限。这就一笔抹杀了事物的相对稳定性和事物之间质的差别性，深深陷入相对主义和诡辩论的泥潭。列宁说过："辩证法曾不止一次地做过——在希腊哲学史上就有过这种情形——通向诡辩论的桥梁。"[3]熊十力哲学再一次提供了这样的理论思维教训。

基于"刹那生灭"的相对主义思想，熊十力颠倒了渐变和顿变的关系。在他看来，渐变不是顿变的前提，而顿变倒是渐变的前提。他说："所谓一切物的渐变，确是基于刹那刹那的顿变，而后形见出来的……若非刹那刹那顿变，也无渐变可说了。"[4]他不赞成辩证唯物主义者提出的质量互变规律，批评辩证唯物主义者

---

① 《新唯识论》，第317页。

② 同上书，第345页。

③ 列宁：《列宁全集》第28卷，中共中央马克思恩格斯列宁斯大林著作编译局编译，人民出版社，1990，第5页。

④ 《新唯识论》，第343页。

不懂得"若克就一切转变的事物，而说名物质。那么，这些物质，正以其是才生即灭的，是刹那刹那不住的，才会由一状态转变为另一状态"[1]。按照他的说法，顿变先于渐变，而顿变又是不可思议的。这样一来，他无法在顿变与渐变之间建立起逻辑联系。换句话说，他无法从"顿变"中推演出"渐变"。可见，他并没有对顿变与渐变的关系做出合理的解释，也没有、也不可能驳倒辩证唯物主义从量变到质变的观点。

综上所述，熊十力的概念辩证法确是包含着合理的内核，这就是他在唯心主义前提下承认普遍联系，承认运动发展，承认矛盾法则，对一系列范畴做了辩证的理解。但他的辩证法思想有严重的缺陷。第一，他对同一性的理解是抽象的，并由此倒向了形而上学。第二，他在本体论方面离开矛盾法则，陷入相对主义。基于这些错误看法，他把物质世界描绘为"诈现的迹象"，把本心膨胀为物质世界的主宰并归结为纯粹的流变性。可见，对辩证法的误解是他走向唯心主义的重要的认识论根源。总的来说，熊十力的辩证法思想是非科学的，给人造成一种幻灭感，不能为人们提供正确认识世界的工具。

---

[1]《新唯识论》，第344页。

第 7 章

性量分途

7.1 量论和境论

按照熊十力的设想，他的新儒学思想体系应当由三个部分组成。第一部分叫作"境论"，阐述本体论；第二部分叫作"量论"，阐述认识论；第三部分叫"大易广传"，专述国学以及人生哲学。他在《原儒》的绪言中提到这一宏大的计划，说他在完成《新唯识论》之后，"更拟撰两书，为《新唯识论》羽翼，曰《量论》，曰《大易广传》。两书著成，儒学规模始粗备"。在这三个组成部分中，熊十力在"境论"部分下的功夫最大，先后有《新唯识论》文言文本、《破〈破新唯识论〉》、《新唯识论》语体文本、《新唯识论》壬辰删定本、《体用论》、《明心篇》等著作问世。《十力语要》和《十力语要初续》中亦有相当篇幅与此部分有关。第三部分虽没有采用"大易广传"之名，也算完成得不错，有关的著作亦有《读经示要》《论六经》《原儒》《乾坤衍》等好几种。唯有第二部分"量论"竟没有写出一本专著。他多次表示要写出《量论》一书，然而始终没有写出来。为此事他深感遗憾，期待着后学完成他的夙愿，按照他的思路写出一部关于认识论的专著，则

"功不必自我成，予何憾焉！"

熊十力很早就注意到中国传统哲学关于认识论方面的研究比较薄弱，也注意到现代西方哲学最重视认识论研究，那些实证论者片面地把"哲学就是认识论"的口号叫得震天响，以至于造成种种弊端。因此，他很早就致力于认识论方面的研究，也形成了一套成形的想法。那么，他为什么没有写出这方面的专著呢？熊十力自己的解释是："年老多病，精力疲困。"其实也不尽然。他早在20世纪30年代就发愿写作《量论》一书，此后他又写出多种著作，唯独《量论》一书落了空。如果仅仅是身体方面的原因的话，他完全可以少写一点其他著作，分出一部分精力完成他极为重视的《量论》来。他没有这样做，可见还是另有原因。

我们认为，熊十力之所以没有写出《量论》来，还是应当在他的思想体系内部找原因。熊十力的"新唯识论"思想体系以本体论和认识论的紧密结合为显著特征。他素来反对撇开本体论单独研究认识论，主张把本体论研究同认识论研究结合起来。研究认识论的目的就在于寻找认识本体的途径，如果离开了本体论单独去研究认识论，那是毫无意义的。他嘲笑那些撇开本体论单独研究认识论的实证主义者说，这些人好像是寓言故事中声言学习"屠龙之术"的蠢人，自以为掌握了"屠龙之术"，却找不到可屠之龙。

熊十力强调，哲学所承认的本体，并不是与人相外在的物事。本体就是人自己所有的本心。从存在论的角度说，本体是万有的根基，而从认识论的角度看，本体也就是认识的主体，"唯是反求实证相应故（实证即是自己认识自己绝无一毫蒙蔽）"①。这样一来，他就把认识论和本体论内在地统一起来了，两者其实就是一个东西。熊十力告诫自己的读者："世学或以宇宙实体离吾心而外在，因向外探索。《新论》故指出实体即是吾之本心，此非外在，更不容向外穷索，要在反求自证。此《新论》之旨也。"②这段话清楚地表明：在熊十力那里，"境论"同时也就是"量论"，二者是分不开的。所以，熊十力始终没有单独写出一部《量论》来。其实，他关于认识论的思想已全部渗透在他的《新唯识论》等著作中了。即使熊十力真的写出《量论》来，除了条理可能理得清楚一点外，恐怕大部分内容将同《新唯识论》重复。

由上述情况可知，熊十力虽没有写出关于认识论的专著，并不等于他没有提出认识论学说。正如熊十力自己所说的那样："《量论》虽未及作，而吾之意思，于《新论》及《语要》中，时有散见。若细心人，自可看出。"③我们把熊十力在《新唯识论》《十力语要》《原儒》等书中关于认识论的思想概括起来，可以将他的认识论学说划分为"性智"与"量智"两个部分。他的总的看法是：人具有两种不同的认识能力，一种叫作"性智"，这是本体的认识的根本；另一种叫作"量智"或"理智"，这是物质世界的认识根据。两种能力各有不同的特点、不同的用途。我们用"性量分途"来揭示熊十力认识论的基本观点。

---

① 《新唯识论》语体文本，第43页。
② 同上书，第82页。
③ 《十力语要初续·仲光记语》。

7.2 性智证体

熊十力作为一位东方传统型的哲学家，他没有走西方近代以来的哲学家经过认识论来建立本体论的路子。在他的思想体系中，认识论从属于本体论。他没有受自康德以来感性、知性、理性这种认识框架的限制，认为人在这些能力之外，还有一种更神妙的认识能力，佛教称之为"无上分别智"，孔子称之为"默识"，宋儒称之为"德性之知"，熊十力则把它叫作"性智"。性智是人先天具有的认识本体的能力，他给性智下的定义是："性智者，人初出母胎，堕地一号，隐然呈露其乍接宇宙万象之灵感。此一灵感，决非从无生有，足征人性本来潜备无穷无尽德用，是大宝藏，是一切明解的源泉，即依此明解之源，说名性智。"[1]熊十力认为，人作为宇宙万有中的一物，也是本体的显现者。因人的神经系统特别发达，因而为万物之长。人能明觉到自己是本体的显现者，而其他物种却做不到这一点。人明觉自己是本体的显现者，其实也就是本体的自我发现。所以，人所具有的发现本体的性智是与生俱来的，不受后天经验的影响，没有一个从无到有的发生发展过程。

熊十力认为"性智"是发自本心的认识能力。他说："本心亦云性智，是吾人与万物所同具之本性。所谓真净圆觉，虚彻灵通，卓然而独存者也。"[2]在熊十力的哲学体系中，本心既是宇宙的本体，又是认识的主体和对象。性智就是本心自己对自己的

---

[1]《原儒》，第5页。

[2]《新唯识论》，第548页。

认识，在这里，没有通常认识论之中的主体与客体之分。"性智者，即是真的自己底觉悟。此中真的自己一词，即谓本体……申言之，这个觉悟就是真的自己。离了这个觉悟，更无所谓真的自己。此具足圆满的明净的觉悟的真的自己，本来是独立无匹的。以故，这种觉悟虽不离感官经验，要是不滞于感官经验而恒自在离系的。"①

从熊十力的这段论述中，我们可以体味到他所说的"性智"有以下三个特点：第一，性智"不滞于感官经验"，也就是说，它是超验的能力；第二，性智是主体自我同一，超越主、客的对立；第三，性智没有过程可言，是对"本心"的"觉悟"、体验和发现。由此可见，他所说的"性智"同柏格森所说的"直觉"意思大体一致。柏格森说："所谓直觉，就是一种理智的交融，这种交融使人们自己置身于对象之内，以便与其中独特的、从而是无法表达的东西相符合。"②熊十力关于性智的某些细节与柏格森的直觉有区别，但基本精神是一致的，都在寻找一种非理性的认知能力，都属于直觉主义类型的认识论学说。

熊十力提出性智说，主要目的是给他的唯心主义本体寻找认识论根据。他说得直言不讳："因为我人的生命，与宇宙的大生命原来不二。所以，我们凭着性智的自明自识才能实证本体，才自信真理不待外求，才自觉生活有无穷无尽的宝藏。"③从这里我们可以看出，性智说同他的本体论是息息相通的：他从本体论引

---

① 《新唯识论》，第249页。
② 柏格森：《形而上学导言》，刘放桐译，商务印书馆，1963，第34页。
③ 《新唯识论》，第254—255页。

申出性智论；又以性智论"实证"本体论。他特别强调，由性智得到的不是关于物质世界的科学知识，而是对本体的哲学领悟。这是因为，"本体不是离我的心而外在的"，不是理智所行的境界，所以，唯有性智才能实证本体。

熊十力指出，性智也就是唯识宗常说的"瑜伽现量"，这是有别于现量（感觉）、比量（理智）的透悟本体的能力。对于"性智实证本体"的情形，熊十力做了这样的描述：

> 吾人唯于性智内证时（内自证知曰内证。禅家云，自己认识自己），大明洞彻，外缘不起（神明内敛时，不缘虑外物故），琼然无对（浑然与天地万物同体，故无对），默然自了，是谓证量。吾人须有证量之境，方可于小体而识大体（小体犹言小己，大体谓宇宙本体，二词并见《孟子》，今借用之），于相对而悟绝对，于有限而入无限，是乃即人即天也（天者，本体之称，非神帝）。[①]

"性智实证本体"与其说是"认识"，毋宁说是"认同"。在熊十力的哲学语汇中，体认、证会、证量、瑜伽现量、默识和性智都是一个意思，都是指"无能所，无内外，唯是真体现前，默然自识"的认同本体的认识活动。这是一种超越逻辑、祛除言诠、排斥理智的认识活动，"难为不知者说"。

根据性智说，熊十力发挥了孔子"求仁"、孟子"求放心"、王阳明"致良知"等观点。他说："孔子平生之学，不外反求本

---

① 《原儒》，第5页。

心，洞识仁体。尽己性而尽物性，本无内外可分也"，"若识自本心，便须持循而勿失之。孟子所云收放心是也"。①"后儒如王阳明，以致良知为学，亦与孔子言仁相类。夫良知即本心，凡为阳明之学者，皆知之。"②熊十力的性智说同儒家的"反求诸己""内自省""内自讼"等主张向内修养心性的观点是一致的。照熊十力看来，通过性智向内搜索，既可以把握宇宙的形而上学，又可以把握道德的形而上学，这是一回事，不是两回事。他把认识论同伦理学有机地结合在一起，从而使性智说承接上儒家的学脉。他指出，注重性智内证不仅是儒家的思想，而且也是中国古代哲人的共识。"颜子、蒙庄、僧肇、辅嗣、明道、象山、阳明诸先生，虽所造有浅深，要同一路向也。"③他表示将步先哲的后尘，沿着这一路向继续走下去。

同中国古代哲学家不同，熊十力有时也赋予性智以一般的认识论意义。他指出，对于科学发现来说，性智是一切创造性思维的源泉。"一切学术上之重大创见，皆自天机乍动而来。天机，即是一点明几，骤然开发，一方面提供许多有用无用的材料，它才忽然开发出来。"④这种突然的发现是一种非逻辑的跳跃，可遇而不可求。科学家提出的种种假设，皆源于此。"凡为格物之学者，不得不用纯客观的方法，然当其解决重大问题时，必先之以假设。作假设时，却只靠内心天然的明几，当下有所启示，而受得住考测。这时，自是一个浑沦的模样。向下，却要实测分

---

① 《新唯识论》，第553页。
② 同上书，第568页。
③ 《新唯识论》语体文本，第62页。
④ 《明心篇》，第128页。

析种种方法，博求明证，方可以假设成为定案。所以，纯客观的方法在假设以后特别需要，而假设造端时，确是内心一点明几用事。"[①]熊十力充分估计到性智直觉在学术研究、科学发现中的重要意义，并且指出性智直觉与实测、分析等纯客观的方法相互补充，并不矛盾，这些看法虽有夸大非理性因素的倾向，但亦包含着合理内容。不过，他在这方面谈得不多，因为他的自然科学知识有限，不可能深入进去。在他的思想体系中，性智主要是指发现本体的认识途径。

概括起来，熊十力的性智证体说有以下三个要点。

第一，性智是一种"天人合一"的道德境界。他说："从来儒者所谓与天合德的境界，就是证会的境界。吾人达到与天合一，则造化无穷的蕴奥，皆可反躬自喻于寂寞无形，炯然独明之地。"[②]他认为性智也就是中国古代哲人向往的"上下与天地同流""民胞物与""仁者与万物同体"的境界。在此境界中，人与天合而为一，也就是与本体会为一，我心即天心，没有彼此之分。这是一种至真、至善、至美的境界，是真、善、美统一的境界。从真的意义上说，把握了本体便是把握了宇宙的真实，不会执着于虚幻的假象；从善的意义上说，把握了道德的形而上学，就根除了一切邪恶的念头，找到了真正的安身立命之地；从美的意义上说，养成高尚的审美情趣，就找到了仁者不忧的"孔颜乐处"。

第二，性智是一种非逻辑思维。它的特征是："止息思维，扫除概念，只是精神内敛，默然返照，孔子'默识'即此境界。

---

① 《明心篇》，第128页。

② 《新唯识论》语体文本，第89页。

人生惟于证量中，浑然与天道合一。"①性智与逻辑思维不同，它不遵循任何死板的规则，是一种活生生的自我体验，这种体验只可意会，不可言传。性智是先天具有的能力，同每个人的"根器"深浅有密切关系。根器敏锐的人性智能力就强，根器迟钝的人性智能力就弱。性智能力的提高是每个人自我修养、努力磨炼的结果，并不是通过后天教育就可以灌输的。

第三，性智是一种创造性思维。性智直觉具有突发性，似乎在无意间出现。熊十力经常引用"众里寻他千百度，蓦然回首，那人却在，灯火阑珊处"的词句形容性智的思维状态。性智虽是一种突如其来的发现，但亦同平时辛苦用功有关。它是在费了许多工夫的前提下，苦思冥想，由某种意外的启示，豁然开朗，对于活生生的本体达到了洞观彻悟，从平常的思维态势升华到前所未有的崭新境界。

至于性智的方法，熊十力认为是很难说的。"克就实证的意义上说，此是无所谓方法的。实证者何？就是这个本心的自知自识。换句话说，就是他本心自己知道自己。不过，这里所谓知或识的相状很深微，是极不显著的，没有法子来形容他的。"②所以，证会的意义向人道不得，如人饮水，冷暖自知，无法向他人准确地传达。证会、性智的境界正如禅宗所述，寻思路绝，语言道断。熊十力认为禅宗机锋点化的方法可以说是成功地运用性智发明本心、实证本体的范例。"宗门每举公案，使学者凝神去参究。根本处参透，而后可六通四辟，大小精粗，其运无乎不在矣。余

---

① 《原儒》，第5页。
② 《新唯识论》，第253—254页。

甚喜宗门此种参究法。"①禅宗的公案要求人们从日常的现象观察中"不作寻常想",剔除"逐物生解"的俗念,单刀直入,透悟本体。不过,禅宗大师的成功之举不是可以机械模仿的,能否进入自证自识的性智境界取决于自我体验、自我发现。在这里没有呆板的程序可以遵循。人们从性智中得到的不是关于事物的知识而是一种神秘的境界。

熊十力的性智说触及这样两个值得研究的理论问题。

其一,如何看待认识过程中主体的作用?主体在认识过程中不是消极地、被动地反映客体,而是积极地、能动地作用于客体。

认识是在主体与客体互相作用的过程中实现的。皮亚杰通过研究儿童认识能力的发展过程,从心理学的角度证明了这一点。他说:"认识既不是起因于一个有自我意识的主体,也不是起因于业已形成的(从主体的角度来看)、会把自己烙印在主体之上的客体;认识起因于主客体之间的相互作用,这种作用发生在主体和客体之间的中途,因而同时既包含着主体又包含着客体,但这是由于主客体之间的完全没有分化,而不是由于不同种类事物之间的相互作用。"②熊十力的性智说彰显认识的主体性,强调主体的能动作用,反对机械的反映论,猜测到主、客体的交互作用,有一定的合理因素。但是,他片面地夸大了主体作用,甚至使之脱离主客体之间的关系,脱离具体的认识过程,以为仅靠主

① 熊十力:《熊十力全集》第6卷,湖北教育出版社,2001,第215页。以下此书仅注页码。
② 皮亚杰:《发生认识论原理》,王宪钿等译,商务印书馆,1981,第21页。

体一方的反证自识就能形成认识功能，这就不能不陷于舛谬。

其二，如何看待直觉的认识功能？偏激的理性主义者一概否定直觉的认识功能，是不妥当的。熊十力以及近现代中外许多哲学家大倡直觉，对于那些偏激的现代主义者来说有矫正弊端的作用。不能否认，直觉在认识过程中往往起很重要的作用。关于直觉的认识功能问题，目前尚待深入的研究。人们在使用"直觉"一词时，往往赋予它不同的含义。归纳起来，大致有这样五种：（1）对认识对象的总体直观。（2）认识过程中的"跳跃"或"飞跃"。（3）认识过程中的非逻辑因素。（4）对本质的顿然领悟。（5）主体的体验方式。许多自然科学家对直觉很重视，常常提到依靠直觉完成了重大的科学发现。爱因斯坦甚至认为，科学的发现"并没有逻辑的道路，只有通过那种以对经验的共鸣的理解为依据的直觉"[1]。应当指出的是，自然科学家说的直觉同熊十力等人所说的直觉并不完全是一回事。首先，科学家所说的直觉是以对"经验的共鸣的理解"为前提的，没有哪个科学家会说他在没有收集大量经验事实、进行艰苦的理论思维之前，就会灵机一动、仅凭直觉完成重大的科学发现。不能否认，直觉往往以简约的形式很快捕捉到某一事物的本质，好像靠灵感一下子抓住了问题的症结。但是直觉并不是凭空产生的，它归根到底以实践经验为基础，并且同理论思维密切相关。它同别的认识手段一样，也是主体对认识对象的反映。科学家们大都相信这样的格言：机遇

---

[1] 爱因斯坦：《爱因斯坦文集》第1卷，许良英、范岱年编译，商务印书馆，1976，第102页。

偏爱思维的头脑。熊十力等哲学家所倡言的直觉，往往指的是经验之外的神秘认识能力，以为单凭内心的直觉就能体悟本真，建立起一种哲学本体论。自从康德提出经过认识论而建立本体论的思路以来，曾左右西方哲学界数百年。后来一些哲学家才发现此路不通，他们另辟蹊径，找到了直觉这条路，强调他们的本体论不是建基在感性经验上，也不是建基在理性概念上，而是建基在直觉上。他们把直觉这一认识环节加以夸大，以为找到了证实唯心主义本体论的证据。法国哲学家柏格森走的是这条路，熊十力走的也是这条路。

科学家们所说的直觉以客观事物的本质、规律为认识对象，这是一种活生生的认识，他们的直觉确实为知识的宝库增加了财富。熊十力等哲学家所说的直觉则以虚构的"本体"为认识对象，无非是要人们在承认直觉的同时接受他们的哲学结论。这是一种醉醺醺的思辨，而他们的哲学则是寄生在知识大树上的一朵不结果的花。我们认为，熊十力注意到直觉的认识功能并没有错，错误在于他把直觉同经验对立起来，对直觉做了神秘主义的解释，并作为他建立唯心主义本体论的基础。这一基础实则是靠不住的一片沙滩。

我们否定直觉主义，并不等于否定直觉。正如我们否定经验主义而不否定经验一样。我们认为，直觉并不神秘。直觉不过是把概念、判断、推理等理性思维的逻辑进程压缩、简化，采取了"跳跃"的思维形式而已。在"跳跃"之前，离不开理性思维进程；"跳跃"之后，必须很快地回到理性思维之中，才能巩固和发展认识成果。我们认为，不应当过高地估计直觉的认识功能。直觉只是认识的辅助形式，而不是主要形式。过分夸大直觉的认识功能，容易把认识神秘化，这不利于深入研究认识论问题。熊十力一生未写出《量论》，似乎同他囿于直觉主义也不无关系。

7.3 量智求知

熊十力推重性智，使他的思想体系带有浓重的传统色彩，但他作为"五四"新文化运动后涌现出来的现代思想家，又不能不对现代认识论做出回应，不能不对科学知识是如何形成的问题做出哲学上的解释。为此，他在高扬性智的同时，又提出同他的思想体系相一致的量智学说。他认为量智与性智是两种不能混同的认识：前者是获得科学知识的主要手段，后者是证会本体的主要手段。用《老子》中的话来说，前者叫"为学日益"，后者叫"为道日损"。

熊十力指出，如果说性智是发自"本心"的话，那么，量智是发自习心的认识能力。他说："习心亦云量智，此心虽依本心的力用故有，而不即是本心，毕竟自成为一种东西。"[1]又说："量智，是思量和推度，或明辨事物之理则，及于所行所历，简择得失等等的作用故。故说名量智，亦名理智。此智，元是性智的发用，而卒别于性智者，因为性智作用，依官能而发现，即官能得假之以自用。易言之，官能可假性智作用以成为官能之作用，迷以逐物，而妄见有外，由此成习。"[2]

从上述引文可以看出，熊十力所说的量智，乃是指广义的理

---

① 《新唯识论》，第548—549页。

② 同上书，第249页。

性认识，包括感觉经验和概念思维在内。量智有以下这样四个特点：第一，它是从性智中异化出来的认识能力，与性智又有很大区别。性智以本心为"形上主体"，量智以习心为"知性主体"。习心虽从本心分化出来，但毕竟与本心对立。第二，它以感觉器为认识的生理机制，靠眼、耳、鼻、舌、身从外界获取信息。第三，它以日常经验为基础，"缘一切日常经验而发展"，由量智获得知识是一种渐进的积累过程。第四，它以主体与客体的划分为前提，以客观事物为认识对象。习心亦即"知性主体"在同物质世界交往过程中由知之不多到知之较多、由浅入深不断增加知识的总量。

熊十力强调，量智同性智是两种不同的认识功能，有不同的适用范围。如果把量智误用到本该是使用性智的范围之中，将产生不堪的后果。在本体论领域中，如果说由性智获得的是"真见"的话，那么，由量智获得的则是"妄见"。其所以"妄"，就在于量智确认认识对象的客观实在性，从而背离"本心"本体。这是熊十力所不能容许的。他说："极虚妄分别之能事，外驰而不反，是则谓之量智。故量智者，虽原本性智，而终自成为一种势用，迥异其本。"①据熊十力分析，在本体论问题上拘泥于量智的思考方式很可能导致唯物主义宇宙观。"量智是缘一切日常经验而发展，其行相恒是外驰，即妄现有一切物。"照熊十力看来，一切外在事物都是"诈现的迹象"；量智以虚幻不实的"迹象"为认识对象，自然得不到真理性的认识。他说："量智唯不易得真解故，恒妄计有外在世界，攀援构画。以此，常与真的自己分

①《新唯识论》，第249—250页。

离，并常障蔽了真的自己。"①他认为真理即是"本心"本体；由量智非但不能获得真理，反而"障蔽"了真理。所以，他常常称量智为"妄见""倒见"。他对量智的贬抑和限制，显然是为了维护他的唯心主义本体论系统。

熊十力在本体论意义上否定量智的真理价值，但并不否认它在实际生活中的知识价值。他认为，在常识的范围内，人们由量智可以认识物质世界中诸事物之间的规律和联系，从而获得有用的知识。正因为如此，量智可以成为"科学所凭借的工具"。他说："科学所凭借以发展的工具，便是理智。这个理智，只从日常经验里面历练出来，所以把一切物事看作是离我的心而独立存在的、非是依于吾心之认识而始存在的。因此，理智只是向外去看，而认为有客观独存的物事。科学无论发展到何种程度，他的根本意义总是如此的。"②

熊十力把科学限制在日常经验的范围里，认为科学只能认识现象，不能认识本质，这是一种唯心主义观点。但他毕竟在唯心主义的前提下，承认科学的价值，比那些鄙视科学的东方文化派的狭隘目光要开明得多。他对科学的看法，有点像西方哲学史上的"二重真理论"。他认为哲学所认识的是关于本体的真理，而科学所认识的是关于现象界的知识。他之所以会形成这样的看法，一方面是由他的唯心主义哲学立场决定的，另一方面也是同他对科学缺乏深入的了解有关。他不懂科学是人们由现象深入本质的可靠途径。

---

① 《新唯识论》，第250页。
② 同上书，第248页。

熊十力还探讨了"科学知识何以可能"的问题，从东方哲学的立场对康德曾讨论过的"先验综合命题何以可能"的问题做出回应，表现出现代思想家的哲学识度。他指出，要想获得科学知识，必须借助关于物质世界的哲学范畴。例如，时空范畴使认识对象客观化、确定化，于是"科学知识于此始有可能"[1]。因果范畴反映事物之间的普遍联系，乃"为科学知识所待以成立之重要条件。因为科学解释事物，只是甄明一切事物的因果法则故"[2]。由此看来，如何看待范畴的认识功能便成为解释"科学知识何以可能"的关键。熊十力对于范畴的认识功能作如是观：

> 范畴本兼属主客。在客观方面，名为范畴，在主观方面，亦名为裁制（亦之为言，意显在主观方面非不名范畴也）。所以者何？物上具有种种轨范和形式或法则，是名范畴。此其属客观方面者也。心缘物时（缘者，攀援及思虑等义），物之轨则，顿现于心。而心即立时予以制造，是名裁制。此裁制，即物上范畴经过心思的营造而出之者也。心之摄取物上范畴，并非如照相器之摄影而已。故范畴不唯属物或客观，而亦属心或主观。但在主观方面，范畴乃成为活活的、有用的，并且变为离事物而独立的东西。可以把感识中未经分别的事物呼唤出来，使之客观化，而予以控制。此知识所由可能。[3]

①《新唯识论》，第497页。

② 同上书，第508页。

③ 同上书，第510页。

熊十力的意思概括起来有三点：第一点，范畴是事物所具有的"种种轨范和形式或法则"，这是它的客观方面；第二点，当主客观相互作用时，客观的范畴"顿现于心"成为"离事物而独立"的认识形式；第三点，就认识过程说，主观的范畴"裁制""呼唤""感识中未经分别的事物"。从第一点来看，他承认了范畴的客观性，突破了康德的主观主义范畴论，表现出一定的唯物主义倾向。但他没有把这种倾向发展下去。在第二点，他对客观范畴向主观认识形式的转化做了直觉主义（"顿现于心"）的解释，并把主观认识形式夸大为"离事物而独立"的东西，这就转向唯心主义了。而第三点，他把认识过程解释为主观认识形式囊括认识对象，又蹈入康德"人为自然界立法"的主观主义路数。熊十力关于"范畴兼主客"的提法，承认范畴有客观性的一面，力图从主、客观的联结上理解范畴的认识功能，具有一定的合理因素；但他没有把主、客两个方面有机地统一起来。他时而夸大这个侧面，时而夸大那个侧面，始终没有搞清楚：范畴是帮助人们认识和掌握自然现象之网的网上纽结；范畴的形式是主观的，内容是客观的，主、客两方面在认识过程中有机地统一起来。

　　综观以上论述可知，熊十力的"量智求知说"虽提出一些合理的见解，但他没有进行深入的研究。出于维护唯心主义体系的需要，他不得不对量智加上种种限制，表现出明显的非理性主义倾向。

7.4　思修交尽

　　熊十力提出性智和量智分途说，对性智直觉做了一些神秘主义描述，而对量智又做了许多限制，表现出明显的非理性主义倾向，因而受到学术界一些人的批评。熊十力并没有完全接受这种批评，不承认自己是非理性主义者。他在一些文章和论著中多次提到自己"并不反知"。不过，这种批评也促使他反省，亦发现自己在论述中对性智与量智的关系阐述得不够全面。晚年他在修定《新唯识论》编纂壬辰删定本时对这一点做了补充论证，提出"思修交尽说"。他在该书《明宗》章最后一节写道："夫哲学以上达天德为究竟（达者犹云证会，天德犹云本体，非谓天帝），其功夫要在思修交尽。"他在《十力语要初续》中也有类似的说法："余常以哲学为思修交尽之学。"① "思修交尽说"是熊十力晚年提出的一个重要的认识论观点。"思"指"量智"，"修"指"性智"。"思修交尽"是对性智和量智互相补充关系的肯定。

熊十力指出，性智和量智虽然是两种不同的认识能力，但二者之间除了对立的关系之外，还有并行而不悖的互补关系。他修正了早年提出的把量智限制在现象层面、视之为"见体"蔽障的论点，认为量智在"见体"时亦可发挥很大的作用。他以自己治学的经历为例，说明这一观点："余之学，始乎思辨，而必极乎体认，但体认有得，终亦不废思辨。"② 这就是说，在性智实证本体之前，量智是一种必要的准备，而在性智实证本体之后，量智仍为不可缺少的补充。"见体以后，必依性智而起量智，即昔儒所谓不废格物穷理之功是也。"③ 总起来说，在"见体"之前或之

①《熊十力全集》第5卷，第212页。

②《熊十力全集》第6卷，第304页。

③《答谢幼伟》，载《十力语要》卷三。

后，都应当贯彻"融思辨以入体认"的原则，使量智与性智交互为用，这样才能收到"称体起用""左右逢源"的最佳效果。他说："专事修养者，大本即立，毋须绝圣弃智，将见一切知识皆是称体起用，所谓左右逢源是也。"①这就是熊十力提出的"思修交尽说"的要点。他声称将在《量论》一书中详细阐明这一观点，曾对自己弟子说："哲学方法，则思辨与体认并重，余欲为《量论》一书，明此义。"②《量论》始终没有写出，他的观点亦没有充分展开。他的"思修交尽说"虽没有放弃原来的学术立场，但力图避开把性智与量智对立起来的倾向，使之认识论的非理性主义色彩有所淡化。

从"思修交尽"的观点出发，熊十力反省了中国传统哲学在认识论方面的不足。他指出："吾国学术，夙尚体认而轻辩智，其所长在是，而短亦伏焉。"③中国传统学术思想过分偏重性智体认，而忽视量智思辨，以宋明理学家最为典型。"宋明诸儒不求思辨之术，虽高谈体认，而思辨未清，则不以混沌为体认之实得者鲜矣。"④无论是程朱还是陆王，概莫能外。"程朱一派，其释大学格物虽无误，而其治学精神究不在此，故未尝注意于格物之术。陆王一派，求识本体，固立乎其大，独惜曲解大学格物之教，高谈本心，忽视格物，其流不趋于佛家出世，即有离群遗世，甚至玩世之病。"⑤在明清之际，实学派的思想家们就已揭露

---

① 《与张东荪》，载《十力语要》卷三。
② 《熊十力全集》第5卷，第212页。
③ 《十力语要》卷二，第59页。
④ 《熊十力全集》第5卷，第299页。
⑤ 同上书，第216页。

宋明理学的空疏之弊，但未进行深层次的理论分析。熊十力能从认识论角度挖掘宋明理学之所以陷于空疏的根源，还是发前人所未发，具有一定的新意和理论深度。

熊十力指出，中国传统学术思想忽视量智的缺陷，可以通过中西学术交流的途径得以弥补。如果说中国哲学以讲究性智见长的话，那么，西方哲学则以讲究量智见长。因此，"中国人诚宜融摄西洋以自广"。他曾告诫自己的弟子："诸生处今之世，为学务求慎思明辨，毋愧宏通。其于逻辑，宜备根基，不可忽而不究也。"[①]熊十力对中西哲学认识论特点的概括未必妥当，但他提出的通过中西哲学交流、融会，从而取长补短以发展思维科学和认识论学说的设想，却是可行的。这是一种开放的心态，在今天仍有现实意义。

总的来看，熊十力的认识论中包含着某些真理颗粒，值得认真加以研究，摘取其中的瑰宝。但平心而论，他对认识过程中主观与客观的矛盾、感性与理性的矛盾，以及理论与实践的矛盾等一些关于认识论的基本问题没能做出更深入的探索。他的"性量分途说"主要是为了给他的唯心主义本体论寻找理论依据。由于受到这一理论动机的制约，他对性智直觉加以夸大、神化，而对量智加以限制、贬低。他本人主观上也想避开非理性主义倾向，反复申明"《新论》中时有冥然自证语，此系证量境界，乃超过理智思考及推论之旨，而与反理智之说绝不相干"[②]。"玄学决不

---

①《十力语要》卷二，第61页。
②《十力语要》卷三，第33页。

可反对理智，而必由理智走到超理智的境地。"①他提出"思修交尽"之说，试图把性智与量智处理成并行不悖的互补关系。尽管如此，他始终把性智说成实证本体的根本途径，使量智从属于性智，并且把性智描绘成类似禅宗顿悟的神秘体验，这并未使他在认识论方面摆脱非理性主义倾向，这乃是不可掩的事实。

① 《十力语要》卷二，第84页。

第 8 章

成己成物

8.1　立大本开大源

　　本体论与价值论紧密结合是熊十力"新唯识论"哲学思想体系的一个显著特征。在熊十力那里，宇宙论、本体论、价值论其实都是一回事。"在宇宙论中，赅万有而言其本原，则云本体。即此本体，以其为吾人所以生之理而言，则亦名真的自己。"[①]"体用不二"即是熊十力关于世界"是什么""怎么样"的宇宙论答案，又是他关于人对于世界"有何种意义""应该怎样"的价值论回答。基于"体用不二论"，熊十力提出"成己成物"的人生价值论。"成己"也就是成就"内圣"，培养内在的道德价值源头；"成物"也就是实现"外王"，使内在的道德价值得以贯彻。所以"成己成物"与"内圣外王"有同等含义。"成己成物"是熊十力提出的关于人生的两个基本的价值目标。在这两个目标中，最主要的还是"成己"。

　　熊十力强调，本心本体就是成己的最终依据。他说："仁者，本心也，即吾人与天地万物所同具之本体也。"[②]他沿着传统儒家

---

①《新唯识论》，第249页。

② 同上书，第567页。

"天人合德"的思路，把"人德"抬到"天德"的高度：仁在儒学中本来是一切道德观念的总和，却被他说成是本心本体的同义语。在这一点上，熊十力作为现代新儒家，同传统儒家没有什么区别。照他看来，由于本体具有道德属性，那么，理所当然地也就成为道德价值的源头。"就人生行履言，全性成行（性即体。全者，言其无亏欠也。吾人一切纯真、纯善、纯美的行，皆是性体呈露，故云全性成行）。"[①]体会到本体的价值意义，才会树立起道德自我，形成明确的价值取向。熊十力指出，把本体视为价值源头乃是儒佛两家的共同观点，乃是东方哲学与西方哲学相区别的特色之一。"孔氏求仁，佛氏发大悲心，皆从本体滚发出来。"由于有本心本体这个价值源头的保障，人生才富有价值意义，而不至于产生失落感。而本体作为价值源头来说，则是真善美的统一。"此个真实源头，如何道他不是至善至美？"这一点正是儒学的真谛之所在。它帮助人把握内在的价值尺度，故称"为己之学"，而不是"为人之学"。"为人之学"是一种客观的知识，它可以丰富人的学识，但未必能提高人的品格。"为己之学"不是这样，它所研究的不是事实真理，而是价值真理。这就是熊十力关于价值依据的基本看法。他认为，"本心"作为"天德"来说，是衡量人的行为是否合乎道德的准绳，是评价真、善、美的尺度。人生以此为"安身立命"之地，就可以获得充实、高尚的价值感，把自己同本心本体自觉地联系起来，建立起意义的世界，而不会有空幻的虚无感。所以，在价值观方面，虽然儒释两家都

---

① 《新唯识论》，第 389 页。

讲究内在的价值源，而儒毕竟胜于佛。

把道德价值的源头追溯到宇宙万有的本体，从"终极"或"至上"的意义上思考价值问题，这是儒家的一贯做法。在这方面，熊十力没有超过他的前辈。不过，也应当看到，在"新唯识论"中，本体即是本心，熊十力把本体看成道德价值的源头，也就是把本心看成道德价值的源头。因此，他的价值所强调的不是道德规范的至上性，只是道德意识的至上性。这就更加突出人本主义的原则，表现资产阶级那种重视个性的伦理观念，与传统的儒家思想有所不同。例如，在汉学与宋明理学中，道德意识与道德规范是没有什么区别的。"良知""仁义""天理"等最高的价值观念都落实到"三纲五常"等规范之上，从而成为压抑人性、束缚个性的"吃人礼教"。熊十力把道德意识与道德规范剥离开来，就是要避开这种不良倾向，纠正传统儒学的弊病。

熊十力把本体说成道德价值的源头，肯定人生的价值，是他出佛入儒的思想标志。为了倡导儒家的入世主义原则，他批判了佛老否定人生价值的虚无主义思想。他认为，佛老两家虽然在本体论、宇宙论方面有差别，但在人生观方面，或归于出世、寂灭，或讲究致虚守静、玄同彼我，都程度不同地表现出否定人生价值的倾向。据熊十力分析，"佛家大乘，终未改易其反人生之倾向……则其人生态度，将陷于疑似与徘徊之中，不能于人生有明白正确认识，其生活必难充实有力。从来士类处昏暗之境，每习于苟偷，而无可发其同类胥溺之恻隐与犯难创进之强力。此为最不幸事"[1]。至于佛教的轮回说，"若必待轮回而为劝惩，则其人

----

[1] 《熊十力全集》第 4 卷，第 21 页。

已迷失本性，毫不知有人生价值"①。他对道家的人生观做了这样的批判："老氏以归根复命为旨归，归根者，返诸虚无之本然。"②这也是一种错误的价值取向，在实践中容易产生消极影响。熊十力指出，中国文人的清高观念概源于此。"中国知识分子受道家影响颇深，其流于自私颓废，不能与庶民同忧患，则显著之事实也。"③儒家历来对佛老的人生观都抱着批判、拒斥的态度，熊十力继承了儒家的这种传统。但是，他侧重于从价值观的角度批判佛老的虚无主义思想，还是富有新意的。

熊十力对"道德"和"伦理"两个概念做了区分。他认为"道德"是指价值的源泉，而"伦理"是指具体的价值评判尺度。作为价值源泉的道德是亘古不变的，无所谓新旧；至于具体价值尺度即伦理则是可变的，"夫伦理有随时制宜者，可云有新旧"④。熊十力在"道德"方面认同于传统儒家，而在"伦理"方面则有所突破。他并不完全赞成传统儒家以封建礼教为基准的价值评判尺度。他说："古代封建社会之言礼也，以别尊卑、定上下为其中心思想。卑而下者，以安分为志，绝对服从其尊而上者。虽其思想、行动等方面受天理之抑制，亦以为分所当然，安之若素，而无所谓自由与独立。及人类进化，脱去封建之余习，则其制礼也，一本诸独立、自由、平等诸原则。人人各尽其知能、才力，各得分愿。虽为父者，不得以非礼束缚其子，而况其他乎？"⑤熊

---

① 《十力语要》卷一，第15页。

② 《原儒》，第736页。

③ 同上书，第709页。

④ 《十力语要》卷四，第16页。

⑤ 《十力语要》卷三，第27页。

十力已摒弃"君为臣纲、父为子纲、夫为妻纲""天下无不是的父母"等旧观念，对儒家伦理思想的最基本范畴"礼"加以改造，清除束缚个性、维护等级制的封建主义糟粕，注入"独立、自由、平等"等资产阶级伦理思想的内容，力图用资产阶级的价值评判尺度取代业已过时的封建主义的价值评判尺度。

关于独立，熊十力认为，独立乃"无所倚赖之谓也"。"此云独立，即是尽己之谓忠，以实之谓信。唯尽己，唯以实，故无所依赖，而昂然独立耳。"[①]他的独立观念形式上仍然保留着"忠""信"等儒家传统的色彩，但实质上强调的是"无所倚赖"的独立人格。从这种装在旧瓶中的新酒中，我们很容易品味出现代观念的味道。熊十力作为真正的儒者，他是怎么讲的，也就是怎样做的，儒家"知行合一"的古训是他坚信不渝的信条。他不是那种只说不做的伪君子。熊十力一生以人格独立自律，鄙视那些攀龙附凤的"奴儒"，表示"不能与权势接触"，"决不苟且周旋于势利之途，为枉尺直寻之计也"。这种可贵的性格不能不使人表示钦佩。

关于自由，熊十力的说法是："古者儒家政治理想本为极高尚之自由主义，以个人之尊严为基础而互相协和，以成群体。期于天下之人人，各得自主而亦互相联属也，各得自治而亦互相比辅也。春秋太平之旨在此。"[②]对于这种新儒家的自由观，他做了进一步的阐发："自由者，非猖狂纵欲，以非理、非法破坏一切纪纲，可谓自由也……最精之义则莫如吾夫子所谓'我欲

---

① 《十力语要》卷三，第27页。
② 《十力语要》卷一，第75页。

仁，斯仁至矣'。"①他对孔子的语录做了六经注我式的解释，表达了中国民族资产阶级的自由观念。他把自由与放任区别开来，划清二者之间的界限。他认为自由是相对于"限制"而言的，在限制之中，生命力"自强自动自创"，变更不合理的限制，从而获得自由。如果"社会底种种模型"不合理地限制了生命的自由，那么就应当"破坏他底模型，变更他底限制，即另造一新社会"。

他比较正确地阐述了自由与限制的辩证关系，肯定了社会改造的合理性，频频发出革命的火花。但这种革命的火花很快在他的唯心主义体系中熄灭了，并未燃成毁灭旧世界的烈火。他所说的自由，主要是指道德意义上的自由，而不是政治意义上的自由。这种自由只规定着人在道德上的自我完善，因而缺乏政治上的号召力。他主张："自由便顺着他的天性去发展，所以他的生活充实，不受任何逆理的阻遏。至如为我之私，正是生活力欠充实，才落到小己底利害上作计较，这是因为不自由才显现出来的。"②毋庸讳言，这样的自由观是消极的，颇有点"不求改造世界，只求改造自己"的味道。

关于平等，熊十力说，"平等者，非谓无尊卑上下也"，"然则平等之义安在耶？曰：以法治言之，在法律上一切平等。国家不得以非法侵犯其人民之思想、言论等自由，而况其他乎？以性分言之，人类天性本无差别。故佛说一切众生皆得成佛。孔子曰'当仁不让于师'，孟子曰'人皆可以为尧舜'。此皆平等义也"。③

---

① 《十力语要》卷一，第 27 页。
② 《十力语要》卷四，第 20 页。
③ 《十力语要》卷三，第 27—28 页。

他主张"平等"与"尊卑上下"相协调，似乎对封建主义的等级观念让了步。如果我们把熊十力的这句话放到具体的语言环境中，就可以发现，这不是他的主要意思，甚至可以说只是表达上不太恰当。他的这句话是对本家晚辈说的，是从亲情的意义上提醒晚辈敬重长辈，没有政治方面的意义。他关于平等的基本观点是"人人在法律面前平等"，甚至在政府和人民之间也是平等关系，用法律协调政府与人民之间的关系，反对任何人压迫人的现象。这种平等观无疑是符合现代精神的。但是，他把实现平等的希望寄托在"人类天性，本无差别"之上，却有些儒家式的迂阔。

由上述论述可见，熊十力提出的以独立、自由、平等为基本内容的价值评判尺度基本上属于资产阶级的伦理观念。这种观念在当时是有反封建的进步意义的，应当予以肯定。不过，也应看到，熊十力的价值观存在着严重的缺陷。其一，他的价值观披着儒家"内圣学"的外衣，让这种陈旧的形式限制了内容的发展，甚至磨钝了反封建的锋芒；其二，他的价值观建立在唯心主义基础之上，过分强调内心的自我完善，找不到推动价值观念转换的物质力量，有些不切实际。这种局限性是半殖民地半封建社会中民族资产阶级软弱性的理论表现。

8.2　重外王求致用

作为现代新儒家，熊十力把"成己"当作主要的价值目标，但他并不忽略"成物"。"成物"也是他所主张的价值取向之一。依据"体用不二"原则，熊十力认为，"内圣成己"作为道德价值的源头，理应通过"外王成物"的渠道得以贯彻，只有这样，才不至于流于"有体无用"的空疏。"成己"是熊十力对道德价值的认同，而"成物"则是他对功利价值的认同。在他看来，这两种价值是统一的，而不是对立的。

在处理"成己"与"成物"或"道德价值"与"功利价值"的关系问题上，熊十力总结并吸取了前儒的理论教训。他指出，偏重成己而忽视成物，或者说偏重内圣而忽略外王，几乎是前儒的通病。汉儒董仲舒提出"正其义不谋其利，明其道不计其功"之后，宋明理学家继其绪，进一步将非功利主义推向顶峰。"理学家究是禅与老气味重。栖神虚寂，而难语于孔子乾元行健，富有日新，及孟子扩充之妙。其思想方面，亦往往过拘于身心之间。"①他们空谈心性，蔑视事功，"平时袖手谈心性，临危一死报君王"，已离开了孔子"成己成物""内圣外王"之学的大旨。他们同佛老一样，有体而无用，"没有一点活气"。熊十力对理学家轻视事功、空疏迂陋的头巾气毫不留情地予以披露。据他看来，宋明理学家由于没有处理好成己与成物的关系，错误地把道德价值与功利价值对立起来，结果弄得道德价值源头干涸，无法在人生践履中得以贯彻。所以说，宋明理学"未能完全承续儒家精神"，以至于出现"宋明以来，贤儒之鲜造于世运"的怪现象。熊十力强调，现代新儒家应当牢牢汲取理学家的教训，决不能再步他们的后尘，力图全面把握"内圣外王"之学，把成己与成物两个方面有机地统一起来。

出于对"成物"的重视，熊十力并不像东方文化派那样盲目

①《十力语要》卷一，第76页。

地排斥西方的制度文化。他认为西方器物文化有许多长处值得我们学习和借鉴。例如，"西洋社会与政治等方面，许多重大改革，而中国几皆无之"。在中国，"数千年来君主政治，时或遇着极昏暗，天下自然生变。到变乱起时，也只任互相杀伐。俟其间有能者出来，才得安定，仍然做君主。此便是顺事势自然，不加人力改造。若是肯用人力改造局面时，他受了君主政治许多昏暗之祸，自然会想到民治制度，同来大改造一番。西洋人便是这样，中国人却不如此"①。熊十力坦率地承认，在勇于改造社会这一点上，中国不如西方。"西洋改造之雄，与夫著书立说，谈群理究治术之士，皆从其活泼泼的全副精神，上下古今，与历观万事万物，而推其得失之由，究夫万变之则。其发明真理，持以喻人，初若奇说怪论，久而知其无以易也。如君民问题、贫富问题、男女问题，乃至种种皆是也。"相比之下，"宋儒反身功夫甚密，其于察世变，皆极肤也"②。就是说，中国文化以"成己"为特长，而西方文化的强项在于"成物"，各有其长，亦各有其短。而健全的人生态度则应当把二者结合起来，内圣外王并重，成己成物兼顾。他主张："今谓中西人生态度，须及时予以调和，始得免于缺憾。中土圣哲反己之学，足以尽性至命。斯道如日月经天，何容轻议？至于物理世界，则格物之学西人所发皇者，正吾人今日所当挹取，又何可忽乎？今日文化上最大问题，即在中西之辨，能观异以会其通，庶几内外交养而人道亨，治道具矣。吾人于西学当虚怀容纳，以详其得失；于先哲之典，尤须布之遐陬使

---

① 《十力语要》卷二，第59页。
② 同上书，第73页。

得息其臆测，睹其本然。融会之业，此为首基。"①熊十力以现代新儒家的开放心态拥抱西方文化中的精粹，倡导民主政治，主张学习西方进步的社会政治理论和先进的自然科学知识。他的"成物说"已突破封建时代思想家修齐治平、经世致用的思想藩篱，对功利主义表示认同，表现出鲜明的反封建倾向。这是他早年参加旧民主主义革命实践经过一段时间的蒸馏而形成的思想升华。但他把"成己"或"反己之学"看成融会西学的首基，终究没有摆脱"中学为体，西学为用"的俗套。

总之，熊十力主张把"内圣成己"与"外王成物"两个方面结合起来，使发端于"内圣"的道德价值源头，通过"外王"的渠道得以贯彻，同时实现"成己"（道德价值）和"成物"（功利价值）两个价值目标。跳出熊十力的思想体系之外来看他的这种主张，其实也就是倡导以唯心主义本体论为指导原则去处时应变，经世致用，接受新知，建功立业。当他强调"外王成物"这一侧面时，主要是指斥宋明理学家的虚妄迂陋，揭露佛老耽空滞寂、尚玄贵无，远绍明清实学家的务实传统，表现出实事求是的唯物主义倾向；但由于他不愿意放弃"内圣至上"的伦理主义原则，致使这种唯物主义倾向难以伸展开来。熊十力主观上认为他已经把"内圣成己"与"外王成物"统一起来了，其实他没有也不可能做到这一点。因为内圣至上的唯心主义原则与经世致用的唯物主义倾向是不相容的，从"内圣至上"无法引申出"经世致用"来，二者之间没有必然的逻辑联系。当他强调"外王成物"

①《十力语要》卷三，第73页。

这一侧面时，他实际上已离开了"内圣成己"的务虚原则；而他强调"内圣成己"这一侧面时，必然排斥"外王成物"的务实倾向。从"新唯识论"本体论的观点上看，执着现实、支离务外将导致有用无体的近视症。如何弥缝"内圣成己"和"外王成物"之间的裂缝，成为困扰现代新儒家的难题之一。牟宗三等辈承接熊十力成己成物、内圣外王之学，盛倡"返本开新""由内圣开出新外王"之论，受到许多学者的质疑、问难，即：怎样才能"开出"？二者如何"接榫"？至今他们也没做出令人满意的回答。这恐怕是解不开的死结。对于熊十力来说，就像他无法从本心本体中顺利地引导出物质世界一样，他也无法从"内圣至上"的唯心主义伦理原则中引导出经世致用的唯物主义人生观。这种矛盾性在他论及如何培养"成己成物"的理想人格即如何成为圣人的问题上，便充分地显露出来了。

8.3　去染污修净习

同所有的儒家学者一样，熊十力也把成为圣人看成是人生的目的。他所理解的圣人就是"成己成物"并重、"内圣外王"兼顾的人。怎样才能成为这样的圣人？他主张走向内用功、去染污修净习的路线。在他看来，既然"本心"是道德价值的源头，那么，要想成为圣人，首先就得从"返本"或"返己"入手，明觉"本心"的本然状态，寻找"真的自己"。他的结论是："故学者功夫，只在克己去私，断除惑染，使本体得以发现。"[1]熊十力的这

---

① 《十力语要》卷三，第39页。

个观点被他的弟子唐君毅、牟宗三表述为"道德自我的建立"或"道德自我之挺立"。

熊十力认为每个人都有本心，因而每个人都有成为圣人的可能。他对儒家的性善论坚信不疑："人生不是如空华，天命之谓性，此个真实源头，如何道他不是至善、至美？孟子言性善，其性是'天命之谓性'也。其所言善，则赅真与美也。广矣大矣，深矣远矣。孟子性善论，其可非乎？"[1]人人都有成为圣人的可能性，而事实上并不是每个人都是圣人，这是什么原因呢？熊十力用"本心"与"习心"之区别来解释这个问题。他认为心分为两种：一是本心，即与物无对的本体之心；一是习心，即与物相对而言的认识主体。习心虽是从本体之心分离出来的，但已发生异化，成为与本体之心相对的主体。习心执着于现实世界，执着于小己私欲，是孟子所说的"小体"。"小体"与"大体"之本心相对立。因此，"实则只有本心，可正名为心，习心直不应名为心"[2]。可惜，一般人"大抵都为无际无边的习气所缠缚固结"，拘泥于"习心"，掩蔽了"本心"，从而偏离了道德价值的源头，迷失了"道德自我"。于是，在一般人的行为中遂产生善与染的分化，即所谓"本来纯净无染，后起便通善染"。

他指出，一般人的行为都是受"本心"和"习心"两种意识支配的，故亦可分为"净习"和"染习"两种。从"本心"发出的行为称为"净习"。净习为"本体显发之资具"，与本心是一致的。如儒者所谓操存、涵养、居敬、思诚等种种工夫，都是

①《十力语要》卷三，第 39 页。
②《新唯识论》，第 552 页。

净习。从"习心"发出的行为称为"染习"。染习则是对本心的侵蚀，"且直取而代之"。不幸的是，人类自无始以来，拘执形气，沦溺于现实生活中，误将染气认作天性，"无从自识性真"。于是，在一般人的道德品质方面便出现了善与恶的分化。他说："染即是恶。须知恶本无根。吾人本性无染，何故流于恶耶？只徇形骸之私，便成乎恶。王阳明先生所谓随顺躯壳起念是也。人之生也，形气限之。有了形骸，便一切为此身打算，即凡思虑行为，举不越此一身之计，千条万绪之染业皆由此起。"与此相反，"净即是善。循理者，即凡意身等业，它皆顺从乎天性本然之善，而动以不迷者也。《中庸》所谓率性是也。率性即不役于小己形骸之私。孟子以强恕为近仁。恕者，能超脱乎一身之外，不在一身利害得失上打算，而唯理是从；不以己身与万物作对，而通物我为一者也。故曰近仁"。他认为染净或恶善是根本对立的，"染净相为消长，不容并茂。如两傀登场，此起彼仆"[1]。熊十力认为，在本原的意义上人性是善的，而从现实的人生看，人性可恶可善。他用这一理论为儒学史上"性善论"与"性恶论"之争做了一个总结，使二者各得其所。

如果我们把熊十力的人学思想同宋明理学的人学思想比较一下，那么，不难发现二者有一些相似之处。他们关于善恶的看法大体一致。熊十力所说的"本心"，也就相当于宋儒说的"道心"；熊十力所说的"习心"，相当于"人心"。宋明理学家认为，道心"极好至善"，而人心则可善可恶。如《朱子语类》载："问：

---

[1]《新唯识论》，第461页。

'心之为物，众理具足。所发之善，固出于心。至所发不善，皆气禀物欲之私，亦出于心否？'曰：'固非心之本体，然亦是出于心也。'又问：'此所谓人心否？'曰：'是。'子升因问：'人心亦兼善恶否？曰：'亦兼说。'"①同朱熹一样，熊十力认为，出于"拘执形气"的习心，"沦溺现实生活中"，"徇形骸之私，便成乎恶"。他把善恶归结为本心与形骸的对立，把身体必不可少的物质需求看成是流于恶的原因，必然否定那种正视现实的唯物主义人生观。这是从他的唯心主义本体论学说中得出的逻辑结论。按照他的本体论学说，物质世界（包括人身肉体）都是虚幻不实"诈现的迹象"，拘泥于此，自然是不值得的。熊十力的善恶观同朱熹的"道心人心说"的不同之处在于，他用染净这种佛学的语言规定善恶，使之带上了浓重的佛学意味。熊十力在"怎样对待人生"这个问题上，曾激烈地抨击佛教的出世主义倾向，而在这里又与之殊途同归，都以"净"为正价值，以"染"为负价值，表现了他出佛入儒的不彻底性，也表明他还同佛学保持着藕断丝连的关系。

作为现代新儒家，熊十力虽远绍宋明理学之绪，但并不是照本宣科，他对理学家的人学思想有继承也有批判，有弘扬也有突破。这主要表现在他对"欲"的看法与宋明理学家不尽相同。他并不完全同意宋明理学"穷天理灭人欲"之说，并对此做出批评："宋明诸老先生，以人欲与天理分开，朱子遂有人欲尽净，天理流行之说。殊不知，欲者，天理发动之几也。克就欲上言，何有非天理者乎？"②熊十力指出，人之欲是人之为人所不可或缺的因

---

① 《朱子语类》第 1 册，第 86 页。

② 《原儒》，第 764 页。

素，要去人欲除非人不生。换句话说，宋明理学的灭欲说只适用于死人，而不适用于生人。熊十力分析说，理学家只看到理欲相对立的一面，而没看到它们相融的一面。人欲既可能违背天理，又可体现天理。从后一种意义上说，"天理即是人欲，人欲无非天理。去人欲而求天理，天理其可得乎？"因此熊十力不主张"灭人欲"，只主张"使天理常作得吾身之主，则欲皆从理而饮食男女莫非天理中事矣"[1]。他用"欲皆从理"这一新提法代替"存天理灭人欲"这一偏颇之论。在理欲关系问题上，他也不同意戴震的观点。他认为戴震"欲当即为理"的说法在理与欲之间完全画上了等号，未免矫枉过正，走向另一极端，也是一种不识性、不识本心的错误说法。

熊十力提出"欲皆从理说"，虽然在一定程度上承认"欲"的正当性，但他仍把"欲"同"染""恶"联系在一起，并未完全放弃拒斥的立场。在他看起来，人欲毕竟有与本心相抵牾的一面。他说："身之主宰是心。此身若为私欲所使，即私欲侵夺天君之位。""吾人每当本心发用，即真意乍动时，恒有私欲，或习心起而用事，障碍真意，此谓自欺。"[2]尽管如此，他仍不主张像程朱那样消极地去"灭欲"，而是主张积极地发明本心。他说：

我不是主张纵欲的，但用功去绝欲，我认为方法错误。只要操存工夫不懈，使昭昭明明的本心，常时提得起，则欲皆当理，自不待绝了。如果做绝欲工夫，势必

①《十力语要》卷四，第13页。
②《十力语要》卷三，第47页。

专向内心去搜索敌人来杀伐他，功力深时，必走入寂
灭，将有反人生的倾向。否则亦好执意见以为天理。因
为他一向孤制其心，少作格物的工夫，结果，自非拿他
底意见来做天理不可。宋明末叶的理学家，都是好闹意
见，至国亡而犹不悟。①

熊十力认为，宋明理学家用以培养圣人的方法是行不通的，
必须寻找另外的方法，培养"成己成物"的理想人格。他找到的
办法就是"断染成净"，在发明本心上用功夫，主要包括以下三条。

一是证量。所谓"证量"就是"主人公自明了"。"此须有修
养工夫，真力积久，感染尽净，真体呈现。"②"主人公"指"本
心"。他所说的证量也就是借助直觉体证"本心"本体，确立"体
用不二"的宇宙观。

二是保任。他说："凡夫不知保任此端倪，每有初念顷，是
非不惑；及稍一转念，便为私欲所使，而障蔽其本明。故学者
自远于凡夫，必于一念是非之明处，引其端而扩之，至于穷万
理、达至道、得大智慧。"③照熊十力看来，每个人都有本心，凡
夫之所以为凡夫，问题就出在不能保任本心，使之为私欲障蔽。
因此，只有证量的功夫还不够，更重要的是经常保任本心的明觉
状态。

三是推扩。他说："吾人只念念顺从吾知体之明，而推扩去，

①《十力语要》卷四，第42页。
②《十力语要》卷三，第49页。
③ 同上。

则私欲或习心，自不得起。推扩工夫稍歇，则习心便乘间而横溢。"保任与推扩是一致的。"保任自是推扩中事，非可离推扩工夫，而别言保任也。推扩者，即依本体之明，而推扩之耳。"也就是以"体用不二"的原则为指导，学以致用，处世应物，在事上磨炼，"向事物上去格量"。所以，推扩"正是工夫吃紧处"。熊十力强调："推扩工夫，方是立大本之道。譬如通渊泉之流，源源不竭，沛然莫御，所谓有本者如是也。""推扩工夫正是良知实现，私欲、习心无由潜伏。正如太阳常出，魍魉全消。"[1]

熊十力指出，他的方法同先儒的区别在于："先儒多半过恃天性，所以他底方法只是减……若如我说，成能才是成性，这成的意义就是创。""故夫人之有是天性也、本心也、明智也，自人创之而已。若过恃固有具足，而徒以减除物欲为功，则夫物欲者，亦斯人生生之具，岂其皆恶害而可减哉！……故吾之为学也，主创而已。"[2] "减"是陆九渊提出的修养心性的办法。他说："到某这里，只是与他减担。""人心有病，欲是剥落。剥落得一番，即一番清明，后随起来，又剥落，又清明，须剥落得净尽方是。"[3]。熊十力的"创"的办法确实比陆九渊的"减"的办法高明得多，后者是消极的，前者是积极的。它突出主体的能动性，在一定程度上肯定物欲的正当性，谋求"成己成物"或"成能成性"的协调。尽管有合理方面，但仍是一种唯心主义的心性修养方法。他的着眼点放在否定现实世界的真实性上，幻想通过修养本

① 《十力语要》卷三，第50—51页。
② 《十力语要》卷四，第28—29页。
③ 陆九渊：《陆九渊集》，钟哲点校，中华书局，1980，第458页。

心的办法剪除人间的丑恶现象，这是根本办不到的。

综上所述，"内圣外王""成己成物"的人生价值观是为解决出世与入世的矛盾而展开的。他批判佛教的出世主义，揭露宋明理学虚妄迂阔的局限性，肯定经世致用的必要性，弘扬了儒家积极的入世主张。总的来看，熊十力的伦理思想继承了宋明理学的基本思路。不过，他尽力排除其中的封建主义毒素，力图在旧形式中注入"独立、自由、平等"的新观念，这在当时是有一定积极意义的，应当予以肯定。但囿于唯心主义哲学体系，他否认现实世界的真实性，找不到改造社会的物质力量，最后还是落入出世不忍、入世无方的矛盾境界。"忧世之思深，愤世之情急，忧愤激而亦不忍离世。"[①]他企图通过"正人心"的办法影响世风、改造社会，解决辛亥革命所没有解决的问题，改变中国的落后面貌，这一良好的愿望不可避免地落空了。他曾力避宋明理学的空疏之弊，然而，他创立的新儒学也并未走出这一误区。

---

① 《十力语要》卷三，第16页。

第 9 章

桑榆暮景

9.1 暮年承新运

　　1945年，抗日战争终以中国人民胜利而告结束。熊十力离开他寄居八年之久的四川回到湖北武汉，在连襟王浙磐（字孟荪）家暂住。1946年夏，化学实业家孙颖川创办黄海化学社并附设哲学研究部，请熊十力主持其事。熊十力早就想创办一个专门研究哲学的学术机构，他自然乐于应聘，随即再次入川，欣然前往重庆五通桥任职。他特为《黄海化学社附设哲学研究部特辑》写了一篇讲词《中国哲学与西洋科学》。1947年春北京大学复校后，熊十力闻讯赶回北平。他原以为可以重过他当年初到北大那种平静沉思、专心治学的日子，想不到内战之火迅即燃起，时局动荡，抗战胜利后的北平依然放不下一张安静的书桌。他不得不再次飘零，辗转于武汉、上海、杭州、广州等地。1948年夏，他应张其昀、谢幼伟之邀到浙江大学讲学。他们为熊十力准备了一套寓所，熊十力以"漆园"名其室，并自号"漆园老人"，寄托他当时悲凉的心境，自比战国"心游无何有之乡"的庄子。1948年秋，他南迁广州，在中山大学讲学，寄居在广州郊外化龙乡弟子黄艮庸的家中。1949年5月16日，他从收音机里听到电台播发的电讯：中国人民解放军渡过长江，已占领军事重镇武汉。熊十力极其兴奋，他当即在自己的记事簿上记下了这条消息，展开一张纸，挥毫泼墨写下"解放了"三个大字，以表示自己的心情。军人出身的熊十力知道，武汉一解放，大军挥师南下，广州的解放已指日可待。

中华人民共和国成立前夕，熊十力在去与留的抉择上，曾一度徘徊不定。在一些朋友和弟子的劝说下，他也曾动过去中国香港、中国台湾或者印度的念头，但随即打消了。他一辈子治国学，早已把自己同中华民族的命运捆在一起了，何况他已年过花甲，怎么可能一下子离开生于斯、长于斯、忧于斯、乐于斯的故土呢？他实在下不了这个决心。他当然希望能回北京大学或者湖北老家，找个地方安度晚年，过几年平平静静的日子，但又心存疑虑：虽说自己过去抨击过国民党的腐败统治，始终没有与其同流合污，但毕竟没投身于新民主主义革命的洪流；虽说自己长年埋首书斋，苦心孤诣地研究国学，努力弘扬中国传统文化，但哲学信仰毕竟与马克思主义者不类。留下来又会怎么样呢？心里不大托底。他彷徨不安，十分焦躁，在疑虑中迎来了广州的解放。

他怎么也没有想到，就在广州解放后的第十天，竟收到老友董必武和郭沫若联名拍来的电报。电报请他迅即北上议事，参加中央人民政府的工作。他回信表示感谢，并称自己非事功之材，不宜做官，若能讲学尚可。1950年1月底，他接到时任政务院副总理董必武的回信："叠函均奉悉，并与沫若、彝初（马叙伦）、东荪、云川诸先生往复商酌，金以为兄所提不做官、能讲学、路上要人招扶等，都容易办。只有找坐北向南房子一事，至今尚未弄妥。非敢缓也，求之实难。"

接到董必武副总理的信，熊十力不好意思再推托了，决定立即动身乘车前往北京。踏上北上的列车，熊十力心情十分激动。他已记不得多少次北上进京了，唯有这一次永生难忘：这是专程去中央人民政府商议国是，反映人民的意愿，行使当家做主的权利，而不是为谋生行走奔波。他衷心感谢那些时刻惦念着自己的共产党人朋友。

列车行至他曾战斗过的武汉市。他打算下车略住几日，一来可以缓解一下旅途的劳顿，二来可以会会多年不见的老朋友，一叙乡情。李先念等为他安排住所，设宴款待，湖北籍的郑位三亦到住所看望他。同年3月，熊十力在武汉收到郭沫若的信："南信均奉到。已电李主席备车票并电示行期。董老所布置之住所，尚为北房无怪。至它一切，均请不必过虑。"

接到信后熊十力迅即动身，由武汉来到中华人民共和国的首都北京。政务院副秘书长齐燕铭专程到车站迎接，接待规格也相当高。

中央人民政府对熊十力的生活起居很关心，做了周到的安排，为他选择合适的住房，配备齐全的家具。先把他同义女仲光安排住在交道口附近，北房五间，很宽敞。住了两三个月，他嫌院子嘈杂，影响读书写作，请求调房。政府帮他搬到西城宝禅寺街，住进一套独院的房子。未住多久，政府又给他在鸦儿胡同买了一处小四合院，请他搬入。这里出门不远就是后海。他在这里居住到1954年离开北京为止。熊十力的工资定为每月800斤小米，这是当时的最高标准。他很喜欢鸦儿胡同的小四合院，这里绿树环绕，碧水清澈，建筑古朴，恬静幽雅，虽离市中心很近，却有田园清趣，堪称"都市里的村庄"。在风清日朗的时候，熊十力经常到后海畔散步，他时而饱览周围的景色，时而坐在长椅上沉思，锤炼自己的哲学思想体系。

在北京，熊十力最感亲切的老朋友要算是董必武了。他与董必武都是湖北人，又都是辛亥革命的参加者，年纪亦相仿，都已六旬以上。每逢二老相会，他们总是欢喜异常，仿佛有说不完的话。董必武身居中央人民政府政务院副总理的要职，仍同熊十力称兄道弟，相处十分随意，十分融洽。熊十力在董必武面前也无拘无束，想说什么就说什么。刚到北京时，熊十力为择房、搬家、工作等事经常找董必武。董必武跟他开玩笑说："我简直成了你熊十力一个人的副总理了。"熊十力听罢一笑了之，毫不介意，有事情仍照找不误。董必武深知熊十力的为人和禀性，曾赠给他一条幅，上书：

宁拙毋巧，宁丑毋媚，宁支离毋轻滑，宁粗率毋安排。

董必武借用傅山论书法名句赞美熊十力坦诚、率真、质朴的人格。

除了董必武之外，与熊十力交厚的还有郭沫若。他俩也是老相识。抗日战争时期熊十力避难四川，郭沫若带着桂圆和肉鸡登门造访。二人交谈甚契，郭沫若希望熊十力能有更多的大作问世，领袖学界群伦。熊十力到北京后，彼此见面的机会更多了。这两位国学根底深厚的著名学者经常在一起聚餐，谈古论今。郭沫若劝熊十力到他任院长的中国科学院工作，熊十力则表示：

"我还回北大老巢!"熊十力每逢在生活上或工作中遇到困难找到郭沫若,郭沫若总是尽量帮助解决。

熊十力到京后联络了一些老朋友,也结识了一些新朋友。常来看望熊十力的老朋友除了董必武夫妇、郭沫若夫妇外,还有林伯渠、徐特立、李济深、陈铭枢、张申府、张岱年、林宰平、张云川等人。一些旧日的弟子也常来拜谒、求教。著名哲学家贺麟、艾思奇等人常与他在一起切磋学术。老朋友梁漱溟与他隔湖而居,更是常来常往。熊十力还结识了著名的国画大师齐白石老先生。熊十力的义女仲光在齐白石老人家里学画,两家有了来往。也许是出于对中国传统文化的酷爱吧,国学大师与国画大师同声相应,同气相求,竟然一见如故,相交十分默契。齐白石老人最佩服熊十力的人格与文采,曾请他为自己故去的老母写祭文,熊十力慨然应允。齐白石回赠一幅题为《老少牛》的国画相报。齐白石把熊十力当作自己最要好的朋友。熊十力在北京的这些年真是诸事如意、顺利,日子过得很舒心。

熊十力仍任北京大学哲学系教授。同从前一样,他并不到校上课。有的时候贺麟教授带领北大哲学系的学生到熊十力家中听讲。1956年前,熊十力的工资是每月200元。1956年定为一级教授后,工资为每月345元。熊十力迁居上海后工资仍由北大邮寄,后来熊十力嫌邮寄太麻烦,才改由上海市政协发给。

熊十力在北京的这些年备受礼遇,受到党和政府无微不至的关怀。他亲眼看到中华人民共和国欣欣向荣的开国气象,庆幸自己能在暮年迎来新时代。他曾用"惟幸暮年承新运"的诗句表达自己的欣喜与快慰，表达对党和政府的衷心感谢之情。

9.2　上书议政

作为一名学者，熊十力最关心的还是中华人民共和国的文化建设事业。他秉笔直书，向党和政府陈述自己的见解，衷心希望有关部门采取得力措施，正确对待传统文化，在弘扬光大传统文化的基础之上建设具有时代特色、中国特色的新文化。

1950年，一向不怎么过问政治的熊十力竟写出一篇评论明代改革家张居正政绩的文章，题目是《与友人论张江陵》。明万历元年（1573年），任明廷内阁首辅的张居正下令实行变法。主要措施有：清丈土地，清查大地主隐瞒的田产；在全国逐步推行一条鞭法，改变赋税制度，把各种税役合并为一，按亩征银；裁汰冗员，减少开支；任用戚继光等名将练兵备战，加强对北方鞑靼贵族入侵的防御；浚治黄河和淮河，兴修水利。变法收到一定效果，也遇到很大的阻力。张居正曾采取禁讲学、毁书院等严厉手段打击那些反对变法的政敌。熊十力对张居正的政绩并不否定，但对他"恶理学家空疏，遂禁讲学、毁书院"之举，颇不以为然。熊十力指出，这些做法与秦始皇焚书、元朝统治者入主中原后毁灭文化一样，都是矫枉过正的愚蠢举动，都是非常错误的。熊十力从张居正的失策中总结出经验教训："学术思想，政府可以提倡一种主流，而不可阻遏学术界自由研究、独立创造之风气，否则学术思想锢蔽，而政治社会制度何由发展日新？江陵身没法毁，可见政改而不兴学校之教，新政终无基也。"[①]他对当

①《熊十力全集》第5卷，第553—554页。

时的文化方针表示拥护，字里行间也流露出对某些否定传统的错误倾向的抬头存在着忧虑。

1951年，他又写出长达6万多字的《与友人论六经》（亦称《论六经》），透辟地论述弘扬中国传统文化的必要性。他说："余年四十后，深感民国以来，唾弃固有学术思想，一意妄自菲薄，甚非自立之道……哲学有国民性。治哲学者，自当以本国思想为根底，以外国思想为资助。吸收外人之长，以去吾固有之短，亦当考察外人之短，而发挥吾固有之长，供其借鉴。学术者天下之公器也，容不得一毫自私心，更容不得一毫自薄心。余尝言，将来世界大同，犹赖各种文化系统，各自发挥其长处，以便互相比较、互相观摩、互相取舍、互相融和，方有大同之福。"[1]他恳切地指出："欧化东来，吾固有学术思想，似日就湮废。余常设想，今当舍旧图新。不守其故而新生，则诚然矣；不用其故而新生，恐不应理。"[2]中国固有学术思想日就湮废的问题在旧中国长期得不到解决，而今中华人民共和国业已成立，应该把这一迫切问题提到议事日程上来了。

"共和（国成立）已二年，文教方针，宜审慎周详，学术空气之提振，更不可缓。余以为马列主义，毕竟宜中国化。""凡新故替代之际，新者必一面检过去之短，而舍弃之，一面又必因过去之长，而发挥光大之。新者利用过去之长，而凭藉自厚，力量益大；过去之长，经新生力融化，其质与量皆不同已往，自不待

---

① 《熊十力全集》第5卷，第763—764页。
② 同上书，第773页。

言。"①他相信，党和政府一定会重视文化发展工作，中国传统文化的复兴指日可待。他以饱含热情的笔触写道："中国文化，在大地上自为一种体系。晚周学术复兴运动，此时纵不能作，而搜求晚周坠绪，存其种子，则万不可无此一段工夫。中国五千年文化，不可不自爱惜。清季迄民国，凡固有学术，废绝已久。毛公主张评判接受，下怀不胜感奋，故敢抒其积怀。年来深感政府以大公之道，行苦干实干之政。余确有中夏复兴之信念，故对文化，欲效献曝之忱。"

熊十力在《与友人论六经》中还提出一些发展中华人民共和国文化事业的具体建议："今奉书左右，至希垂察，并恳代呈毛公赐览，未知可否？书中所请，设立中国哲学研究所，与恢复内学院、智林图书馆、勉仁书院等办法，恳代达政务院，是否有当，伏候明教。辱在相知，故敢相渎。伯渠、必武、沫若诸先生，统希垂鉴。"②他简要地介绍了南京支那内学院的历史，充分肯定它在学术思想界的影响，希望政府把内学院继续办下去，建议由欧阳竟无的高足吕澂主持院务。他说："南京佛学研究机关，对革命人物不无相当影响。欧翁虽下世，而其弟子吕秋逸（吕澂）居士，克宏前业。当请政务院，函商南京省市政府，觅一房屋，为内学院院址，邀秋逸主持，暂聚生徒数名，由公家维持其生活，以后徐图扩充。吾于佛学，本不完全赞同，世所共知，然佛法在中国，究是一大学派，确有不可颠仆者在。内学院为最有

---

① 《熊十力全集》第 5 卷，第 772—773 页。
② 同上书，第 775 页。

历史性及成绩卓著之佛学机关，如其废坠，未免可惜。"①

他希望政务院以及地方政府帮助马一浮在杭州把智林图书馆恢复起来，帮助梁漱溟把勉仁书院恢复起来，从事刻书事业，培养国学人才，使之成为保存、整理、弘扬国学的基地。建立中国哲学研究所是他多年来的愿望。1931年他曾向蔡元培先生提过建议，抗日战争时期居正为他争取过，均未成功。1946年他在孙颖川的帮助下主持黄海化学社附设的哲学研究部，仅半年便因经费不继而中途夭折。1947年他还向北京大学校长胡适提过类似建议，因内战爆发而搁浅。他衷心希望自己的建议能被政府采纳，中国哲学研究所能建立起来，并毛遂自荐，愿意牵头主持这一学术机构。

从1950年至1954年，熊十力多次写信给党和国家领导人，陈述自己的主张、建议和意见。他向政府提出的几项建议因种种原因大都没有被采纳，只有恢复南京支那内学院一项，事隔多年才得以实现。重新恢复的内学院改名为南京佛学院。

熊十力患有严重的神经衰弱症，冬天不能在室内生火取暖。室内温度低受不了，但温度一高，他就犯病。北方的冬季寒冷漫长，不生火实在难熬。1954年秋，熊十力实在不能再适应北方的冬季生活了，便请求调到上海定居。熊十力到上海后住在长子熊世菩家中。世菩家人口多，孩子小，老人多年不同家人住在一起，清静惯了，有些不太适应。上海市政府为了照顾熊十力，特将世菩在青云路的住宅楼下的住户迁出，腾出来给老人作书房。

---

① 《熊十力全集》第5卷，第774页。

尽管如此，熊十力还是希望有一处独院，以便安心写作不受干扰。1956年，熊十力全家搬到淮海中路（旧霞飞路），住进一幢花园式洋房。这里环境幽雅，适合写作，熊十力比较满意。他雇了厨师和誊抄文稿的秘书，专心从事著述。

1956年，熊十力以特邀代表身份出席中国人民政治协商会议，并当选为第二届全国政协委员。以后又连任第三届、第四届全国政协委员。每次到北京开会，对于熊十力来说都是很难的事。他乘坐的车厢不能有取暖设备，而且必须开着车窗。一遇冷天，风呼呼地往车里灌，与他同一车厢的人真吃不消。服务人员向上海市领导反映说，熊先生是个怪老头儿，不大好伺候。领导呵呵一笑，说道："咱们国家有几个熊十力？不就一个嘛！想法子照顾一下嘛！"从此以后，熊十力每次到北京开会，都是一个人使用有四个铺位的包厢。政协开会，年事已高的熊十力不耐久坐，但他保证做到"三到"，即开幕到、照相到、闭幕到。其余时间则住在宾馆看文件，读报纸，会见来客。熊十力每次到北京开会，周恩来总理都非常关心。

熊十力是一位关心国事民瘼的正直学者，他时刻把自己的命运同国家的兴衰和人民的苦乐联系在一起。《原儒》一书出版后，熊十力考虑到国家正值经济建设时期，需要用钱的地方很多，他便提出将该书稿费全部捐给国家，自己分文不取。后经有关领导同志反复劝说，他才拿了一半稿费。1958年农村办起公共食堂，粮食浪费现象严重。熊十力为此感到担忧，特地给家乡人民写信，提醒他们注意节约粮食，把糙米和米糠保存起来，以备荒年之用。在三年困难时期，熊十力表示要同人民共甘苦。他多次写信给中央领导同志和全国政协的有关负责同志，请求减薪，以便分担国家的困难。在20世纪五六十年代，熊十力的工资是比较高的，可是他仍旧过着简朴淡泊的生活，绝不讲排场、图奢侈。他不是那种把钱看得很重的人。每月发工资，他都拿出相当大的一部分，周济乡下亲友，周济那些身处逆境中的朋友、弟子及其子女。

对于那些处在逆境中的朋友，熊十力不仅从经济上帮助他们，而且从精神上安慰和鼓励他们。1957年以后，有些人被错划为右派。他们情绪沮丧，心境悲凉，一时感到走投无路。他们找到熊十力，熊十力总是热情地接待他们。熊十力意味深长地对他们说："要向前看，不要悲观。逆境是暂时的，总会有'否极泰来'的那一天。"希望他们放下思想包袱。王元化等人正是听了熊十力的开导，才没有消沉下去。

9.3　玄圃耕耘

中华人民共和国的成立揭开了新的历史篇章，熊十力的思想也发生了很大变化。他虽已年过六旬，仍下决心重新整理自己的哲学思想。他手不释卷，每日笔耕不辍。到1954年离开北京为止，他重新修订《新唯识论》壬辰删定本，还写出《与友人论张江陵》《与友人论六经》等著作，《原儒》上卷也已脱稿。由他口述、弟子黄艮庸记录整理成《摧惑显宗记》一书，以黄艮庸的名义发表，答复佛学家们对《新唯识论》的责难。胡哲敷根据熊十力口述，整理出《韩非子评论》，1950年发表在香港出版的《学原》第3卷第1期。

1954年熊十力定居上海之后，不顾年迈和体弱多病，仍继续从事著述。1956年，他完成中华人民共和国成立后第一部关于儒学的专著，约30万字，书名为《原儒》。此书出版时遇到困难，董必武、郭沫若得知后马上出面设法帮助解决。该书1956年由上海龙门书局出版，印大字线装本上下两卷，共1000套。《原儒》问世后，熊十力又开始写《体用论》，因劳累过度，导致心血管病复发，致使《体用论》未写完。成文稿9万多字亦由上海龙门书局1958年排印发行。1959年该书局又出版了熊十力的《明心篇》。1961年熊十力写完《乾坤衍》，由中国科学院影印成书。1963年《存斋随笔》脱稿。这段时间可以说是熊十力一生中最高产的时期，差不多每隔一两年就出一本书。据统计，从1950年到1961年，熊十力的著作在国内印行了七种，约90万字，几乎占他一生中所发表文字的三分之一。熊十力早已把著书立说看成自己生命的组成部分，只要有一口气，他就不肯放下手中的笔。他在赠给王元化的诗中说："衰来停著述，只此不无憾。"其实，他从未"停著述"，他把伏案写作当成人生最大的乐事。

中华人民共和国成立后，熊十力仍旧按照原来的思路整理自己几十年的研究成果，不受当时"左"的思潮的干扰。他写出多部专著，尽管遇到种种困难，毕竟都出版了（除《原儒》外，其余著作都只印了200册），这在当时是绝无仅有的。在20世纪50年代，有些人把他看成"老顽固"，不愿意接近他；有些人想向他求教，又不能不有所顾忌。

熊十力难以割舍自己几十年形成的思想体系，这种心情完全是可以理解的。党和国家领导人摸透了他的心思，期待着他的进步，但丝毫也不勉强他，并且十分尊重他的学术见解。

中华人民共和国成立后发生的翻天覆地的变化亦触动了熊十力的思想脉搏。他虽然没有完全放弃自己的学术立场，但也开始接受辩证唯物主义的影响。从1964年底到1965年初，熊十力列席第三届全国人民代表大会，听取周恩来总理作《政府工作报告》。他反复学习之后，写下心得札记呈中央领导同志。从这篇札记中可以看出，这位信奉唯心论的"新儒家"学者已向辩证唯物主义方向转化。中央领导同志对于熊十力哲学思想的转化表示欢迎，鼓励他学习一些马克思主义哲学著作和毛泽东同志的哲学著作。

9.4 "文革"罹难

熊十力的晚年生活有喜也有忧。使他感到欣喜的是，有这么多党和国家领导人照顾他，有那么多朋友关心他，使他可以安度晚年，一心治学，生活从来没有像现在这样安定、舒适。使他悲愁的是，"左"的思潮在思想界日渐猖獗，他百思不得其解。他在自己书房中赫然挂着三张自书的条幅，中间写着"孔子"，左边写着"王阳明"，右边写着"王船山"，以表示自己对这些思想家的景仰。他很钦佩王夫之"六经责我开生面"的气度和创新精神，愿意发扬船山精神，为推动中华人民共和国学术研究事业的发展尽心尽力。他在赠给友人的楹联中写道："衰年心事如雪窖，姜斋千载是同参。"

熊十力对自己的思想体系自视很高，企盼着后人继承这一学脉，进一步发扬光大。可是哲学界竟对他不理不批评，仿佛没这个人似的。熊十力在一首诗中对自己学无传人表示莫大的遗憾：

> 万物皆舍故，吾生何久住。
>
> 志业半不就，天地留亏虚。
>
> 亏虚复何为，岂不待后人。
>
> 后顾亦茫茫，嗟尔独自伤。
>
> 待之以无待，悠悠任天常。
>
> 噫予犹御风，伊芒我亦芒。

尽管在中华人民共和国成立之前熊十力的思想影响不算大，可是毕竟还有几个忠实的弟子随侍左右，现在除了义女仲光外，一个也没有了。这不能不使他产生一种悲凉的心境。

1966年，已届耄耋之年的熊十力遇上了"文化大革命"。这位刚直不阿的老人成了被攻击迫害的重点对象之一。他多次惨遭批斗，家亦多次被抄，多年积累起来的存稿荡然无存。对于个人的遭遇，他倒不十分在意，但眼看他所热爱的国学遭到无情的践踏，他的心里就像刀绞一样疼痛。他给北京自己熟悉的领导人写信，却如石沉大海不见回音（他不知道，家人担心他招致更大的迫害，将信大都扣下并未寄出）。写信不见回信，他更加苦闷，以至于精神错乱失常。有时他披上一件连纽扣都丢光了的旧长衫，腰间胡乱系着一条麻绳，独自一个人踟蹰街头。他目光呆滞，面容悲戚，老泪纵横。他讲了大半辈子"刹那生灭"，然而在他这时的目光中，大概只剩下了"灭"，一点儿"生"机也看不见。

风烛残年的熊十力身心俱受严重摧残，再也经不起折腾了。

1968年5月23日上午9时，形容憔悴的熊十力因患肺炎，并心力衰竭，在上海虹口医院逝世，终年84岁。

1979年4月，上海市委有关部门召集各界人士为熊十力平反昭雪，并举行隆重的追悼大会，纪念这位为祖国学术事业做出贡献的国学大师和饮誉中外的哲学家。此刻熊十力倘若有知，亦可含笑九泉。

第10章

薪火传承

10.1　流芳泽被

　　熊十力的"新唯识论"哲学思想体系规模宏阔，构思精巧奇特，是"五四"以来现代新儒家思想中独具特色的一家。熊十力治学的路子很宽，他"学无常师，堂庑甚广，对印度佛教各宗和我国传统哲学儒道诸家均有很深研究；且不囿陈说，驰骋古今，独契心于阳明、船山之学"[①]。他平章华梵，融贯中西，但表现出独立思考的学术风格。他决不傍依某一家、某一派，这在现代新儒家学者中是无人可比的。他的哲学是极富创造性的思想体系。

　　"新唯识论"也是包含着丰富的辩证法因素的思想体系。熊十力相当清醒地看到了古代辩证法思想的缺陷，试图克服古代辩证法拘于经验事实的素朴性。他明确地提出矛盾概念，深入地探索了范畴和范畴之间的辩证联结，达到了相当高的理论思维水平。他的概念辩证法思想远远超过了古代素朴的辩证法，达到了现代哲学的高度。因此，他的思想应当在中国辩证法史上占有一席地位。

－－－－－－－－－－

① 萧萐父、汤一介：《中华书局〈熊十力论著集〉弁言》，载《吹沙二集》，巴蜀书社，2007，第467页。

　　"新唯识论"对佛教思想的批判虽是一种唯心主义对另一种唯心主义的批判，但有一定的理论深度。特别是他对轮回说、种子说以及出世思想的批判，对人们认清佛教信仰的实质是有帮助的。他的"新唯识论"当时在佛学界引起轩然大波，辩难、破斥者不乏其人，大有"鸣鼓而攻之"之势，足见其影响不小。因此，它还应当在近现代中国佛教思想史上占有一席之地。

　　"新唯识论"对儒家传统哲学的阐发，着重发扬积极的入世精神，挖掘其中隐含的民主思想，纠正宋明理学家的空疏之弊，在国学的躯壳中注入"自由、平等、独立"的时代精神，使之以焕然一新的面貌展现在国人的面前。熊十力是现代新儒家中清除封建思想最力、近现代意识最强的一位。

　　毋庸讳言，整个"新唯识论"的思想基调是消极的、低沉的。它所描述的世界给人难以捕捉的幻灭感，很难引导人们正视现实，奋发向上。从这里我们看到了一个时代落伍者的孤独、苦闷、彷徨。熊十力憎恨他所面临的那个丑恶的社会，时常发出"此正佛家所谓末法时代"的慨叹，但又无能为力。这恰好表现出他所代表的那个阶级已经衰老了，失掉了"愈挫愈奋"（孙中山语）的青春风貌。

　　与其他现代新儒家学者相比，"新唯识论"在当时的社会影响并不算大。熊十力深感"茫茫斯世，知我者稀"，"孤冷到极度，不堪与世谐和"。他之所以"孤冷"，大概有两点原因：其一，他无意迎合主流的意向，自然也就得不到扶植。其二，"新唯识论"文字晦涩繁难，时代气息微薄，很难引起进步青年的兴趣。这样一来，他的读者自然不会太多了。但尊之者也不乏其人。在熊十力的周围集聚着一群诚心服膺的弟子，俨然形成一个学派。

"新唯识论"在社会上影响不算大，在学术界还是被承认的。与熊十力有过来往的知名学者马一浮、梁漱溟、蒙文通、张申府、张岱年、张东荪、钱穆、朱光潜、冯友兰、贺麟、金岳霖、谢幼伟等人都曾在正式场合或非正式场合或批评，或表扬，或议论过熊十力的"新唯识论"体系。中国哲学会帮助熊十力出版《新唯识论》语体文本和《读经示要》两书，也就是对他研究成果的承认。

"新唯识论"的学术影响已超出中国大陆的范围，远播海外学界。《原儒》出版后，中国曾将此书作为礼品赠送给印度、日本和东欧各国的友人，使之流布欧亚。日本学术界曾召开过专门研讨熊十力思想的学术会议。一些活跃在海外的华人学者都曾发表过研究熊十力哲学的专题论文。美国哈佛大学教授杜维明写过《探究真实的存在：略论熊十力》和《孤往探寻宇宙的真实——重印〈尊闻录〉序》；美国夏威夷大学哲学教授成中英写过《综论现代中国新儒家哲学的界定与评价问题》；美国匹兹堡大学教授陈荣捷20世纪50年代就写了《现代中国的宗教趋势》一书介绍熊十力思想，后来又在他的专著《中国哲学原始资料集》一书中设专章《当代唯心论新儒家——熊十力》；澳大利亚麦克理大学汉学系主任姜允明教授写了《熊十力哲学思想中的"本心"概念及其恒转功能》；加拿大麦克马斯特大学教授冉云华写有《熊十力对佛学的批判——与印度吠檀多不二论排佛学说的比较》。《美国哲学百科全书》《大英百科全书》等一些外国的工具书都列有介绍熊十力及其哲学的条目。熊十力在世时，意大利、德国、美国等国的学者还拜访过他。

是珠宝总会发出耀眼的光辉，是鲜花总会引得游人驻足。大凡卓有建树的学者生前未必得到社会的承认，逝世后才流芳千古、泽被寰区。儒家的开山鼻祖的命运是如此，现代新儒家的重镇熊十力的命运也是如此。在熊十力逝世并沉寂了十五六年后，人们终于发现了熊十力哲学思想的学术价值。自1983年以来，人们开始认真研究熊十力的思想，披沙取金，拣择瑰宝。国内发表的关于熊十力的学术论文有数十篇，大学讲堂上也有人介绍熊十力的学说。在高等院校，有人以熊十力为题撰写博士论文或硕士论文，在国家制定的科学研究规划中有关于熊十力的项目。1985年，在熊十力的故乡黄冈召开了"纪念熊十力先生诞生一百周年学术讨论会"，由北京大学、武汉大学、湖北省政协、黄冈地区行政公署和黄冈县（现为黄冈市）政府联合发起，国内外学者百余人到会，隆重纪念熊十力百年华诞，畅谈熊十力的学术思想。会议收到论文60多篇，出版了论文集《玄圃论学集：熊十力生平与学术》。为纪念熊十力百年诞辰，当地政府重新修葺了熊十力墓。熊十力留下的大量遗著也开始整理出版。

我国港台地区近年来关于熊十力的学术研究也很活跃。1990年12月，中国台湾《鹅湖月刊》社、中国台湾东方人文学术研究基金会中国哲学研究中心、国际中国哲学会当代新儒家研究组等单位在中国台北联合举办"当代新儒家国际研讨会"，许多与会代表在会上发言或提交论文，论及熊十力及其哲学。

10.2　学界的评说

关于熊十力的"新唯识论"思想，在中华人民共和国成立前后，国内外均有许多论著涉及，亦有许多专文评述。下面，我们将根据不同情况分别加以简要的介绍。

1.中华人民共和国成立前学界的评述

中华人民共和国成立以前，学术界关于熊十力的论著不多，论者大都在著作或论文中随文论及，专门的文章尚不多见。除了佛学界出现的一些批评《新唯识论》的文章（这部分内容我们已在第2章中谈过，此处不赘）之外，牟宗三1936年7月在《北平晨报》发表《最近年来之中国哲学界》，孙道升1935年10月在《国闻周报》上发表《现代中国哲学界之解剖》，两文都提到熊十力及其《新唯识论》。孙道升文收入郭湛波著《近五十年中国思想史》一书的附录。1947年谢幼伟著《现代哲学名著述评》和贺麟著《当代中国哲学》都用相当多的篇幅评述熊十力"新唯识论"哲学。此外，杜国庠在《群众》上发表的读书札记中也批评过熊十力哲学的唯心主义倾向；《哲学评论》《燕京学报》《世间解》等刊物亦有关于熊十力的文章发表。论者围绕熊十力哲学的思想来源及性质等问题发表了一些看法。

关于熊十力"新唯识论"哲学思想的来源，论者大都认为其来自中国儒家、印度佛学以及西洋哲学三个方面，但所做的评价并不一致。马一浮赞扬熊十力"囊括古今，平章华梵"①。谢幼伟表扬熊十力融贯中西，吸纳百家又超越百家，志在创新而非守旧。"虽言佛，而于佛家唯识之说有所修正；虽言儒，其所言亦

①《新唯识论》文言文本序。

非儒家之说所能尽……较诸门户之见，在古人或西人之说下兜圈子者，不可同日而语。"他认为熊十力并不盲目崇拜某一家，对先人的思想皆采取评判的态度。如《读经示要》中既责备汉学背离孔子儒学的原旨，又肯定其考据的成就；既表扬宋学在"立大体"上有贡献，又指责其空疏之弊。这都是很中肯和公允的。谢氏认为熊十力的"体用不二论"与英国新黑格尔主义者布拉德雷的一元论相似，而性智说同柏格森的直觉说接近。①

周通旦认为，熊十力"融通儒佛，出入先秦诸子，旁及宋明诸师，所谓会六艺之要归，通三玄之最旨，约四子精微，极空有之了义者也"②。周文将熊十力视为中国传统文化的集大成者。林宰平指出，熊十力的"新唯识论"入乎众家，又出乎众家，自成体系，并非杂拌。③张东荪认为熊十力的立论与怀特海的过程哲学不谋而合。④孙道升认为熊十力的"新唯识论"受柏格森影响最大。"这派哲学，在现代中国哲学界的势力最小，地位最低，而知道的人亦最少……熊氏《新唯识论》，张东荪曾许为中国哲学界近年来一部奇书，著者个人则感觉到他的立说颇似柏格森。"⑤

一些佛学界的学者对熊十力融会中、印、西之学的做法持批评态度。王恩洋指责熊十力"根本唯识，即破坏唯识；密朋大易，

① 谢幼伟：《熊著〈新唯识论〉》，《思想与时代》，1947年第13期；《熊著〈读经示要〉》，《浙江学报》，1947年第1卷第2期。

② 周通旦：《读〈新唯识论〉》，《哲学经论》，1945年第9卷第4期。

③ 参见《十力语要初续》。

④ 参见《十力语要》。

⑤ 孙道升：《现代中国哲学界之解剖》，《国闻周报》，1935年第12卷第45期。

又违大易；欲自成体系，又其体系不够成立。其行文遣辞，更复抨击先圣，矜夸骄慢，绝无虚心请益之情。以儒佛之道律之固极不合理，即以西洋学者治学之态度格之，亦非正道"①。子韬认为熊十力援佛入儒的做法是失败的。"他们不但要以佛释儒，而且还要以佛附儒。这样，不但不能显出佛的至理，而且同时也就失去了儒教的真面目。"②

也有的论者对熊十力融会中外各家的做法做中性评价，不予褒贬。朱宝昌认为熊十力思想的独到之处在融会贯通，然而对佛教唯识宗毕竟斥破过苛。"熊先生的精神似乎着重一本，而古唯识家的学说则重在万殊。这是他和古唯识学根本不契的根本原因。"③

关于熊十力哲学的性质，也有几种不同的观点和不同的评价。孙道升认为熊十力的"新唯识论"思想属于"新法相宗"，是佛教在现代的支流。子韬不同意孙道升的说法，认为熊十力的思想接近儒家，而非佛教支流。贺麟认为熊十力是现代新儒家阵营中的新陆王派，并予以很高的评价。他认为熊十力"得朱陆精意，融合儒释，自造新唯识论。对陆王本心之学，发挥为绝对的本体，且本翕辟之说而发展施设为宇宙论，用性智实证以发挥陆之反省本心与王之致良知"，"为陆王心学之精微化最独创之集大成者"。④贺麟认为熊十力哲学属于正宗的唯心论。"熊先生的高明处，即在于认为与物对待或与物合一之心，无自体，换言之，非本心，非

---

① 王恩洋：《评新唯识论者的思想》，《文教丛刊》，1945年第1期。
② 子韬：《读〈读智论抄〉》，《世间解》，1947年第4期。
③ 朱宝昌：《唯识新解》，《燕京学报》，1938年第23期。
④ 贺麟：《五十年来的中国哲学》，辽宁教育出版社，1989，第12页。

本体，而乃本体显现之一面。是以他既能打破科学常识的拘束，亦不执着泛心论，而归于绝对先天之本心。"[1]

谢幼伟也认为熊十力哲学属于唯心论。他指出："其主张为唯心的，其精神则理论与实践并重，其方法则直觉与理智相辅，而其态度只为哲学的（非宗教的）。"[2]谢幼伟对熊十力哲学评价甚高，认为熊十力的著作不仅保存了中国哲学的优点，而且克服了中国哲学的缺点，使之实现了由传统向现代的转型，"即使置诸西洋哲学名著中亦当占一地位"[3]。他把熊十力著《新唯识论》推为中国现代哲学著作中最有创获的一部，认为其学术价值在贺麟著《近代唯心论简释》、冯友兰著《新理学》、金岳霖著《论道》、章士钊著《逻辑指要》之上，也就是认为熊十力是当时中国哲学界最杰出的哲学家。

杜国庠、周谷城也认为熊十力哲学的性质属于唯心主义，并用唯物主义观点对其加以分析和批判。杜国庠认为熊十力没有承接中国哲学实事求是的优良传统，而是继承了玄学的不良传统，宣扬虚无主义思想。其结果正像颜元批判宋明理学时所指出的那样：愈谈愈惑，愈妙愈妄。他认为熊十力运用反求实证来证明其本体论也是站不住脚的，他指责熊十力宣扬神秘主义和非理性主义，对人们提高理论思维毫无益处。他对熊十力总的评价是："熊先生跟佛家一样，否认物质宇宙的存在，认为宇宙间的一切事物都是'空无'，都是'诈现'，都是人们的'妄执'。进一步

---

① 贺麟：《五十年来的中国哲学》，辽宁教育出版社，1989，第15页。
② 谢幼伟：《现代哲学名著述评》，山东人民出版社，1997，第16页。
③ 同上书，第61页。

连我们认识事物的意识也作为'妄执的心'，说为空的而加以斥破，因而否定了'知识'的价值。"①周谷城也不赞成熊十力的唯心主义本体论，他指出："我们所谓本体，是综摄万有而构成的；如云反本，则必利用科学，使我们的行为能与万有间的必然关系相符合。熊先生所谓本体，是遮拨万有而觅取的；如要反本，则必遮拨科学，使我们的行为赶快退到纯一寂净的空无。"又说："宇宙万有，或外在世界，在玄学上，不得不遮拨云云，是我们不敢苟同的；我以为科学世界，实在不必予以遮拨；如要遮拨科学，或科学的安足处，则熊先生的整个哲学体系，都要重新加以考虑。"②周谷城文认为熊著《新唯识论》具有同科学相对立的性质。

2. 我国港台地区及国外学者的评述

我国港台学人对熊十力哲学思想的研究比较重视。熊十力的主要著作都有新版或影印发行，流传也比较广。关于熊十力生平、著作、思想的论著比较多，特别是1968年熊十力去世以后，熊十力研究曾一度成为港台学界的热点，有数十家报纸、杂志发表过介绍熊十力生平与轶闻，回忆自己同熊十力交往的情形，研究熊十力的著作和思想等方面的文章，数量多达百余种。港台学者还整理、发表了熊十力的未刊文稿、信札若干种。在中国台北

① 杜国庠:《略论〈新唯识论〉的本体论》，《中国建设》，1947年第5卷第2期。
② 周谷城:《评熊十力氏之〈新唯识论〉》，原载《中国史学之进化》，生活书店，1947，现收入《周谷城史学论文选集》，人民出版社，1983。

出版的《民国人物小传》《环华百科全书》，胡秋原著《一百三十年来中国思想史纲》，程发轫主编的《六十年来之国学》，项维新、刘福增主编的《中国哲学思想论集》，中华文化复兴运动推行委员会主编、王寿南为总编辑的《中国历代思想家》等书中都设有关于熊十力的专论或专章。关于熊十力的专著有徐复观、牟宗三编著的《熊十力先生纪念文集》和李霜青著《一代大哲熊十力传》。除了上文提到的作者外，曾发表过关于熊十力的言论的学者还有钱穆、唐君毅、霍韬晦、居浩然、周开庆、刘述先、曾昭旭、林安梧等。

我国港台地区学者对熊十力在中国学术界的地位评价很高，认为他是现代新儒家关键性的中心开启性人物。曾昭旭在《六十年来之理学》中称熊十力为"新儒之最重要人物"。他指出："熊先生是民国以来理学最重要人物，真能运其伟大之综合创造力，以建构其规模宏大之思想系统之大儒。"①有些学者认为熊十力哲学已超过先儒，赞扬熊十力"乃千百年来我国学术界中罕见之一位学人，程朱陆王，未必能与之相比。其学显以继我国传统思想自任，然实有超于我国传统思想之上者"。港台学人几乎交口称赞熊十力及其思想，除佛学界外没有人发表批评性言论。

关于熊十力的理论贡献，我国港台地区学人的看法是："不但一时成为维护命脉的中流砥柱，进而开启了现代重整传统哲学的序幕。"他们认为熊十力承续了中国文化的慧命，既清理了糟粕，又提炼出精华，推动传统的现代转型。朱惠清指出，熊十

---

① 程发轫：《六十年来之国学》，正中书局，1974，第577页。

力"极赞美两汉郡国举贤良或茂才之制，而同情宋代学人之笃实履践，但又反对理学家之浮空狭隘。他最佩服顾亭林、王船山、颜习斋、傅青主及吕晚村诸位明哲之竭力攻击帝制，倡导民族精神"。[①]

他们认为熊十力走的融会儒佛的道路是一条成功之路。李霜青说："《新唯识论》识本体，于空寂中识得生化之神，于虚静中而见得刚健之德，融释、道二家于易经思想而抉造化的蕴藏，立人生的极则。"他认为熊十力既补救了儒佛两家的缺陷，又发扬了两家的长处，把儒学推向新的发展阶段。他们认为熊十力对国学最突出的贡献是重建儒家本体论系统，奠立现代新儒家形而上学的根基。林安梧说："熊十力哲学之具有革命性的价值在于他总结了中国哲学的传统，而第一个以系统性的哲学语言提出一整体而根源性的探问。这样一个探问使中国哲学进入到一新的可能性。""熊十力提出了一个极为重要的哲学模型——体用合一论，来作为哲学的原型。这样的一个哲学原型可以参与到当前的哲学舞台上，成为中西哲学汇通的一个要道。"[②]他甚至把熊十力哲学的出现视为"中国哲学的一场革命"。

外籍华人学者的看法同我国港台地区学人相近，都充分肯定熊十力在学术界的地位和理论造诣。陈荣捷的英文著作《中国哲学原始资料集》中以《当代唯心论新儒学——熊十力》为题，专章评述熊十力哲学思想，用《"翕"与"辟"》《"理"与"气"之

---

① 朱惠清：《哲者熊十力先生》，香港《中报月刊》，1980年第1期。
② 林安梧：《熊十力体用哲学之理解》，载《当代新儒学论文集》，文津出版社，1991，第191页。

统一》《"心"与"仁"》《"体"与"用"之统一》四个小节，概述《新唯识论》和《原儒》的主要内容，用英文编译从二书中选录的原文。他对熊十力的评价是："熊氏已明确地促使宋明新儒学向前推进一步"，"赋予了宋明唯心论儒学，以一更为坚实的'形上学基础'，及更多的'动力论性格'"。"他比任何其他当代中国哲学家，影响了更多的年青中国哲学家。"

杜维明认为，熊十力是当代中国"规模广阔，神解卓特"的哲学家，称《新唯识论》是"当代中国哲学界以纵贯旁通、辨析入微的系统结构来阐明推扩体验身心之学的奇书"①。成中英称赞说："熊氏的哲学，博大宏深，自成体系。他的哲学是深造于大乘佛教及易经哲学的结晶。他解悟佛学大乘之弊，乃反归于易道之生生思想。这有赖于宋明理学之承受佛道影响而归本于儒家易学。但他较诸宋明诸家更能正用佛释，吸收其精华，但在根源上却认同儒家，积极地开创了一个以儒家思想为宗的哲学网络。"②他用"体证本体""即体即用""理气一体""心物互用""融合量智"五个小标题概括熊十力哲学的基本内容。姜允明在《熊十力哲学思想中的"本心"概念及其恒转功能》一文中，以"本心习心""会归本源""随义多名""体认工夫""心体恒转""性智显现"六个小标题描绘熊十力"新唯识论"哲学的基本框架。冉云华把熊十力对佛学的批判同印度呋

① 杜维明：《孤往探寻宇宙的真实——重印〈尊闻录〉序》，载《玄圃论学集：熊十力生平与学术》，第193页。

② 成中英：《综论现代中国新儒家哲学的界定与评价问题》，载《玄圃论学集：熊十力生平与学术》，第173—174页。

檀多不二论排佛学说做了比较研究，得出的结论是："熊氏的哲学立场还是儒家传统的人文思想，和吠檀多学派的僧侣主义根本不同。"[①]

西方哲学界亦注意到熊十力的哲学，在一些百科全书中有所介绍。在1968年出版的《大英百科全书》中，"熊十力"条的撰稿人是85岁高龄的汉密尔顿博士。他赞誉熊十力是佛学、儒学和西方哲学三方面要义独创性的综合者，是中国现代杰出的哲学家。他写道："熊氏最初研究印度佛教唯识宗传统中的形上学的唯心论，继而转入儒家传统。他在《易经》和理学之唯心派中获得基本的洞察力。他从西方思想中则得到分析方法和创化观念（柏格森）之体会。他从所有这些来源中吸收种种成分而形成自己的本体论系统"，"表示佛家、儒家与西方三方面要义之独创性的综合"。

综上所述，我国港台地区及国外学界对熊十力"新唯识论"哲学的评述，大都抱着同情甚至崇敬的心态，采取赞扬的态度，讳言或少谈熊十力思想的局限性和不足。海外学人大都注意研究熊十力思想的某个侧面或某个具体问题，综合性的整体研究似乎不够充分。

3.中华人民共和国成立后我国内地学界的评述

中华人民共和国成立初期，我国内地学术界出现过一场批

---

① 冉云华：《熊十力对佛学的批判——与印度吠檀多不二论排佛学说的比较》，载《玄圃论学集：熊十力生平与学术》，第146页。

判唯心主义的思想运动。一些很有学术影响的哲学家宣布放弃原来的思想体系并做了自我批判，亦表示欢迎别人批判，唯独熊十力是个例外。但他并未因此而招致攻击。对于他的哲学思想，学术界基本上保持缄默。大多数人静观不语，除了杜国庠写过一篇札记批评熊十力"六经注我"的主观主义倾向外，没有任何人发表意见。熊十力仍然我行我素，按原来的思路修改旧著、撰写新篇，只是读者很少。尽管无人批判熊十力的唯心主义学说，可是熊十力在学术界中亦无地位可言。"驿外断桥边，寂寞开无主"，陆游的这两句咏梅词大概可以作为熊十力当时在学术界境遇的写照。

20世纪60年代初，开始有少数人评述熊十力的"新唯识论"思想。1962年出版的《杜国庠文集》收入了一组杜国庠同志批判冯友兰"新理学"的文章。此书编者王匡在《写在〈杜国庠文集〉后面》中，随文把熊十力的《新唯识论》同冯友兰的《新理学》相提并论，都视之为"与反动派残害人民和投降主义逆流相呼应"的复古主义之作，但他并没有展开说明。

1961年，熊十力的老友梁漱溟把熊十力所有的书读了一遍，摘录主要论点，编成一册《熊著选粹》，书成后他写了一篇很长的文章《读熊著各书书后》，表示自己的意见。他指出，熊十力发掘孔子的"革命""民主""社会主义"等思想，颇有新意，深表叹服；熊氏不局限于儒家的狭隘立场，放开眼界从各种文化形态的比较研究中揭示儒学的物质与价值，亦是不易之至论。但是，熊著的毛病亦不少。梁漱溟提出以下四点：（1）熊十力对自然科学和社会科学知识掌握不多，体会亦不深，因此对科学所做的讥评不够妥当，失之于武断。（2）主观主义色彩太重，历史主义的眼光缺乏。只看到上层建筑中各组成部分的交互影响，而未能把上层建筑同经济基础联系起来考察研究对象。（3）对佛教的理解有偏差，在"我热"问题上疏了神。（4）背离了中国文化的反躬向内、践形尽性的传统思路，过分偏爱理论分析和"哲学把戏"，想建立本体论、宇宙论而未能获得成功。从这个意义上说，熊氏哲学是失败之作。梁漱溟的《读熊著各书书后》长达三万余字，马一浮读过此文，亦表示与梁漱溟有同感。此文未正式发表，只属朋友之间论学性质的文章，没有几个人读到它。故在20世纪60年代，熊十力在学术界仍谈不上有什么影响。

"文化大革命"期间，熊十力是被批判的对象之一。1979年上海市委统战部和上海市政协召开大会，为熊十力平了反。

直到20世纪80年代，我国内地学术界关于熊十力及其哲学的研究才刚刚起步。贺觉非著《辛亥武昌首义人物传》首次为熊十力立传；《中国哲学》辑刊发表了熊十力与蒙文通、吕澂论学的书信；侯外庐在《船山学案》新版序中回顾了自己当年同熊十力讨论王夫之哲学思想的情形；任继愈、王元化等人在自己的著作中称熊十力是中国老一辈佛学专家中屈指可数的代表人物之一。

1983年以后，随着"文化热"在我国内地升温，熊十力也成了引人注目的人物。关于熊十力及其哲学思想的研究趋于活跃，有关文章和论著多了起来。据不完全统计，《社会科学》《学术研究》《吉林大学学报》《江汉论坛》《武汉大学学报》《中国社会科学》《哲学研究》《中国哲学史研究》《北京大学学报》《深圳大学学报》等十几家有影响的学术刊物都发表过研究熊十力的论文，累计有数十篇之多。文章的作者有高振农、吕希晨、宋志明、许全兴、郭齐勇、李明华、魏达志、景海峰、陈来等人。吕希晨与王育民合著《中国现代哲学史 1919-1949》、宋志明著《现代新儒家研究》、赵德志著《传统意识的现代命运》、宋志明与赵德志合著《现代中国哲学思潮》、许全兴、陈战难、宋一秀三人合著《中国现代哲学史》、李振霞主编的《当代中国十哲》、李振霞和傅云龙共同主编的《中国现代哲学人物评传》等书都有关于熊十力"新唯识论"哲学的专章或专节。郭齐勇所著《熊十力及其哲学》是一部研究熊十力的专著；郭齐勇撰写的《天地间一个读书人：熊十力传》亦载入《中国哲学年鉴》。1985年在黄冈召开"纪念熊十力先生诞生一百周年学术讨论会"，根据会议论文整理出版了《玄圃论学集：熊十力生平与学术》，收入文章34篇和一些诗作，作者除上文已提及的研究者外，还有梁漱溟、冯友兰、任继愈、石峻、周辅成、谢石麟、贾亦斌、朱宝昌、吴林伯、唐致中、李景贤、汤一介、冯契、习传裕、楼宇烈、潘雨廷、舒默、袁伟时、高瑞泉、唐明邦、唐文权、李维武、何萍等学者及熊十力旧日弟子或生前好友。

我国内地学者运用马克思主义的理论和方法研究熊十力及其哲学，取得丰硕的成果。他们主要围绕以下五个问题阐述各自的看法。

（1）关于熊十力创立"新唯识论"的理论动机

论者一般都肯定，熊十力建立"新唯识论"体系乃是出于对中国传统文化的眷恋，并且是针对"全盘西化"和民族文化虚无主义倾向而发的。熊十力继承宋明理学中心学一派的学脉，吸收西方哲学的某些思想材料和思想方法，借鉴佛教的理论思维，创立新儒家学说，谋求国学的现代化。论者大都不同意把熊十力说成是"复古主义者"，他们肯定熊十力弘扬中国传统文化的基点是爱国主义和民族主义，具有合理性和必要性。论者也推翻了那种把熊十力视为"五四"新文化运动的反对派的观点，认为熊十力是站在同情的立场上善意地分析、指陈"五四"新文化运动的缺点和不足的。他要求在"五四"新文化运动的基地上前进一步，而不是倒退。

论者一致认为熊十力哲学同辛亥革命运动有密切联系，至于是何种联系则仁者见仁，智者见智。郭齐勇认为熊十力哲学是站在民族资产阶级立场上为辛亥革命进行"理论补课"，李泽厚、萧萐父亦表示同意"补课说"。笔者认为熊十力寻求"为己之学"乃是消极地总结辛亥革命的教训，是想在政治活动外寻求"学术救国"之路，同"理论补课"不相干。

（2）关于"新唯识论"的哲学性质

论者一般都认为熊十力的"新唯识论"思想体系属于唯心主义性质，至于说是什么样子的唯心主义，看法又不尽一致。吕希晨认为"新唯识论"的核心是唯心主义的心本论。这种心本论以"心、意、识为绝对待，遍为万物实体，不仅主乎吾身，而且也为万物之主。这就超出了主观的唯心论，而走向了绝对的唯心主义的歧途"[1]。他还指出，熊十力的"绝对唯心主义"哲学带有直

---

① 吕希晨、王育民：《中国现代哲学史 1919—1949》，吉林人民出版社，1984，第442页。

觉主义的蒙昧主义色彩。

许全兴等人认为，《新唯识论》从"境不离识"的主观唯心论展开，到"宇宙本体不离我心而外在"的主观唯心论结束，中间融入了客观唯心论。他们分析说，夸大心的作用，夸大人的自觉能动性，是熊十力陷入心决定物、主宰物的唯心论的主要原因，而大乘空宗的虚无主义对他亦有相当大的影响。至于熊十力论证体备万理的方式则同西方哲学中论证上帝圆满的本体论证明相类似；而熊氏的本体论与黑格尔的"绝对精神"、朱熹的"理世界"亦相类似。

郭齐勇、李明华认为，熊十力哲学是一种与辩证方法相结合的唯心论。熊氏的"体用不二""即用即体"之说反对将本体与功用、本体与现象割裂开来；"翕辟成变""反求自识"之说强调主体的能动性。他们还指出，熊十力虽以唯心主义的"一元实体论"反对唯物论，但也在唯心主义前提下容纳了客观物质世界的存在、发展及其规律的内容，也包含着唯物主义因素。

宋志明认为，熊十力的"新唯识论"是以主体与客体统一为特征的唯心主义体系，"体用不二"为其哲学体系的核心。熊十力通过扫相、显体、释用三个步骤展开其思想体系。他指出，熊十力的"体用不二"之论克服了那种推崇抽象的精神实体的唯心主义本体论，避开了有神论倾向，包含着积极的理论思维成果。他把"本心"本体完全泛化为"用"，亦即泛化到物质世界之中，实际上等于取消了本体的至上性，从而以颠倒的形式，转弯抹角地接近了唯物主义，从而为他高扬儒家的入世哲学提供了理论依据。

（3）关于熊十力的辩证法思想

论者一致承认熊十力"新唯识论"体系中包含着比较丰富的辩证法思想。高振农指出，熊十力提出的"万物皆互相依持""万变无穷""无时而不改迁""自无机物而有机物，乃至人类，有许多阶段的变异"等命题，表明他已看到事物之间的普遍联系和依存关系，承认事物内在矛盾决定事物的发展变化，这是符合辩证法的。熊十力还揭示了空时、有无、数量、同异、因果、动静、一多等范畴的性质、联系与转化，体现出辩证的思维方式。但熊氏的辩证法由于受到其唯心主义体系的窒息，最终走向相对主义和神秘主义。

吕希晨认为，在熊十力的哲学迷宫中闪现着辩证思维的火花。他的"翕辟成变说"，承认一切事物存在、产生及其发展变化，都是基于翕辟两个方面的"相反相成"，以歪曲的形式接触到运动发展的内在根源这一辩证法的核心问题，揭示了宇宙间一切事物运动变化的普遍性和必然性。熊十力吸收了《易传》以阴阳明变化的思想和《老子》关于对立事物之间相互联系和转化的思想，发扬了中国哲学的朴素辩证法传统。但是，在他带有神秘主义色彩的唯心主义体系中，辩证法常常被歪曲地发挥和利用，并与相对主义互相杂拌。

宋志明认为，在熊十力的"体用不二论"中包含着比较丰富的辩证法思想。熊十力对矛盾属性、矛盾关系以及矛盾与变化的关系等问题做了较深入的研究，并把关于矛盾的思想凝结在"翕辟"这对独创性的范畴之中。熊十力用翕辟表述矛盾观点，比《易传》中乾坤、阴阳等旧范畴要精确一些，特别是突显出矛盾的同一性。他在一定程度上摆脱了古代辩证法思想的素朴性，实际上把中国辩证法思想推进到"概念辩证法"阶段。因为他提出的关于矛盾的翕辟范畴完全是抽象的思维形式，并不是对经验事实的描述。"翕辟成变说"比较全面地反映出矛盾双方既对立又统一的辩证关系，具有一定的理论深度。他认为，熊十力的辩证法思想有两个严重的缺陷：一是对同一性做了抽象的理解，从而倒向形而上学；一是抹杀事物的相对稳定性，从而走向相对主义。

（4）关于"新唯识论"哲学体系的历史地位和作用

论者一般都本着实事求是的原则，对熊十力"新唯识论"思想体系做辩证的分析，既肯定其理论思维成果，也不讳言其局限性。不过，每个研究者的看法并不一样。吕希晨认为熊十力的"新唯识论"是作为马克思主义哲学的对立面出现的。它不是引导人们面对现实，正确地进行反日反蒋的革命斗争，而是引导人们脱离当时的中国革命的具体实践，去到那繁琐抽象的概念游戏中寻找精神支柱，在客观上起到了极为消极的社会作用。

许全兴等人认为，熊十力是一位具有资产阶级民主思想的哲学家，他的哲学是为了改变旧中国现有社会制度，实现独立、自由、平等、民主的社会服务，反映了中国民族资产阶级要求革命的一面。但是它不是引导人们向前看，而是引导人们向后看，也反映出中国民族资产阶级的软弱性。总的来看，消极方面掩盖了积极方面。他们还指出，熊十力以本体与现象为纲，从批评唯识宗入手，将中国、印度、西洋三方面的哲学融合起来，建立起独特的"新唯识论"体系，标志着中国现代思想家们哲学自觉意识的明显提高。

郭齐勇认为，旧民主主义革命实践是熊十力哲学的基础。在熊十力晦涩的哲学术语中蕴藏着昂扬的革命激情。他反对专制，提倡自由与民主的学说，是一种晚出的代表上升时期中国民族资产阶级的思想意识，但他也是时代的落伍者。李泽厚则认为，熊氏谈论的是纯粹哲学，其哲学始终处在中国革命洪流之外，并为这一洪流所彻底掩盖。熊十力完成了谭嗣同、章太炎等人的哲学未竟之业，但因其与时代进程脱节，思想影响远不如上述诸人。李泽厚还认为，熊十力是现代新儒家的第一人，他提出的体用论奠定了现代新儒家思潮的根基。

（5）关于熊十力哲学体系的概括

我国内地学术界除了出现一批对熊十力及其哲学做专题研究的论文外，还有相当多的学者比较重视整体研究。他们对于熊十力的"新唯识论"思想体系提出了好几种概括方式。吕希晨认为，"新唯识论"体系由心本论、翕辟说、体用论、物质观、心法论组成；宋志明认为，熊十力哲学有四个组成部分，即"体用不二"的唯心主义本体论、"翕辟成变"的概念辩证法思想、"性量分途"的认识论和"内圣外王"的人生论；郭齐勇用"体用不二""境不离心""翕辟成变""冥悟证合""无人合一"五个命题概括熊十力哲学的基本内容；许全兴等人把熊十力的"新唯识论"体系概括为本心论、翕辟说、体用论、返本之学四个组成部分。

10.3 薪尽火传

熊十力教了几十年书，尽管弟子不算很多，亦有几十人之众。

他的弟子遍布海内外。留在我国内地的有石峻、任继愈、杨宪邦、潘雨廷、吴林伯、朱宝昌、谢石麟、贾亦斌、张云川、黄艮庸等人；去美国的有韩裕文等人；在我国港台地区的有唐君毅、徐复观、牟宗三、胡秋原等人。在众多的弟子中，熊十力最器重韩裕文。正如颜回是孔子的高足一样，韩裕文也是熊十力的高足。熊十力原本指望韩裕文承接自己的学问，不料韩裕文英年早逝，客死异国。在我国内地的弟子中，专攻中国哲学的石峻、任继愈等人都已服膺马克思主义哲学，告别了熊十力的"新唯识论"体系。熊十力很尊重弟子们的这种选择，毫无怪罪之意。任继愈回忆说："在1956年，我与熊先生写信说明，我已放弃儒学，相信马列主义学说是真理，'所信虽有不同，师生之谊长在'，'今后我将一如既往，愿为老师尽力'。熊先生回了一封信，说我'诚信不欺，有古人风'。"①他们虽告别了熊十力的"新唯识论"体系，但仍承认老师的理论贡献大、造诣高，悉心指导后学研究熊十力哲学，挖掘其中的合理因素，扬弃其唯心之说。从这个意义上说，他们承接了熊十力哲学中的精华，并付诸后学使之不绝如缕。熊十力留在我国内地的其他弟子大都改行，不再专治国学。

熊十力在我国港台地区的弟子中，唐君毅、徐复观、牟宗三等人最为著名。他们根据其所处的社会政治经济条件，承继熊十力的学脉，撑起现代新儒家的门面，成为第二代新儒家阵营里的中坚人物。

唐君毅（1909—1978）于1930年在南京中央大学读书时拜

①《玄圃论学集：熊十力生平与学术》，第47页。

前来短期讲学的熊十力为师，执弟子礼甚恭。1949年他到我国香港后，与钱穆等人创办新亚书院，1958年与牟宗三、徐复观、张君劢等联合发表《为中国文化敬告世界人士宣言——我们对中国学术研究及中国文化与世界文化前途之共同认识》，努力阐扬新儒家思想观点。此文被学者称为"现代新儒家宣言"。唐君毅追随乃师熊十力，肯定儒家心性之学是中国学术思想的根本。从这种指导思想出发，他撰写了《道德自我之建立》《人生之体验》《心物与人生》《文化意识与道德理性》等一系列书籍。他认为人类的一切文化创造活动皆由道德自我（即熊十力哲学中的"本心"）所统摄，主张通过疏解人类文化生活的不同方面和中西学术思想所取得的成就来揭示人类心灵的丰富内涵。

唐君毅继承熊十力的遗愿，努力弘扬国学，写出《中国哲学原论》这一巨著。此书分为导论篇、原性篇、原教篇、原道篇（分为上、中、下三卷），共计六大本。唐君毅继承乃师，在某些方面又超过了乃师。在利用西方哲学方面，唐君毅对黑格尔哲学研究较深，试图把黑格尔著作容纳入新儒家的体系之中，这成为唐氏新儒学的一大特色。唐君毅克服了熊十力的西方哲学根基不厚的缺陷。陈荣捷教授曾指出，唐氏新儒学"虽有启发于其师熊十力，又有西方哲学根厚，而其中心统系，实是我国经学主流，由孔孟以至周程张朱陆王，一气是串，毫无门户之见。谓为经学今天之正统代表而加以刷新者，不为过也"①。

徐复观（1903—1982）早年从政，中年以后专心治学。他

---

① 陈荣捷：《唐君毅与西方哲学会议》，载《唐君毅传记资料（一）》，天一出版社，1985，第11页。

一生中最敬佩熊十力先生。1943年他在北碚勉仁书院拜熊十力为师，自称"决心扣学术之门的勇气，是启发自熊十力先生。对中国文化，从二十年的厌弃心理中转变过来……也是得自熊先生的启示"①。他认为熊十力是"中国文化的长城"，"先生治学，思辨精微，证会玄远，《新唯识论》斧藻群言，囊括百氏，自成一严密而宏伟的哲学巨构"。②

徐复观的新儒学思想是沿着熊十力提出的内圣外王的路子讲的。不过，他在内圣学方面发挥不多，主要把研究重心放在外王方面，在政治评论上下了不少功夫，在中国思想史研究方面也颇有建树。他自称是"人文主义的自由主义者"，承接熊十力反封建的精神，为民主政治奔走呐喊。他不同意把中国传统文化看作"死人"，但不否认其为"病人"。他指出，儒家思想在长期的专制政治的重压之下，不可避免地发生某些扭曲和变形。扭曲和变形了的儒学已不是孔子儒学的正宗。在正宗的儒学中包含着民主政治的真义，现代新儒家的使命就是把这种真义发掘出来，使之与现代民主政治相衔接。他宣称："我要把中国文化中原有的民主精神重新显豁疏导出来，这是'为往圣继绝学'；使这部分精神来支持民主政治，这是'为万世开太平'。"③他撰写的《中国人性论史》《两汉思想史》《中国经学史的基础》《中国思想史论集》等著作都体现了他的这一宗旨。

---

① 徐复观：《我的读书生活》，载《徐复观文录选粹》，学生书局，2013，第315页。
② 徐复观：《远莫熊师十力》，载《徐复观杂文：忆往事》，时报文化出版事业公司，1985。
③ 徐复观：《当代思想的俯视：擎起这把香火》，《中国时报·副刊》，1980年8月17日。

牟宗三（1909—1995）1932年在北京大学哲学系读书时，选修熊十力的课，并称"在这里始见了一个真人，始嗅到学问与生命的意味"[1]。他毕业后亦经常问学于熊十力。熊十力也比较器重他，曾说过"北大自有哲学系以来，唯此一人为可造"一类奖掖后学的话。

牟宗三继承熊十力的内圣外王之学，提出"三统说"用以概括中国文化及其发展趋向："一、道统之肯定，此即肯定道德宗教之价值，护住孔孟所开辟之人生宇宙之本源。二、学统之开出，此即转出'知性之体'以融纳希腊传统，开出学术之独立性。三、政统之继续，此即由认识政体之发展而肯定民主政治为必然。"[2]以"三统"权衡中国文化，其有"道统"而无"学统"和"政统"。因此，现代新儒家应当在继承道统的同时，进一步使"学统"和"政统"臻于完善，以求中国文化的全面发展。"道统"属内圣之学，"政统"与"学统"属外王之学。"三统"的全面发展就叫作"由内圣开出新外王"或"返本开新"，而所谓"新"即是指科学和民主。

牟宗三作为哲学家，在外王层面没有什么建树，主要是在内圣学方面下了许多功夫。他吸收康德哲学的某些理论思维成果，试图重建儒家"道德理想主义"或"理性的理想主义"。他从康德实践理性的观念中演化出"道德理性"或"道德自我"一词，凸显儒家的理论特色。牟氏认为儒家的"道德理性"比康德深刻，

---

① 朱传誉：《熊十力传记资料》，天一出版社，1979，第14页。
② 牟宗三：《道德的理想主义》，载《牟宗三文集》，吉林出版集团有限责任公司，2010，第3页。

因为它充分肯定道德的主导地位和优先地位，彰显人在实践活动中的主体性和道德价值。牟宗三充分肯定儒学的现代价值，认为它对于现代人在意义的追求、形而上学的探索、超越层面的体验、终极层面的反思等方面都有指导意义，能够帮助现代人解除失落感，重建意义的世界和精神家园。

经过唐君毅、徐复观、牟宗三等人的阐扬，现代新儒家思潮在中国港台思想界已发展成影响很大的学派。美国加利福尼亚大学教授吴森在《中国大陆以外的当代中国哲学研究概况》一文中说："当代儒家思想可能是大陆中国之外最有影响和传播最广的思潮，除了它拥有众多的倡导者和拥护者外，它还通过台湾的教育制度，以及在某种范围内，通过香港一些学校的课程设置，保持着它显赫的声望和很高的地位。"①现代新儒家思潮能够发展到这种程度，唐君毅、徐复观、牟宗三阐扬之功不可没，但追本溯源，基础还是熊十力打下的。由他点燃的这把香火终于被他的后学擎起来了，在我国港台地区学术界发出熠熠的光辉。目前，熊十力在我国港台地区的嫡传弟子大都已逝或已进入垂暮之年。由牟宗三的弟子或再传弟子组成的"鹅湖学派"（因其主办《鹅湖月刊》得名）已接过这把香火。他们作为新一代的现代新儒家群体，对于中国传统文化及其与现代化关系的理解也许更富有时代特色，但仍可视为熊十力哲学的后裔。

---

① 吴森:《中国大陆以外的当代中国哲学研究概况》,《哲学译丛》, 1980年第5期。

附 录

熊十力学术行年简表

1885年

生于湖北省黄冈县（现为黄冈市）上巴河细张家湾。具体出生月日不详，后自定正月初四为生日。名继智，又名定中，字子真（亦作子贞）。中年以后改名十力，其父名其相，好学上进，但不以科举为意。授徒于乡塾，兼务农。

1892年　8岁

因家贫不能入学，为邻家放牛。

1894年　10岁

入父亲掌教的乡塾旁听一年，习四书五经和国史等旧学。

1896年　12岁

父亲因病去世。失怙，家贫难以求师，遂辍学。为邻人放牛、务农，利用空闲时间自学。

1901年　17岁

长兄熊仲甫送其到父亲生前好友何圣木先生掌教的塾馆读书。仅半年，因不耐塾馆规矩的约束，便辞师退塾，仍自学不辍。少慕陈亮，继喜陈白沙。曾从邻县孝廉何焜阁处得一些格致启蒙类新学书籍，读后服膺甚笃，遂视六经旧学为粪土，思想开始倾向于革命。

1902年　18岁

读王夫之、顾炎武、黄宗羲、吕留良、颜元等明末清初启蒙思想家的著作，确立反清革命志向，与同县何自新、王汉等人结交，图谋革命。投武昌新军第三十一标（又称凯字营）当兵，运动军队，积蓄革命武装力量。

1905年　21岁

考入湖北陆军小学堂仁字斋为学生兵。积极从事革命活动。

1906年　22岁

在武昌联合军学界有志之士创立黄冈军学界讲习社（参加者不限于黄冈籍）。经好友何自新介绍，认识日知会的刘静庵，加入日知会。他所主持的黄冈军学界讲习社也成为日知会的外围组织。

秋，革命党人在萍浏醴发动起义，他力主响应。起义失败后事泄，鄂军统制张彪查封黄冈军学界讲习社，缉拿熊十力。熊十力逃出武昌，以教书为掩护，继续从事革命活动。

1911年　27岁

武昌起义爆发，辛亥革命高涨。熊十力参加光复之役，返武昌，任都督府参议。

12月，与吴崑、刘子通、李四光等挚友聚会武昌雄楚楼。三人展纸题字。熊十力写下"天上地下，唯我独尊"八个大字，抒发了革命党人踌躇满志的豪气。

1912年　28岁

武昌设立日知会调查记录所，孙武、蔡济民、季雨霖等人主持其事。熊十力任该所编辑，参加编纂《日知会志》。因形势逆转，未及成书。

1913年　29岁

参加孙中山领导的"二次革命"。失败后退伍离开武汉，到江西德安乌石门芦塘畈定居。在九仙岭阳居寺和敷阳山积庆寺寄居读书，约一年半。主要读先秦诸子的著作和西方哲学书籍的中译本。

小试文笔，在梁启超主编的《庸言》杂志上发表札记若干条。其中《证人学会启》见于该刊第1卷第7号；《答何自新书》见于第1卷第12号；《健庵随笔》见于第1卷第18号；《健庵随笔》（续）见于第1卷第23号；《翊经录绪言》见于第1卷第24号。

1916年　32岁

作《船山学自记》，后收入《熊子贞心书》。

梁漱溟在《东方杂志》上发表长篇哲学论文《究元决疑论》，文中批评了熊十力在《庸言》上发表的辟佛言论。

1918年　34岁

赴广州参加孙中山领导的护法运动，居广州半年多。护法运动失败以后，心灰意懒，思想大变。"念党人竞权争利，革命终无善果。又目击万里朱殷，时或独自登高，苍茫望天，泪盈盈雨下，以为祸乱起于众昏无知，欲专力于学术，导人群以正见。"①

---

① 《十力语要》卷一，第81页。

从此，脱离政界，致力于儒佛两家的学术研究。

离开广州，返回德安。将1916年以来写的二十五则笔记、短文、书札等整理成书，名为《熊子贞心书》，蔡元培为之作序，自印行世。

到江苏某中学任教。

1919年　35岁

在天津南开中学教国文。致函当时任北京大学哲学系特约讲师梁漱溟称："您在《东方杂志》上发表的《究元决疑论》，我已经拜读。其中那些骂我的话，我觉得还有些在理。希望能够有机会同您面谈一次。"是年暑假期间，专程由津赴京，同梁漱溟在广济寺结识并成为至交好友。

所著《熊子贞来信》发表于《新潮》第2卷第4期。

1920年　36岁

经梁漱溟介绍，拜欧阳竟无为师，入南京支那内学院学习佛学。自述"此余一生之大转变"。问佛法于欧阳竟无。留宁一年。

1922年　38岁

应北京大学校长蔡元培之聘，到哲学系任特约讲师，讲授选修课"唯识学概论"。

1923年　39岁

按照在南京支那内学院所学的佛学编写《唯识学概论》讲义9万多字，由北京大学印出。讲授一半，因对旧唯识学学说有疑，遂尽弃前稿，自创"新唯识论"。

在北京大学结识林宰平教授，经常与之讨论哲学问题。同汤用彤教授、钱穆教授常来往，结为讲友。

1925年　41岁

所著《废督裁兵的第一步》发表在《现代评论》第1卷第5期。

应武昌大学之邀前往短期讲学，完成讲课任务后返回北大。

在南京支那内学院院刊《内学》第二辑发表《境相章》（附"带质境说"）一文。

1926年　42岁

所著《因明大疏删注》一书先由北京大学印成讲义，后由上海商务印书馆出版。

北京大学印制他编纂的第二种《唯识学概论》讲义。"新唯识论"哲学思想体系初具规模。

1927年　43岁

应汤用彤之邀到中央大学短期讲学。

1930年　46岁

弟子高赞非根据记录的熊十力自1924年至1928年的论学语录及信札，编辑成册。弟子张立民在此基础上编定《尊闻录》，印若干部，分赠友人。

《唯识学概论》修订稿由公孚印刷所印制。

1932年　48岁

代表作《新唯识论》文言文本脱稿，由浙江省立图书馆出版，马一浮题签并作序。

同年，刘衡如作《破新唯识论》，发表在《内学》第六辑。欧阳竟无为之作序。

1933年　49岁

赶写出《破〈破新唯识论〉》，答复刘衡如在《破新唯识论》中提出的种种诘难。由北京大学出版部出版。

所编《新唯识论参考资料》由北京大学出版部出版。

在《独立评论》上发表《要在根本上注意》一文。

在《大公报》上发表《循环与进化》一文。

1934年　50岁

在《独立评论》上发表《无吃无教》《英雄造时势》两篇文章。

所著《易佛儒》和《答谢石麟》二文发表在《大公报》。

1935年　51岁

在《大公报》上发表《为哲学年会进一言》《答伍庸伯》，在《文哲月刊》上发表《中国哲学是如何一回事》。

所著《清诰授奉直归州学正傅雨卿先生传》发表于北京大学《史学》第1期。

在《安雅学刊》上发表《读经》一文。

弟子云颂天、谢石麟搜集熊十力从1932年至1935年所写的札记、语录、信函，编成《十力论学语辑略》一书，由北京出版社出版。此书编入《十力语要》卷一。

1936年　52岁

写作《佛家名相通释》。在《北平晨报》上发表此书的序言。在《哲学评论》上发表该书中28条词释。

与张东荪在《文哲月刊》第1卷第6期上发表《关于宋明理学之性质》。

在《文哲月刊》第1卷第7期上发表《科学的真理与玄学的真理》一文。

致意大利米兰大学教授罗雪亚诺·马格里尼一长信，评论、介绍老子哲学思想。此信收入《十力语要》。

所著《答满莘畬先生》《答唐君毅》两文，分别载《北平晨报》6月8日、9月25日。

在《中心评论》第4期上发表《论不朽书》；第9期上发表《与张东荪论学书》；第13期上发表《答唐君毅书》。

1937年　53岁

《佛家名相通释》由北京大学出版部出版。是书中国大百科全书出版社于1985年出新版。

"七七事变"后乘煤车逃出北平，暂住故乡黄冈避难。

1938年　54岁

入川避难，配合抗日斗争宣传民族文化与民族精神。坚信"日本人决不能亡我国家，决不能亡我民族"。写出6万多字的《中国历史讲话》，由中央陆军军官学校作为教材印行。另著有《中国历史纲要》，未刊。为汤用彤著《汉魏西晋南北朝佛教史》第10章撰写《鸠摩罗什赠慧远偈略释》一节。

1939年　55岁

马一浮在四川乐山乌尤寺创办复性书院，聘熊十力为主讲。9月17日开学，熊十力致长篇《开讲词》，后收入《十力语要》。因与马一浮意见不合，遂离开书院。

武汉大学迁至乐山，应教务长朱光潜之邀前往武大短期讲学。

1940年 56岁

《新唯识论》语体文本上卷完稿，由吕汉才资助印行200本。

《十力语要》卷二完稿，收入熊十力从1936年至1940年语录、笔札若干篇，由周封岐资助印行400本。

梁漱溟在北碚金刚碑创办勉仁中学和勉仁书院，熊十力应邀前往执教，从事学术研究。

1942年 58岁

《新唯识论》语体文本上卷和中卷脱稿，由居正募资赞助，以勉仁书院哲学组的名义出版，印数不多。该书的序言发表在《志学》杂志上。

在《思想与时代》杂志上发表《论体相》《论玄学方法》《儒家与墨家》《谈生灭》《答谢幼伟论玄学方法》等文章。

1943年 59岁

在《思想与时代》上发表《哲学与史学——悼张荫麟》一文。

所著《研究孔学宜注意春秋周礼三经》发表在《孔学》杂志上。

应北京大学校长蒋梦麟之聘，任北京大学哲学系教授，并特许他可以不到学校上课，每月寄给薪金。仍住勉仁书院。

与侯外庐教授通信，讨论王夫之哲学的性质。

1944年 60岁

最主要的哲学著作《新唯识论》语体文本全部完稿，由中国哲学会推荐至重庆商务印书馆正式出版，纳入《中国哲学丛书》甲集之一。抗日战争胜利后，商务印书馆迁回上海，此书再版。

此书为中华人民共和国成立前熊十力销量最多的书。

在《哲学评论》上发表《新唯识论问答》《说易》《论性》《论文》《答友人书》《情感与理智》《谈郭象注》等关于国学的文章。

为居正著《辛亥革命札记》作序，又为李西屏著《辛亥武昌首义纪事》作序。两篇序文都热烈赞颂辛亥革命，高度赞扬鄂人的斗争精神和牺牲精神。

为谢幼伟著《现代哲学名著述评》作序。

所著《与人论执中》一文发表在《三民主义半月刊》。

1945年　61岁

为张难先编《湖北革命知之录》（商务印书馆出版）撰写《吴崑传》《何自新传》。

在《图书集刊》《中国文化》《三民主义半月刊》等杂志上发表《重印〈周易变通解〉序》《论汉学》《说食》等文章。

国学专著《读经示要》一书脱稿，亦由中国哲学会推荐至重庆商务印书馆出版，纳入《中国哲学丛书》甲集之三。

1946年　62岁

抗日战争胜利后离开四川到武汉连襟王渐磐家暂住。

夏，化学实业家孙颖川创办黄海化学社并附设哲学研究部，请熊十力主持其事。熊十力应邀二次进川，前往重庆五通桥黄海化学社所在地。《黄海化学社附设哲学研究部特辑》刊发他的讲词《中国哲学与西洋哲学》。

徐复观将熊十力著《读经示要》呈蒋介石一册，蒋介石赠给熊十力法币200万元。熊十力责徐复观此事做得鲁莽，拒收赠款。后接受徐复观的劝说，将此款转赠支那内学院。

在《中国文化》上发表《与陶阍士书》和《示菩儿》两封书信。

当选为辛亥首义同志会名誉监事。

1947年　63岁

因经费不继，黄海化学社附设哲学研究部停办。熊十力离开四川，返回已复校的北京大学。向北京大学校长胡适建议设立哲学研究所，未得采纳。

所著《论本体书与说理书》（与贺自昭、朱孟实合著）发表于《哲学评论》第10卷第6期。

所著《论关老之学书》发表于《龙门杂志》第1卷第4期，所著《论湖湘诸老之学书》和《论治学不当囿于一孔书》二文发表于同刊第1卷第5期，所著《读汪大坤绳荀》发表于同刊第1卷第6期。

在《哲学评论》第10卷第5期上发表《与柏特教授论哲学之综合书》。

在《东方与西方》第1卷第3期上发表《论关尹与老子（与陈君书）》。

所著《读智论偶抄》一文载《东方与西方》第1卷第4期，《读智论抄》一文载《世间解》第3－7期。

在《三民主义半月刊》第9卷第5期上发表《为青年申两大义》一文；在同刊第10卷第8期上发表《朱尊民先生事略》。

在《学原》杂志上发表《与友论〈新唯识论〉》《论学三书》《答牟宗三问格物致知书》《略说中西文化》等文。

1948年　64岁

应张其昀、谢幼伟之邀到浙江大学讲学半年。名其住所为"漆园"，自号漆园老人。

在《学原》上发表《漆园记》《论事物之理与天理答徐复观》《略谈新论要旨答牟宗三》。

湖北省主席万耀煌拨款印行"十力丛书"，《十力语要》四卷合成一函付梓，印1000部。此书是反映熊十力哲学的重要著作。

口述《申述新论旨要平章儒佛摧惑显宗记》（简称《摧惑显宗记》），由黄艮庸记录整理，准备编成一书。

1949年　65岁

义女熊仲光整理编辑的《十力语要初续》完稿，收入熊十力从1947年至1949年写的札记、短文和语录，由香港东升印务局出版。

居广州弟子黄艮庸家，5月16日从收音机里听到电台播发的电讯：中国人民解放军渡过长江，已占领军事重镇武汉。喜极，书条幅"解放了"三个大字。

10月，广州亦宣告解放。10天后接到董必武、郭沫若拍来的电报，邀请他北上入京，共商国是。

1950年　66岁

1月末2月初，收到时任政务院副总理董必武1月28日发出的亲笔信。动身北上，中途在武汉盘桓数日。3月，又收到郭沫若3月7日发来的亲笔信。同月到北京，政务院副秘书长齐燕铭到车站迎接。

向政府坦诚表示：只讲学，不做官，仍回北大，获准。工资为每月800斤小米，系当时最高标准。定居在后海附近的鸦儿胡同。

生活安定舒适，专心治学，笔耕不辍，成绩斐然。写出《与友人论张江陵》，4万字，印200部；黄艮庸整理的《摧惑显宗记》8万多字，脱稿后以黄艮庸名义发表，印200部；熊十力口述、弟子胡哲敷记录整理的长文《韩非子评论》，4万余字，发表在香港出版的《学原》第3卷第1期，另有香港人文出版社出版的单行本。

1951年　67岁

写出《与友人论六经》，6万多字，由大众书店出版，印200部。该书呼吁重视对中国传统文化的研究，向政府建议继续办好南京支那内学院，由吕澂主持；恢复浙江智林图书馆，由马一浮主持；恢复勉仁书院，由梁漱溟主持；筹建中国哲学研究所，由他牵头。

修改《新唯识论》语体文本和文言文本，以及《新唯识论》壬辰删定本。

1952年　68岁

《新唯识论》壬辰删定本定稿。董必武、林伯渠帮助出版印行数百册。

1954年　70岁

秋，因年迈多病不适应北方生活，请求离京到上海长子熊世菩处定居，获准。先住上海青云路，环境嘈杂，不便读书写作，后搬到淮海中路（旧霞飞路）一幢环境幽雅的花园式小楼。

1955年　71岁

作《哀文》，收入唐玉虬编的《怀珊集》。

1956年　72岁

以特邀代表的身份出席中国人民政治协商会议，当选为第二届全国政协委员。以后连任第三届、第四届全国政协委员。

被北京大学评为一级教授，工资345元，每月寄到熊十力在上海的寓所。后改由上海市政协发给。

中华人民共和国成立后，熊十力的大部头国学专著《原儒》在上海龙门书局出版，印1000部，每部一函二卷。熊十力将《原儒》应得稿费退掉一半，只领3000元。

在《哲学研究》第3期上发表《谈"百家争鸣"》一文。

1957年　73岁

为已故好友何自新妻杜氏撰《贞节夫人何母杜氏墓志》。

1958年　74岁

再次修改《新唯识论》，撰写《体用论》，因病中辍，所成稿9万字由上海龙门书局影印200部。分明变、佛法上、佛法下、成物、明心五章，明心章有目无文，实则四章。熊十力在该书《赘语》中说："今得成此小册，故《新论》宜废。"韩元恺为之作序。

辞去北京大学教授职务，工资仍由政协照发。

1959年　75岁

继《体用论》之后完成《明心篇》，亦由龙门书局出版。

所著《唐世佛学旧派反对玄奘之暗潮》一文收入《中国哲学史论文初集》(科学出版社出版)。

1960年　76岁

《读经示要》由中国台北广文书局再版。

1961年　77岁

所著国学专著《乾坤衍》由中国科学院印刷厂影印。

1963年　79岁

作《存斋随笔》，未刊。

1964年　80岁

列席第三届全国人民代表大会，听取周恩来总理作《政府工作报告》。反复研究学习后写下心得呈中央领导同志，思想上表现出由唯心主义向辩证唯物主义转化的苗头，受到中央领导同志的鼓励。

1968年　84岁

5月23日，在上海虹口医院病逝。

1979年4月，上海市委有关部门召集各界人士举行 "熊十力追悼大会"，为其平反昭雪，推倒一切诬蔑不实之词。

熊十力去世后，海峡两岸学术界都着手整理出版或发表熊十力旧著及未刊手稿。除本书前述论著或论文外，据不完全统计，大陆整理发表的熊氏遗著还有《熊十力致蒙文通书简》①、《辩

---

① 发表于《中国哲学》1981年第5辑。

佛学根本问题——吕澂、熊十力往复函稿》①、《略释十二缘生》②、《熊十力致黄焯论学书》③、《佛家名相通释·撰述大意》④、《中国文化散论——十力书简》⑤、《佛家名相通释》⑥、《熊十力论著集之一：新唯识论》⑦、《熊十力书函选辑——回忆熊十力》⑧、《熊十力论学书札》⑨、《与友人书》⑩。中国香港发表的熊氏遗著有《先世述要》⑪。中国台湾整理发表的熊氏遗著有《熊十力与刘静窗论学书》⑫、《与梁漱溟论宜黄大师》⑬。

① 发表于《中国哲学》1984年第11辑。
② 发表于《中国哲学》1988年第14辑。
③ 同上。
④ 载于汤一介主编的《中国文化与中国哲学》，生活·读书·新知三联书店1988年出版。
⑤ 同上。
⑥ 中国大百科全书出版社1985年出版。
⑦ 中华书局1985年出版。
⑧ 湖北人民出版社1989年出版。
⑨ 载于《中国文化》创刊号。
⑩ 载于《玄圃论学集：熊十力生平与学术》。
⑪ 发表于《明报》1980年8月号。
⑫ 台北时报文化出版事业公司1984年出版。
⑬ 发表于台北《鹅湖》1985年第11卷第5期。

后　记

　　1993年，本书以《熊十力评传》为书名，由百花洲文艺出版社出版，初印3000册。1995年第二次印刷，增加到8000册。2015年3月，经我修改后，第二版正式出版。该书还由百花洲文艺出版社授权中国台湾万卷楼图书股份有限公司出版、发行中文繁体字版，纳入"昌明文库·悦读人物"，2018年1月出版。

　　中国大百科全书出版社愿意重新单独出版此书，我十分感谢。本书原为"国学大师丛书"之一，需遵照此丛书的统一体例，故称为《熊十力评传》。现在独立推出新版，同该丛书不再有关系，也不必受该丛书出版体例的约束，遂改名为《熊十力传》。新版删除张岱年先生为该丛书写的《总序》、钱宏写的《重写近代诸子春秋》、英文提要，只保留石峻师写的《序》。石公《序》写于1993年，光阴荏苒，有些事情早已时过境迁，可是我仍然一字未改，还保持原样，也算是对先师的一种怀念吧！我是石公指导的第一个博士生，师生感情其笃。先师在北京大学读书期间，曾亲炙于熊十力先生。许多关于熊先生的闲闻轶事，都是先师亲口告诉我的，俱写入此传中。1985年，我陪同石公出席在武汉大学召开的"纪念熊十力先生诞生一百周年学术研讨会"，先师的音容笑貌历历在目，可惜现在已经阴阳两隔，再也无法向先师求教了。

　　本书重新出版，理应做全面修改。无奈我身体不佳，尚处在开顾手术后的康复期，没有能力做全面修改，只是做了部分修改。一是订正一些已发现的错误，二是在第1章增写第6节《由顺转逆》，三是将《熊十力学术行年简表》充实了一些内容。其他一仍贯旧，未做大的修改，基本上还保持原来的架构。书中难免有不足之处，敬请读者批评指正。

宋志明

2022年5月于中国人民大学思灵善斋

纵横百家

"纵横百家"丛书书单

　　"纵横百家"是中国大百科全书出版社旗下的社科学术出版品牌。"纵横百家"丛书主要出版人文社科通识读物和有思想、有创见的学人专著。

01 《我的父亲顾颉刚》 顾潮著 88.00 元

02 《沈尹默传》 郦千明著 88.00 元

03 《梁启超和他的儿女们》（增订本） 吴荔明著 88.00 元

04 《但有温情在世间：爸爸丰子恺》 丰一吟著 98.00 元

05 《九十年沧桑：我的文学之路》 乐黛云著 79.00 元

06 《字字有文化》 张闻玉著 69.00 元

07 《一个教书人的心史：宁宗一九十口述》 宁宗一口述，陈鑫采访整理 99.00 元

08 《乾隆帝：盛世光环下的多面人生》 郭成康著 118.00 元

09 《但愿世界会更好：我的父亲梁漱溟》 梁培恕著 88.00 元

10 《中国的人文信仰》 楼宇烈著 68.00 元

11 《"李"解故宫之美》 李文儒撰文，李少白摄影 88.00 元

12 《法律、立法与自由》（全三册）［英］弗里德利希·冯·哈耶克著，邓正来、张守东、李静冰译 258.00 元

纵横百家视频号，欢迎关注！